di William Shakespeare

nella collezione Oscar

Le allegre comari di Windsor – Amleto – Antonio e Cleopatra
La bisbetica domata – Cimbelino – Come vi piace
La commedia degli equivoci – Coriolano
La dodicesima notte o Quel che volete
I due gentiluomini di Verona – I due nobili congiunti
Enrico IV – Enrico V – Enrico VIII – Giulio Cesare
Macbeth – Il mercante di Venezia – Misura per misura
Molto rumore per nulla – L'opera poetica – Otello
Pene d'amor perdute – Pericle – Il racconto d'inverno
Re Lear – Riccardo II – Riccardo III – Romeo e Giulietta
Sogno di una notte di mezza estate – Sonetti – La tempesta
Teatro (8 voll. in cofanetto) – Timone d'Atene
Tito Andronico – Troilo e Cressida
Tutto è bene quel che finisce bene – Vita e morte di Re Giovanni

nella collezione I Meridiani

Le commedie eufuistiche – Le commedie romantiche
I drammi classici – I drammi dialettici – I drammi romanzeschi
I drammi storici. Tomo I – I drammi storici. Tomo II
I drammi storici. Tomo III – Le tragedie

William Shakespeare

OTELLO

Traduzione di Salvatore Quasimodo
Saggio introduttivo di Anna Luisa Zazo
con uno scritto di Boris Pasternak

OSCAR MONDADORI

© 1992 Arnoldo Mondadori Editore S.p.A., Milano
Titolo originale dell'opera: *Othello*
© Einaudi, Torino 1960
per la postfazione di Boris Pasternak

I edizione Oscar classici gennaio 1992

ISBN 978-88-04-50938-7

Questo volume è stato stampato
presso Mondadori Printing S.p.A.
Stabilimento NSM - Cles (TN)
Stampato in Italia.Printed in Italy

Anno 2011 - Ristampa   19 20 21

Il testo inglese è stato ripreso dall'edizione
del teatro completo di Shakespeare
curata per I Meridiani da Giorgio Melchiori.

La nuova traduzione di Salvatore Quasimodo qui presentata,
ripresa dalla prima edizione I Meridiani dell'ottobre 1976,
è stata pubblicata a partire dalla nona ristampa
di questo volume nella collezione Oscar classici.

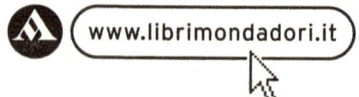

SAGGIO INTRODUTTIVO

di Anna Luisa Zazo

LA NOTTE DI «OTELLO»:
UNA TRAGEDIA INVOLONTARIA

Dalla notte di Venezia alla notte di Cipro, l'oscurità notturna avvolge *Otello*, incombe sui personaggi. *Otello* è la notte, afferma Victor Hugo.[1] Di tutte le opere di Shakespeare è la sola che si apra e si chiuda su una scena notturna. Tra la notte guerresca e amorosa di Venezia e la notte di pace e di morte di Cipro si compie la vicenda dei personaggi, si delinea il singolarissimo percorso di una tragedia che non muove da un evento individuale per giungere a dimensioni progressivamente più vaste, ma, da un evento pubblico, nazionale, si restringe sempre più a dramma individuale; che non si arricchisce di avvenimenti con il progredire dell'azione drammatica, ma al contrario consuma tutti gli autentici «accadimenti» nel primo atto (esemplare il caso della guerra, che si conclude prima di iniziare con il naufragio delle navi turche), per riprendere soltanto nel finale, con tumultuosa, confusa rapidità, eventi non direttamente determinati dai fatti precedenti. Non c'è autentica concatenazione dei fatti in *Otello*; non c'è un personaggio/causa che *determini* le azioni: al contrario, la tragedia esplode perché le azioni sfuggono al controllo dei personaggi; è assente una dimensione cosmica. In questo senso il testo shakespeariano in cui più nettamente si ripresenta una situazione del teatro medioevale: il Vizio o il Diavolo[2] (Jago) che «prende al laccio il corpo e l'anima» (cfr. V, 2, 302) di Ognuno (Otello), è anche la più moderna, la meno medioevale delle sue opere perché la più «individuale», quella in cui più il dramma dei personaggi appare dramma personale senza prendere significati allegorici, da *exem-*

plum morale; quella in cui più il privato domina sul pubblico.

Dopo una scena iniziale priva affatto di tragicità, ma esemplata su una situazione tipica della commedia dell'arte,[3] con l'innamorato ridicolo (Roderigo) e lo zanni (Jago) che passeggiano davanti alla casa del vecchio Pantalone (Brabanzio) per annunciargli che la figlia è fuggita, *Otello* entra improvvisamente, e in modo inatteso, in una dimensione pubblica: il Doge e i senatori riuniti a consiglio di notte per affrontare la minaccia di un assalto turco. Ma il privato non tarda a riprendere i suoi diritti; e tutto quanto di storico, di guerresco, di pubblico annuncia la scena (I, 3) tra il Doge e i senatori,[4] si sgretola, finisce nel nulla quando Brabanzio costringe l'organo di governo della Serenissima a occuparsi non della minaccia turca, ma delle nozze di Otello e Desdemona. Nei secoli passati[5] la critica «aristotelica» condannava il brusco passaggio dal pubblico al privato come improbabile e ridicolo. Dal punto di vista di una pura verosimiglianza, il passaggio è al contrario accettabilissimo: la minaccia dei turchi rende indispensabile alla Serenissima l'opera di Otello, e poiché Brabanzio ne invoca la condanna accusandolo di avergli stregato la figlia con arti magiche, il Doge e i senatori *devono* dedicarsi alle nozze segrete del *privato* cittadino Otello per poter disporre della figura *pubblica* del generale moro.

Accettabile sul piano della verosimiglianza, quell'improvviso passaggio che annuncia il ruotare dell'intera vicenda dal piano pubblico a quello privato, e parallelamente il progressivo sfrangiarsi nel nulla di tutte le realtà concrete, può apparire più difficile da accettare sul piano della struttura drammatica. Ma è questa autentica difficoltà, questa novità nel teatro di Shakespeare, a farne un momento chiave del dramma dal quale non è possibile non partire per giungere alla comprensione di una tragedia che è tra le più assolute e le più coinvolgenti alla rappresentazione – considerata da molti la più perfetta struttura drammatica creata da Shakespeare – e tuttavia appare, alla lettura, una delle sue opere più inafferrabili, per certi aspetti in verità inaccettabile.

Inaccettabile perché le incongruenze presenti nel teatro di Shakespeare (e in tutto il teatro elisabettiano e giacobiano) come elementi minori, spiegabili con le peripezie della trasmissione del testo o con le convenzioni teatrali, in *Otello* divengono due elementi maggiori e sostanziali, che non possono venir spiegati né con i problemi della trasmissione del testo né con le semplici convenzioni teatrali: la celebre e discussa incongruenza cronologica e la singolare struttura di un dramma che inizia con una scena da commedia, si dilata in una vicenda «storica» e torna a racchiudersi in eventi individuali e privati; struttura mutevole, «irregolare», contraria al percorso consueto al teatro di Shakespeare che si muove dal singolare all'universale, e, se interrompe spesso con personaggi e intervalli comici le tragedie più cupe, in omaggio alla convenzione teatrale del tempo e all'esigenza di utilizzare tutti i «ruoli» disponibili nella compagnia, non presenta altri casi di una tragedia innestata su una struttura che non ha nulla di tragico, di «alto», una tragedia in certo modo involontaria, e per questo tanto più cupa e priva di riscatto.

L'incongruenza cronologica è tale da aver suscitato, tra molte, la tesi,[6] suffragata da buone prove, che Shakespeare abbia scritto, come parti di due tragedie separate, riunite in seguito senza troppo curarsi di eliminare le incongruenze, prima gli ultimi tre atti, nei quali segue più da vicino la fonte, poi i primi due, nei quali opera, nei confronti della novella di Cinthio,[*] mutamenti significativi.

Ora, la singolarità dell'elemento tempo in *Otello* è

---

[*] Si veda più avanti «La trasmissione del testo, le fonti».

innegabile. Dopo un primo atto che si svolge in una notte, e un secondo che lo segue senza soluzione di continuità (salvo il tempo del viaggio da Venezia a Cipro), il terzo, il quarto e il quinto atto bruciano in un giorno e una notte il nascere e l'affermarsi del sospetto in Otello, il ferimento di Cassio, l'uccisione di Roderigo, l'uxoricidio, la rivelazione dell'innocenza di Desdemona, la morte di Emilia, il suicidio di Otello. Non soltanto; mentre tutto sembra indicare che non vi sia intervallo di tempo tra il secondo e il terzo atto, ma che questo inizi al mattino della notte in cui Cassio si ubriaca, ferisce Montano e viene degradato da Otello, l'atteggiamento di Otello e Desdemona, molte battute (cfr. in particolare Emilia in III, 3, 291-2 e III, 4, 99; Bianca in III, 4, 169; Otello in V, 2, 210-12), e la situazione stessa richiederebbero che tra l'arrivo a Cipro e l'inizio delle trame di Jago per suscitare la gelosia del Moro sia trascorso un periodo variabile di tempo: più di una settimana nelle parole di Bianca, uno o due anni in quelle di Emilia in III,4 e presumibilmente qualche mese perché l'accusa di Jago sia, se non plausibile, quanto meno possibile. Se non vi è intervallo di tempo tra il secondo e il terzo atto – e nulla indica che vi sia – Desdemona non ha avuto la possibilità materiale di tradire Otello con Cassio.

Tuttavia l'ipotesi di Ned B. Allen, pure innegabilmente difendibile, suona insoddisfacente; non perché appaia singolare che un drammaturgo nel pieno della sua maturità artistica «incolli» malamente due parti di due tragedie diverse e non si dia la pena di operare quegli aggiustamenti che ne eliminerebbero le troppo palesi incongruenze;[7] ma perché l'irrealtà dell'elemento tempo, l'impossibilità per Desdemona di aver commesso la colpa cui Otello, pure uomo dalla natura «costante, affettuosa, nobile» (II, 1, 287), finisce per credere, sono in verità essenziali alla natura della tragedia. Essenziali quando la si osservi da un lato alla luce di quella singolarità di struttura di una vicenda in cui tutte le realtà, le concretezze progressivamente si perdono per riesplodere al quinto atto nel brutale impatto con la realtà; dall'altro sotto il riflesso del prevalere dell'elemento notturno, e della assoluta bipolarità che la domina: Otello e Jago, i due poli opposti, e tra loro Desdemona (pure in sé stessa una delle figure femminili meno vive di Shakespeare dopo la bella impennata della terza scena del primo atto[8]) a fare da elemento chiave come simbolo dell'assoluto.

E questo perché una delle frasi-chiave del dramma va cercata nel celebre «Io non sono quello che sono» (I, 1, 65) di Jago. *Otello* è una tragedia in cui l'irrealtà domina (non soltanto nell'elemento tempo), in cui non hanno peso le realtà concrete ma le realtà immaginate dai personaggi, che si muovono e agiscono sullo sfondo della notte, il tempo in cui la realtà immaginata domina sulla realtà concreta. È una tragedia innescata dall'incontro tra i due poli opposti: Jago, che non persegue una tragedia ma una beffa maligna, e Otello, che volge quella beffa in tragedia; così che la vicenda avviene essenzialmente nella mente di Jago, che la costruisce, e in quella di Otello che ne stravolge la trama. Il tempo in cui questa ha luogo non potrà essere allora che un tempo psicologico, libero dai freni della realtà, e non cronologico.

È uno spazio essenzialmente psicologico, interiore, quello in cui si brucia una tragedia che non è, come pure a volte si continua a pensare, una vicenda di forti, istintive, violente passioni. Non è una tragedia di azioni, ma di parole. Che ha il suo tema centrale nella forza della parola, espresso nelle contrapposizioni filosofia/poesia, antico/moderno, relativo/assoluto, raziocinio/sentimento, incarnate nei due personaggi che dominano interamente la tragedia, che *sono* la tragedia, come accade poche volte nel teatro di Shakespeare:[9] Jago e Otello. La forza della parola si fa vicenda drammatica nel duplice irretimento di volontà forti e lineari, di volontà «assolute», operato dalla parola nel suo doppio aspetto di parola/immagine, connessa con la fantasia, la poesia, l'assoluto, e di parola/pensiero, connessa con il raziocinio, la filosofia, il relativo. Otello inconsapevolmente irretisce e affascina Desdemona con la poesia dei suoi racconti; con assoluta deliberazione Jago irretisce Otello con la logica fatale di un ragionamento viziato dalla falsità dell'assunto.

In Otello e Jago si incarnano due modi diversi di intendere, di concepire il valore e il significato della parola – e del mondo.

Otello, natura lineare, priva di ambivalenze e chiaroscuri, esprime un mondo di valori assoluti, in cui le cose sono quello che sembrano, in cui la parola non può venir messa in dubbio, perché la parola crea, *è* la cosa che esprime. Al «non sono quello che sono» di Jago corrisponde e si contrappone la definizione che Otello implicitamente dà di sé stesso (in III, 3, 190-92): «Dovrò vedere con i miei occhi prima di avere un dubbio; al dubbio dovrà seguire la prova; e quando avessi la prova non resterebbe altro che distruggere a un tempo amore e gelosia»; le cose per lui non soltanto *devono* essere, ma *sono* quello che sono e che sembrano; non vi è posto in lui per l'incertezza; non è ingenuità il credere a colui che appare ai suoi occhi (e agli occhi degli altri personaggi) «l'onesto Jago», ma impossibilità, in un uomo che vive in un mondo di valori assoluti, di realtà lineari, di «avere un dubbio». Si veda a questo proposito con quale differenza di tono Otello riprenda la frase di Jago (III, 3, 125-26): «Gli uomini dovrebbero essere quello che sembrano; quelli che non lo sono non dovrebbero sembrare uomini!»; a una frase in cui quel *dovrebbero* ha il chiaro significato di «dovrebbe essere così, ma così non è», Otello risponde con un distratto: «Certo, gli uomini dovrebbero essere quello che sembrano», in cui non è meno chiara l'implicazione che ai suoi occhi così dovrebbe essere e così è. E la certezza del tradimento di Desdemona,[10] della sostanziale disonestà di una donna che appare l'onestà stessa, non può allora non essere per lui una tragedia che va ben oltre la sofferenza dell'amore tradito o dell'onore offeso: è la distruzione del suo mondo di valori, il doloroso ingresso del relativo in un mondo assoluto, del dubbio in un mondo di certezze.

Poiché in Otello apparenza e sostanza si identificano, la tragedia nasce dall'incontro con il suo opposto, Jago, che *non è quello che è*. Quanto il mondo di Otello è legato a valori magici, assoluti, poetici, tanto quello di Jago è un mondo di raziocinio, di relatività, di filosofia; per lui la parola non crea, meno ancora *è*, la realtà che esprime; la parola non è al servizio della realtà, ma del pensiero; è il pensiero a creare la realtà che esprime. «Sai bene che operiamo con l'intelligenza, non con la magia» dirà (II, 3, 374) a Roderigo, quasi in risposta alle parole di Otello che definisce il racconto della sua vita la sola «magia» (cfr. I, 3, 169) messa in opera per conquistare Desdemona.

«Magia» e «intelligenza», poesia (forza creativa) e dialettica (forza critica/distruttrice): i due mondi di Otello e di Jago, in questa «tragedia della parola», si esprimono mirabilmente nella diversità del linguaggio attribuito ai due personaggi. Otello parla (con rarissime eccezioni) in versi, e Jago alterna il verso alla prosa; ma non è questa la differenza rivelatrice, che va cercata piuttosto nel ritmo, nella struttura delle frasi: un ritmo ampio, disteso, pieno, quello delle frasi di Otello, come di chi ama, cerca, rispetta la parola per la sua forza creatrice, incantatoria. Negli stessi momenti più drammatici (cfr. III, 3, 346-356 o V, 2, 338-356), si avverte in Otello l'amore per la parola, il tempo di cercare la parola giusta nella certezza che a quella corrisponderà la realtà che esprime. Al polo opposto è il ritmo delle battute di Jago, veloce, spezzato, mutevole, incompleto e tuttavia avvolgente, come di chi vede nella parola soltanto uno strumento da piegare alle esigenze del suo pensiero. Le battute di Otello suonano complete, immutabili prima ancora di venir pronunciate, conosciute, possedute, ripetute come le frasi di un rituale (è probabilmente questo a fare di Otello, nell'opinione di molti attori, uno dei ruoli più difficili del teatro shakespeariano); le parole che Otello pronuncia esistono prima che egli le pronunci, sono parole autentiche, assolute, che esprimono realtà lineari e assolute. Le parole di Jago hanno l'immediatezza, la mobilità, spesso l'incompletezza di parole pronunciate appena pensate, costruite nell'istante in cui vengono dette. Otello trova le parole fuori di sé, perché le sue parole esprimono realtà; Jago le trae dalla sua mente, perché le sue parole annunciano pensieri. Otello è oggettivo e concreto; Jago soggettivo e astratto.

Ma nella ritualità delle frasi di Otello vi è qualcosa che va oltre la concretezza, l'oggettività, vi è quel senso del sacro che essenzialmente gli appartiene. Otello è un uomo medioevale (o premedioevale) che non dubita della necessità e dell'esistenza di un ordine armonioso nel mondo. Quando l'armonia viene infranta dal creduto adulterio di Desdemona, non vi è ai suoi occhi altra scelta se non quella di rimuovere la causa di quell'armonia violata. Le battute nella scena finale non lasciano dubbi: Otello vede nell'uccisione di Desdemona non un gesto di vendetta, ma una sorta di sacrificio rituale compiuto contro la propria volontà (si veda in particolare: «la mia pena è celeste: colpisce dove ama», V, 2, 21-22, e «vuoi che io chiami assassinio quel che intendo compiere, e che credevo sacrificio», *ivi*, 64-65). Con analoga deliberazione, quando comprende di avere ucciso una donna innocente, infrangendo egli stesso l'ordine che aveva voluto ristabilire, torna a rimuovere la causa dell'armonia violata uccidendo sé stesso, dopo aver pronunciato il proprio «elogio funebre», quel discorso sull'eroe morto che nelle tragedie shakespeariane viene affidato di consueto al personaggio che ristabilisce l'ordine. Questa singolare identità tra il soggetto e l'oggetto del discorso finale – non Fortebraccio che rende l'estremo omaggio a Amleto, o Antonio che lo rende a Bruto, ma Otello che lo rende a Otello – questa identità tra chi viola e chi ristabilisce l'ordine (e lo fa in entrambi i casi con un inaccettabile gesto di violenza) è tra gli elementi che danno al finale di *Otello* una sorta di irredimibile tragicità che non si avverte in drammi in cui la catastrofe finale appare più totale e violenta. Nella morte di Otello sembra infatti esprimersi la vittoria incontrastata della negatività incarnata da Jago. Tutto quanto era certo, assoluto, positivo – l'amore tra Otello e Desdemona, la natura di Otello, la nobiltà di un carattere alieno da eccessi e violenze – viene implacabilmente distrutto dagli intrighi di Jago; l'amore si consuma crudelmente nell'inganno e nella violenza; Otello si snatura, diviene estraneo a sé stesso, irriconoscibile (cfr. IV, 1, 262-66 e V, 2, 284), tanto da prendere, come è stato giustamente osservato, il linguaggio di Jago, quando esce di scena (in V, 1, 261) con un'esclamazione brutale e tronca che Jago non rinnegherebbe.

Pure, vedere in *Otello* la vittoria assoluta della negatività sarebbe ignorarne un elemento essenziale. Perché la tragedia è a tal punto dominata dalla bipolarità Otello/Jago, accade di dimenticare che nella catastrofe finale, segnata dalla morte «morale» di Otello più che dalla morte reale di Desdemona, le due figure femminili – Desdemona e Emilia – non perdono la loro carica positiva. La relatività di Jago e la violenza di Otello non distruggono in Desdemona l'assoluto dell'amore per il Moro, e le sue ultime parole sono per salvare il marito (cfr. V, 2, 123-24). Mentre Emilia compie un percorso inverso a quello della degradazione subita da Otello. Dalla sua incerta lealtà a Desdemona, dalla dubbia onestà da servetta della commedia dell'arte (si pensi al furto del fazzoletto, non rivelato a Desdemona, e al dialogo con quest'ultima sull'adulterio, in IV, 3, che sembra giustificare i sospetti di Jago sulla fedeltà della moglie e si conclude con una appassionata dichiarazione protofemminista inconsueta in Shakespeare), Emilia si apre a un autentico e limpido eroismo quando sfida «uomini e diavoli» (V, 2, 221) – e la spada sguainata di Jago – per proclamare la verità e difendere «l'onore perduto» di Desdemona. Dalla beffa ordita da Jago Desdemona e Emilia escono non degradate, ma sublimate.

E non sembri fuori luogo il termine «beffa» usato per definire la trama tessuta dall'«onesto Jago». Nulla prova che egli pensi a qualcosa di più di una beffa. Come, nell'economia della tragedia, Otello è la poesia e Jago la filosofia, Otello l'assoluto e Jago il relativo, così, e per le caratteristiche stesse che definiscono i due personaggi, Otello è la tragedia e Jago la commedia. Jago non è una figura tragica, o potenzialmente tragica, come Otello. È essenzialmente uno «spirito critico» (II, 1, 120). Che sia egli stesso a definirsi così non toglie valore alla definizione. Jago mente, è vero, per irretire e perdere Otello; non per questo si deve concludere che egli menta sempre. Al contrario, le sue stesse menzogne sono in certa misura vere; Jago non è un mentitore, è uno scettico da commedia, un *raisonneur* (al modo di certi personaggi di Oscar Wilde) che piega la parola al servizio di un pensiero distorto e crea sillogismi di perfetta logica partendo da un assunto falso. Tutto quel che egli dice sarebbe vero se soltanto fosse vero l'assunto, l'infedeltà di Desdemona – non l'adulterio, si badi, ma la semplice predisposizione all'infedeltà. In quello che è il momento più abile, più dialettico e perfido, e a un tempo più *suo*, dell'intrigo, quando insinua il dubbio in Otello, Jago non mente (mentirà apertamente poi, quando Otello, volgendo la beffa in tragedia, esigerà da lui le prove); suggerisce ipotesi che potrebbero essere vere, se Desdemona non avesse in sé quello stesso elemento di assoluto che appartiene a Otello;

ipotesi che in certo modo *sono* vere nel mondo di Jago.

E non mente quando si attribuisce caratteristiche da personaggio da commedia. Jago è insinuante, maligno, ingannatore, ha tutto il fascino dell'intelligenza e tutta la crudeltà e la pericolosità dell'intelligenza al servizio del negativo, ma *è* un personaggio da commedia. È Otello a volgere in tragedia la farsa crudele inscenata da Jago. È quando il controllo della trama passa da Jago a Otello che la commedia diviene tragedia. Se Jago tenesse saldamente in pugno la trama che ha architettato, *Otello* sarebbe non una tragedia, ma una commedia nera al modo di *Misura per misura*, o proseguirebbe sulla via della commedia dell'arte, di un canovaccio di falsi tradimenti e autentiche beffe in cui Otello finirebbe per sostituirsi, nel ruolo del beffato, a Brabanzio/Pantalone. Si osservi come nel quinto atto, quando è ormai Otello a condurre la vicenda, l'astuto, affascinante, intrigante Jago si comporti come un piccolo gangster costretto a uccidere, mentire, minacciare per salvare la pelle. Con la sola eccezione di una frase splendidamente rivelatrice («vi è nella sua [di Cassio] vita una bellezza che imbruttisce me», V, 1, 19-20), Jago, nel quinto atto, non diversamente da Otello, non è più sé stesso. Se l'assoluto, il positivo incarnati da Otello escono tragicamente sconfitti dalla vicenda, non meno totale è la sconfitta del relativo e del negativo incarnati da Jago. Anche in questo senso credo si debba intendere la celebre battuta finale (in V, 2, 304): «Da questo istante non dirò più una parola». Jago non parlerà più perché non può farlo, perché sa di essere sconfitto, e nella sconfitta lui, che ha fatto della parola la sua arma, non può se non chiudersi nel silenzio.

Ma in verità Jago è già stato sconfitto. La sconfitta di Jago inizia quando la sua parola/pensiero deve cedere il passo alla parola/azione di Otello, e avviene attraverso l'impatto con la realtà. Come accade a tutte le figure amletiche, poiché della maschera amletica, con Prospero e il Duca di *Misura per misura*, Jago è la variazione più alta, essenziale per condurre all'identificazione Amleto = *villain* = *villain* amletico. Se infatti Jago è una variante della maschera amletica, e se Jago è un *villain*, esplicitamente (a tratti, *troppo* esplicitamente, troppo scopertamente) derivato dal Vizio del teatro medioevale, allora la maschera amletica *è* la maschera di un *villain*. Ora, che Jago sia inteso come un *villain* è probabilmente superfluo dimostrarlo; ma non è più arduo dimostrare la sua natura di *villain* «amletico», la sua affinità con Amleto.

Una immediata affinità balza agli occhi a una prima lettura: Amleto e Jago sono quasi coetanei, Amleto avendo trent'anni (cfr. le battute del becchino in *Amleto*, V, 1, 146-7, 149-50 e 164-5) e Jago ventotto (cfr. I, 3, 309-10). La somiglianza, si intende, può essere delle più superficiali; lo è molto meno, e sembra indicare una deliberata volontà di avvicinare i due personaggi, quando si osservi che Amleto e Jago (con l'eccezione di Giulietta) sono i due soli personaggi dei quali Shakespeare si dia la pena di definire l'età. Ancora più significativo, perché *essenzialmente* amletico, è il modo in cui Jago dichiara la sua età; sono quattro volte sette anni, afferma, non che vive o respira o (con una possibile espressione cara agli autori classici) calpesta la terra; ma che «scruta» il mondo. Come Amleto, Jago non *vive* la vita, ma la *guarda*; scruta il mondo, gli altri, sé stesso, e nello sguardo che posa sul mondo, sugli altri e su sé stesso (singolarmente su sé stesso) non vi è che disprezzo, disprezzo assoluto (l'unico sentimento, se tale può definirsi il disprezzo, e l'unico sentimento assoluto in lui), e insieme una profonda insofferenza per l'ordine, l'armonia, la vita che ai suoi occhi *devono* essere false perché gli sia più accettabile avvertirne l'assenza in sé. In questo, come in altri aspetti, Jago è senza dubbio, più di Amleto, vicino alle figure diaboliche da cui entrambi derivano: nella sua volontà di scatenare la barbarie che ai suoi occhi non può non celarsi dietro la nobile armonia di Otello, si riflette più esplicitamente il desiderio del Vizio di irretire e perdere l'anima di Ognuno. E per questo suo legame più stretto con la figura allegorica del teatro medioevale, Jago rivela mirabilmente il cammino che il personaggio ha percorso per giungere a esprimersi nella maschera amletica dell'artista, dell'autore.

Un duplice elemento, nel disegno della figura di Jago, contribuisce a definire questo cammino. Jago cerca e offre motivazioni per i suoi intrighi (cfr. I, 1, 9-33, I, 3, 383-87, II, 1, 289-297) come il Diavolo o il Vizio non farebbero poiché entrambi non hanno altra motivazione se non la perdita dell'anima dell'Uomo; e cerca motivazioni false, meri pretesti, offerti non alle sue vittime, ma a sé stesso, come non farebbe un autentico *villain* risoluto a vendicarsi di un torto subito o a ottenere con l'intrigo un vantaggio che gli è stato negato.

L'esistenza, e a un tempo la molteplicità e l'inconsistenza (che Shakespeare *non* ha derivato dalla sua fonte) delle motivazioni di Jago sono in verità una delle chiavi fondamentali per comprendere l'amleticità del personaggio e per scorgere in trasparenza il passaggio dal Vizio/Diavolo alla creazione essenzialmente shakespeariana del *villain* amletico. In Jago l'assenza di autentiche ragioni estrinseche di una figura astratta, non umana ma pura allegoria, diviene l'inconsistenza e l'inutile molteplicità delle ragioni di una figura perfettamente umana, che non persegue tuttavia alcuno scopo concreto. Se in Jago la componente demoniaca è più palese è perché egli stesso la rivendica, singolarmente nello scambio di battute con Otello in V,2,286-88: «Ti guardo i piedi [per scorgere il piede forcuto che la tradizione attribuiva al demonio]; ma quella è solo una favola. Se davvero sei un demonio, non potrò ucciderti. – [...] Sanguino, signore, ma non sono ucciso». E se Jago rivendica una natura demoniaca, è in verità perché si è costruito il ruolo del Demonio, come Riccardo III il ruolo del cattivo, Amleto quello del vendicatore e il Duca quello del frate deus-ex-machina. Come egli stesso si era costruito il ruolo dell'«onesto Jago», rozzo, semplice e *bon enfant*, inventandolo (come tutto lascia supporre) prima di averne alcuna esigenza pratica, e interpretandolo (si veda la scena con Desdemona e Emilia in II, 1) anche quando non esista alcuna ragione per farlo, al modo in cui Amleto interpreta la sua follia, per il semplice desiderio di inventarsi un ruolo. Quando l'impatto con la realtà lo sconfigge, quando è costretto a *riconoscersi* sconfitto, con una estrema trovata da grande istrione getta la maschera dell'«onesto Jago» (che in quel momento gli sarebbe concretamente utile poiché farebbe di lui il complice inconsapevole, quasi la vittima di Otello) e assume apertamente, in una sorta di sfida, il ruolo del «perfido» Jago, autentica incarnazione del Maligno. La battuta finale, quel rifugiarsi nel silenzio (che non può non rievocare «Il resto è silenzio» di Amleto) si colora di una disperata difesa della sua fragile identità.

Uomo dalle molte maschere e dalla incerta realtà, colui che *scruta* il mondo avverte infatti, come Amleto, la dolorosa inconsistenza della sua identità, e di quella manifestazione dell'identità che sono le passioni, le emozioni, i sentimenti. Otello ha passioni autentiche, assolute; Jago sa di esserne privo, né d'altro canto troverebbe autentici oggetti per le sue passioni. Eccolo allora inventare inesistenti passioni per affermare la propria identità. Costruire e moltiplicare ragioni e oggetti di odio per riflettersi e contemplarsi nello specchio di una passione. Tessere un intrigo per il triplice desiderio (essenzialmente amletico nei suoi tre aspetti) di costruire una trama, da autore,[11] di manovrare gli altri con la sua intelligenza, da *villain*, di studiare la realtà e far cadere le barriere tra realtà e apparenza (che cosa si nasconde dietro la fedeltà di Desdemona, la lealtà di Cassio, la nobiltà di Otello?), da *practical joker*[12] assetato di conoscenza. La più superficiale delle letture rivela infatti come le ragioni e gli oggetti di odio non siano in lui autentici ma inventati e elaborati al modo in cui si inventa e si elabora e si muta una trama. Con Roderigo (I, 1, 8 e sgg.) afferma di odiare Otello perché gli ha preferito Cassio nella luogotenenza; a sé stesso dice di odiarlo «come le pene dell'inferno» (I, 1, 154) senza alcuna ragione, o perché lo sospetta di essere stato l'amante di Emilia (I, 3, 383-84, dove, si badi, il sospetto dell'adulterio non è dato come causa ma come corollario). E non soltanto le *ragioni* dell'odio appaiono poveri pretesti ai quali Jago stesso non crede se non come a pretesti,[13] ma non si avverte, nelle sue parole, alcun autentico odio. Al contrario, nei momenti nei quali proclama il suo odio e ordisce la sua trama, pronuncia parole di ammirazione per le sue vittime, i suoi «personaggi»: Otello (cfr. I, 3, 396 e II, 1, 287-89), Desdemona (II, 3, 343-44), Cassio (I, 3, 394-95). Se vi è odio in lui, è per la vitalità, l'autenticità, l'assoluto della vita espressi in Otello e Desdemona, una sorta di nostalgica invidia che egli *vuole* credere odio.

Non è vendetta la sua, né un intrigo per ottenere la carica di luogotenente, ma una beffa, l'invenzione di una trama che, da autentico autore, muta, arricchisce, insegue, elabora, capovolge, seguendo la sua immaginazione, le circostanze, i rapporti tra personaggi; dapprima sembra rivolta soltanto a svelare le nozze segrete di Otello e a fare di Brabanzio, non di Otello, l'oggetto della beffa; in seguito l'autore viene attratto da un nuovo possibile sviluppo della trama: screditare Cassio per ottenere la sua carica; e poi da un altro ancora: vendicarsi del presunto tradimento di Emilia con Otello rendendogli «la pariglia: moglie per moglie» (II, 1, 297) e seducendo egli stesso, si dovrebbe pensare, Desdemona; ma subito ritorna a una trama più semplice: suscitare soltanto gelosia nel Moro, una gelosia «tanto violenta che la ragione non possa curarla» (*ivi*, 299-300). In verità Jago non persegue alcuno scopo: la beffa, la trama *sono* il suo scopo. Non insegue alcuna azione. All'opposto di quanto afferma Auden, i fatti che *accadono* nella tragedia non sono in alcun modo compiuti dal solo Jago; al contrario, come Amleto, Jago non agisce, non trasforma i suoi pensieri in azioni, ma in nuovi pensieri. Se tutti i suoi intrighi non suscitano nulla di concreto tra Cassio, Desdemona, Roderigo, non è soltanto perché Cassio e Desdemona sono onesti e Roderigo uno sciocco, ma perché è Jago a inseguire soltanto la parola, il pensiero, non l'azione; vuole avvelenare Otello con la gelosia, vuole provare su di lui la forza del suo pensiero, non creare autentiche cause di gelosia; e chiude Cassio e Roderigo in un cerchio di menzogne e intrighi dal quale esclude Desdemona.

È possibile che la cura con cui evita la realtà dell'adulterio, inseguendone soltanto la finzione creata dalle parole, vada cercata anche nel palese orrore della lussuria (cfr. tra l'altro II, 1, 255-261) e in un certo disprezzo per le donne (cfr. II, 1, 130-160, e il suo atteggiamento nei confronti di Emilia) – caratteristiche entrambe amletiche.[14]

Ma non è per questo meno innegabile che Jago non «agisce», che il solo momento del dramma in cui i suoi pensieri si traducono in azioni è il finale, e che le sue azioni sono determinate, *costrette*, soltanto dagli altri o dalla urgenza delle circostanze. È Otello che lo *costringe* a offrirgli la prova del fazzoletto e del dialogo con Cassio quando lo minaccia: «canaglia, bada a provarmi che il mio amore è una sgualdrina, bada a provarlo; [...] o [...] sarebbe stato meglio per te essere nato cane, ma non dover affrontare la mia collera impetuosa» (III, 3, 358-62). È ancora Otello a volere la morte di Cassio (che *non* avviene), mentre l'assassinio di Roderigo e di Emilia sono gesti dettati soltanto dalla paura della realtà che si vede costretto a affrontare.

Si ritorna così all'altra grande (e apparente) incongruenza del dramma: la singolarità della struttura, di una inutile tragedia innestata su uno spunto da commedia. La chiave di questa tragedia inutile, involontaria, che non avrebbe alcuna ragione d'essere, è tutta nel contrasto tra due personalità opposte e nell'errore di calcolo di un «drammaturgo dilettante» (per riprendere la definizione di Hazlitt) a cui i personaggi sfuggono di mano, di un *practical joker* che non ha saputo valutare tutti gli elementi della sua beffa, di un uomo «moderno», privo di valori assoluti, a cui è impossibile avvertire l'autentico impatto, il potenziale tragico di un concetto «antico» della vita, di una natura fondata sull'assoluto e sulla forza della parola/azione. L'inutile e terribile tragedia di Otello (tanto più terribile perché inutile e senza riscatto) nasce da un errore di valutazione, da un equivoco.

«Cattivo» da commedia, quando architetta la sua trama Jago non la vede in chiave tragica, in chiave di azione, né può prevederne la catastrofe finale. Jago si muove in un clima da commedia, in situazioni da commedia. Si pensi alla già citata scena iniziale o alle due classiche scene di equivoci (elemento essenzialmente farsesco): quella in cui, parlando a Cassio di Bianca, Jago fa credere a Otello che Cassio parli di Desdemona (IV, 1) e quella (IV, 2) in cui Emilia, in presenza di Jago, si scaglia in invettive contro la *canaglia*, il *servo ipocrita* che ha avvelenato la mente del Moro con ingiusti sospetti, ignorando che la «canaglia» di cui parla è Jago. Sono entrambe situazioni comiche, farsesche, che Jago vive come tali, e nulla autorizza a pensare che non fossero sentite come tali anche dai primi spettatori del dramma. Ma Otello si muove in un mondo in cui gli equivoci della farsa, i giochi astratti del pensiero, i chiaroscuri dell'incertezza di sé non hanno spazio; risponde con la sua positività assoluta alla relatività negativa di Jago e scatena la tragedia.

Nel mondo di Jago non c'è spazio per la realtà, l'assoluto, il tragico: in certo modo è questa la *sua* tragedia; nel mondo di Otello non c'è spazio per la finzione, il relativo, il comico: l'incontro tra i due opposti è la tragedia di *Otello*.

È ancora il contrasto Otello/Jago, l'assoluta bipolarità della struttura drammatica,[15] a esprimersi in un altro elemento fondamentale del testo: l'estraneità di Otello alla società che lo circonda, al mondo di Jago. Alcuni hanno voluto vedere la causa di questa estraneità nel colore della sua pelle e hanno interpretato il dramma di Otello come quello del nero che cerca di farsi accettare dai «padroni» bianchi, di integrarsi alla loro società; quando se ne sente respinto (da Desdemona che lo tradisce e dai «padroni» che lo rimuovono dalla carica di governatore affidandola al bianco Cassio), Otello ritrova la sua «negritudine», e da «zio Tom» si trasforma in ribelle e vendicatore della sua razza scatenandosi contro la società bianca simboleggiata in Desdemona e Cassio. L'interpretazione, che a teatro può reggere splendidamente senza alcuna forzatura del testo,[16] è palesemente inverosimile da un punto di vista storico. *Otello* può essere interpretato *a posteriori* in questa chiave; sarebbe assai singolare che in questa chiave fosse stato scritto agli inizi del Seicento. Appare tuttavia innegabile che Shakespeare intenda fare di Otello l'estraneo, l'*altro* nei confronti della società che lo circonda; non per il colore della sua pelle, ma perché la sua concezione della vita è sacra, assoluta, arcaica, in una società profana, relativa, moderna; la sua emarginazione non è di natura politico-razziale (è significativo a questo proposito che la bianca Desdemona appartenga al suo mondo), ma filosofico-religiosa. Religiosa, sacrale, non per questo di una religiosità cristiana: non vi è nulla di cristiano nel senso magico della vita che Otello esprime quando parla del fazzoletto, il pegno d'amore che «un'egiziana diede a mia madre» (cfr. III, 4, 55 e sgg.); meno ancora nel sacrificio rituale che egli compie su Desdemona, quindi su sé stesso, per ristabilire un'armonia violata.

Poiché questa sua essenziale estraneità si esprime nel linguaggio, bisognerà chiedersi se l'apparente, assoluta sconfitta di Otello non si capovolga in verità in un più autentico trionfo del mondo che egli incarna. Si osservi come Otello, in cui la parola/azione ha un valore sacro, segni della sua impronta tutta la tragedia, una delle poche opere di Shakespeare sostanzialmente priva di giochi di parole, di *puns*, eufismi o *agudezas*: la figura del clown presente in due brevissime scene (III, 1 e 4) determina giochi di parole privi di autentica immaginazione, stancamente di repertorio, affatto estranei al contesto linguistico del dramma; mentre l'unico «gioco di parole» attribuito a Otello (in IV, 1, 36-7, sui diversi significati dei verbi *to lie* e *to belie*) non è in alcun modo un «gioco»; Otello non gioca con le parole; al contrario, ne studia i significati, perché quelle parole/azioni in cui egli crede possano rivelargli la verità, restituirgli la speranza dell'innocenza di Desdemona.

Si osservi infine come, nell'ultimo atto e singolarmente nella celebre battuta finale, Otello riprenda splendidamente il suo linguaggio pieno, rituale, denso di significati univoci, come egli torni a amare, a accarezzare le parole, abbandonando quel linguaggio di Jago che aveva progressivamente assunto come progressivamente si lasciava irretire dalle sue parole. Nella apparente, assoluta catastrofe finale in cui Jago, il negativo, sembra aver distrutto tutto quanto vi era di positivo, è in verità lui l'autentico sconfitto, Jago, che non è più sé stesso e non trova altro rifugio se non nella negazione di sé, della forza della parola/pensiero, Jago costretto infine a affrontare la realtà. Otello ritrova sé stesso, e se non trionfa, se non si riscatta personalmente, poiché non si può sanare una violenza con una nuova violenza, è il suo mondo a trionfare nell'istante stesso in cui egli scopre l'autentica dimensione della sua tragedia: l'innocenza della donna che ha ucciso.

La positività, l'assoluto che Jago aveva consapevolmente messo alla prova e corroso e Otello involontariamente distrutto volgendo in tragedia l'amara farsa di Jago, riemerge e si afferma nella morte innocente di Desdemona: fino all'ultimo Desdemona rimane fedele a sé stessa; fino all'ultimo, contro il mondo di incertezze, irrealtà e equivoci di Jago, Desdemona *è quello che è*.

Anna Luisa Zazo

NOTE

[1] In *William Shakespeare* del 1864, dove tuttavia egli riferisce la natura notturna al solo *personaggio* di Otello, con un'immagine piuttosto di maniera: Otello è la notte perché è nero («La notte è invaghita del giorno. Le tenebre amano l'aurora. L'africano adora la bianca»).

[2] Le differenze tra il Vizio delle più tarde *moralities* e il Diavolo dei più antichi *mystery plays* non sono trascurabili, e di consueto si può affermare che il Vizio è l'antenato del *villain* intrigante, dell'anima nera, mentre alla figura del Diavolo si ricollega piuttosto il clown (come accadrà nella commedia dell'arte per le maschere comiche di Arlecchino o Brighella); vi sono tuttavia tra i due personaggi affinità tali da poter essere a volte considerati interscambiabili come antenati del personaggio del *villain*.

[3] Gli influssi della commedia dell'arte su Shakespeare sono molteplici, e forse non sempre studiati appieno; il parallelo preciso tra le prime scene di *Otello* e un canovaccio da commedia dell'arte si trova in un saggio di Barbara Heliodora C. De Mendonça nello *Shakespeare Survey* n. 21, Cambridge University Press, 1968, a cura di Kenneth Muir.

[4] È stato giustamente osservato (da Emrys Jones in un saggio del già citato *Shakespeare Survey*) che i primi spettatori di *Otello* si aspettavano probabilmente, dopo la scena tra il Doge

e i senatori, una tragedia storica ispirata alla battaglia di Lepanto. Jones giunge a ipotizzare che l'elemento guerresco inserito da Shakespeare (e subito abbandonato) sia un omaggio a Giacomo I che aveva scritto verso il 1585 un poemetto intitolato *Lepanto* (il sovrano scozzese amava dilettarsi di poesia e prosa) pubblicato insieme a altre opere poetiche nel 1591 e ripubblicato separatamente nel 1603, dopo l'ascesa di Giacomo al trono di Inghilterra.

[5] Ma anche nel nostro; Eliot, nel suo saggio su *Amleto*, afferma che ancora nessuno ha saputo rispondere alle obiezioni sollevate contro *Otello* da Thomas Rymer, il critico che nel 1693, in *A Short View of Tragedy*, aveva attaccato *Otello* su basi morali e per i difetti di struttura che non rispettavano le regole aristoteliche.

[6] Avanzata da Ned B. Allen in «The Two Parts of *Othello*» (*Shakespeare Survey*, op. cit.).

[7] Potrebbero esservi per questo ragioni plausibili, quali l'esigenza di fornire immediatamente una tragedia per la rappresentazione; ma in questo caso non si spiegherebbe perché nella stampa (e singolarmente in quella dell'in-folio, che ebbe due curatori) nessuno abbia pensato a risanare (sarebbe bastata una semplice didascalia) quell'incongruenza di fondo, se davvero non era voluta.

[8] Desdemona, elemento fondamentale della tragedia per il suo significato simbolico, per il «trionfo» della positività che infine incarna, è scarsamente riuscita come personaggio; appare non di rado petulante nella sua insistenza per Cassio e irritante nella sua ostentazione di ingenuità: l'innocenza in lei è autentica, *deve* esserlo nell'economia del dramma; l'ingenuità suona falsa in una donna dalle passioni forti che non ha esitato a prendere lei l'iniziativa del corteggiamento (cfr. I,3,162-65) e a fuggire dalla sicurezza della casa paterna per celebrare nozze segrete.

[9] Forse soltanto di Amleto e Riccardo III si può dire che entrambi *siano* la tragedia cui danno il nome.

[10] Che la certezza posi su basi molto inconsistenti è uno di quei difetti di struttura di *Otello* che possono avvertirsi alla lettura ma scompaiono alla rappresentazione, provando come la struttura *teatrale* di *Otello* sia di assoluta e avvolgente perfezione.

[11] Già William Hazlitt (1778-1830) aveva definito Jago un «drammaturgo dilettante» e Andrew C. Bradley (1851-1935),

uno dei più celebri critici shakespeariani contemporanei, aveva avvertito in Jago una natura di «autore», nei cui confronti Shakespeare doveva provare una certa affinità.

[12] «Burlone, beffatore», nella definizione di W. Auden.

[13] Si osservi in particolare l'estrema improbabilità della duplice accusa di adulterio a Emilia; se davvero Jago sospettasse anche Cassio di essere amante di Emilia, è mai possibile che esprima questo sospetto quasi tra parentesi e senza parlarne affatto nel momento (cfr. I,3,395) in cui afferma che Cassio è «fatto apposta per rendere infedeli le donne»?

[14] Il disprezzo di Jago per le donne ha portato (si sarebbe tentati di dire inevitabilmente) all'ipotesi che Jago sia in realtà un omosessuale, in cui l'attrazione per Otello si esprime in odio; non sembra che la condotta di Jago giustifichi in alcun modo l'ipotesi; senza dire che Shakespeare, quando vuole farlo, non esita a accennare esplicitamente a passioni omosessuali (in chiave grottesca come nel *Troilo e Cressida*, o in chiave patetica come nella *Dodicesima notte*).

[15] *Otello* è uno dei pochi drammi shakespeariani in cui protagonista e antagonista siano entrambi allo stesso modo funzionali alla trama, abbiano entrambi lo stesso peso, e tali *debbano* essere per l'equilibrio del testo.

[16] Laurence Olivier aveva interpretato in questa chiave il personaggio al National Theatre nel 1964 senza mutare una virgola del testo né forzarlo in alcun modo; l'interpretazione (portata sullo schermo nel 1967) risultava non soltanto plausibile ma rischiava di apparire la *sola* plausibile.

OTELLO
LA TRASMISSIONE DEL TESTO, LE FONTI

Non sembra esistere alcun testo a stampa di *Otello* nel corso della vita di Shakespeare; la prima edizione è un in-quarto pubblicato nel 1622, e depositato presso lo Stationer's Register l'anno precedente, con il titolo: «La tragedia di Othello, il Moro di Venezia. Come venne più volte rappresentata al Globo e al teatro di Blackfriars dagli attori di Sua Maestà. Scritta da William Shakespeare». L'edizione successiva è quella dell'in-folio del 1623 che ha circa centosessanta versi in più rispetto all'in-quarto (e sembra dunque ripresa da un manoscritto più completo), ma è meno precisa quanto alle indicazioni sceniche, pur essendo divisa in atti e scene. Poiché il testo dell'in-quarto contiene tutte le espressioni giudicate blasfeme che sono state eliminate dall'in-folio, è possibile che le due edizioni derivino da due manoscritti preparati per la rappresentazione, uno precedente e l'altro successivo al 1606, l'anno in cui venne promulgata una legge che multava gli attori per ogni espressione blasfema pronunciata in scena. Non vi sono tuttavia elementi per stabilire quale dei due testi sia il più autorevole, quale il più autentico; l'ipotesi più probabile è che entrambi derivino da manoscritti allo stesso modo autentici e autorevoli, il primo ridotto per la rappresentazione, il secondo restituito alla sua integrità. Nella scelta del testo da adottare si segue di consueto l'in-folio, più completo, collazionandolo sull'in-quarto, in alcuni punti più corretto.*

* È quanto è stato fatto per il testo di questo volume in cui le parentesi angolari indicano i passi che non figurano nell'in-folio, mentre in nota vengono indicati i passi omessi dall'in-quarto; come sempre, le parentesi quadre indicano integrazioni alle didascalie o alla divisione in atti e scene.

La data di composizione è tra il 1603 e il 1604, poiché si ha testimonianza di una rappresentazione a corte il 1° novembre 1604; per quella data la tragedia doveva essere ancora nuova, se venne scelta per inaugurare la stagione teatrale, ma non inedita, poiché di consueto a corte si davano testi che già avessero incontrato il gradimento del pubblico.

Singolare è il problema delle fonti, non perché presenti alcuna difficoltà di individuazione, ma perché potrebbe trattarsi di una fonte che Shakespeare non lesse direttamente. La fonte unica è rappresentata infatti dalla settima novella della terza deca degli *Hecatommithi* di Gian Battista Giraldi Cinthio (1565), novella non tradotta in inglese ma soltanto in francese da Gabriel Chappuys nel 1584. Poiché non vi sono prove che Shakespeare leggesse correntemente l'italiano o il francese, è possibile che sia venuto a conoscenza della novella indirettamente, grazie a una narrazione, e si potrebbe dunque ipotizzare che le differenze tra la novella e il dramma shakespeariano (e perfino alcune incongruenze) siano dovute alla difficoltà di documentarsi direttamente sulla fonte.

Le differenze sono in verità tali da potersi affermare che la novella abbia fornito poco più che lo spunto del matrimonio tra una donna veneziana e un capitano moro, matrimonio distrutto dalle insinuazioni dell'Alfiere del Moro. In Cinthio non vi sono nomi propri, se non quello di Desdemona (Disdemona); Otello è chiamato soltanto il Moro, Jago l'Alfiero e Cassio il Capo di squadra. Non vi è alcuno sfondo guerresco: il Moro viene trasferito a Cipro per un normale avvicendamento degli incarichi. La vicenda si distende nell'arco di circa due anni, e l'Alfiero, di animo «scellerato» ma di bellissima presenza (significativamente Shakespeare ignora la troppo facile contrapposizione e trasferisce la bellissima presenza a Cassio), innamorato respinto di Disdemona, agisce perché, geloso di lei e convinto che la donna lo abbia respinto perché già amante del Capo di squadra, risolve di farla morire: se non può averla lui, non deve averla nessuno. Suscita nel Moro la gelosia per il Capo di squadra (nei cui confronti non ha alcuna rivalità di natura professionale) e uccide Disdemona insieme al Moro simulando un incidente; quando il Moro, ancora innamorato della moglie e disperato per averla uccisa, lo priva di tutti i suoi incarichi, l'Alfiero lo denuncia per l'uxoricidio. Arrestato e messo alla tortura, il Moro non confessa e viene liberato: verrà ucciso poi dai parenti della moglie, così come l'Alfiero morirà in conseguenza di un'altra sua perfidia. Il fazzoletto è presente in Cinthio (senza le connotazioni magiche che gli attribuisce Otello) ma viene sottratto dall'Alfiero a Disdemona mentre questa vezzeggia la bambina dell'Alfiero e di sua moglie (il personaggio corrispondente a Emilia). Come si vede, i mutamenti operati da Shakespeare sono numerosi e estremamente significativi, ma almeno in un caso, quello del fazzoletto, la soluzione adottata da Cinthio è molto più plausibile; a Shakespeare era *necessario* che il fazzoletto venisse sottratto dalla inconsapevole Emilia, poiché doveva servire da elemento che precipitava e risolveva la tragedia, il cui finale è completamente diverso dal finale di Cinthio; ma non si può negare che l'insistenza di Jago, e il furto da parte di Emilia, che non lo rivela a Desdemona neppure quando ne viene esplicitamente richiesta e pur sapendo che per la sua perdita Desdemona sarà disperata (cfr. III, 4, 23-24 e III, 3, 315-17), siano due punti deboli nella struttura della tragedia che non si avvertono alla rappresentazione soltanto per la mirabile drammaticità e compattezza, per il tumultuoso incalzare del ritmo drammatico.

A.L.Z.

«NELLA CERCHIA DI QUESTE MURA»: SHAKESPEARE E IL TEATRO ELISABETTIANO

I. Non vi è nome più celebre nel teatro elisabettiano; non vi è, piuttosto, nome più celebre nell'intero mondo elisabettiano. Pure, colui che, agli occhi di tutti, *è* il teatro elisabettiano, potrebbe per molti aspetti apparire l'autore meno elisabettiano che possa darsi.

Figlio di un ricco borghese (vittima in seguito di rovesci finanziari), che va a Londra per guadagnarsi da vivere, raccoglie con il teatro una discreta e giudiziosa fortuna che si guarda bene dal dilapidare, e torna a vivere, da ricco e rispettabile «pensionato», al paese d'origine, William Shakespeare sembra non trovar posto tra viaggiatori, pirati, statisti che, per amore dell'avventura, del danaro, del potere, mettono ogni giorno a repentaglio quel che ogni giorno hanno conquistato; attori segnati con il marchio dell'assassinio, poeti che assistono a brutali massacri senza che questo muti in alcun modo l'area, artificiosa eleganza della loro Musa, scrittori costretti a fuggire per la violenza dei loro libelli; tra gli uomini e le donne presi da una tumultuosa, gaia, feroce passione di vita, tra quegli «innamorati della vita, non di una teorica immagine [*shadow*] della vita» di cui parla Trevelyan.[1]

In un'epoca in cui per fare fortuna ci si rivolge alla guerra in paesi stranieri, alla guerra di corsa sui mari, o agli azzardi del commercio (pronti a comprare e vendere di tutto, inclusi gli esseri umani), Shakespeare si rivolge al teatro (immagine, «*shadow*», di vita); quando l'ansia di allargare gli orizzonti fisici e mentali, di placare la sete di vita spingeva a viaggi che parrebbero arrischiati anche ai nostri giorni, con i nostri mezzi, Shakespeare si accontenta del viaggio Stratford-Londra (non più di 150 chilometri) e Londra-Stratford; in una società in cui anche i mercanti si definiscono avventurieri[2] e attorno all'esistenza di drammaturghi come Marlowe e Tourneur si intrecciano foschi misteri (probabilmente apocrifi) tutt'ora irrisolti, chi voglia cercare un'avventura o un mistero nell'esistenza di Shakespeare ha dovuto accontentarsi di un episodio (senza dubbio apocrifo) di caccia di frodo.

È pur vero che parte dell'esistenza di Shakespeare ci è completamente ignota; e sono anni (tra i 21 e i 28) che possono rivelarsi fondamentali, tanto più in un'epoca in cui le grandi imprese, le grandi avventure, le grandi scoperte venivano compiute in età sorprendentemente giovane, spesso prima dei 30 anni.[3] Tuttavia, se quegli anni fossero stati segnati da eventi singolarmente diversi da quelli di una consueta, lenta ascesa dall'oscurità alla fama, non è troppo pensare che ne sarebbe rimasta traccia. Ma, quand'anche così non fosse, non è la sola immagine personale di Shakespeare a presentare caratteristiche in apparente contrasto con quelle che possiamo a buon diritto considerare elisabettiane: è il suo teatro. La sua arte e la sua persona (o quel che sappiamo della sua persona) sono allo stesso modo lontane dal senso dell'avventura, dal gusto per la brutalità, dalla violenta intolleranza religiosa costantemente presenti nella società e nell'arte elisabettiane; lontane soprattutto da quell'amore per la vita e non per una immagine di vita che Trevelyan attribuisce agli elisabettiani.

E non a torto, senza dubbio, ma dimenticando forse come l'amore della vita appaia spesso tanto più intenso, inarrestabile, allegramente feroce, quanto più si accompagna a una costante presenza, una costante familiarità con la morte, con la brutalità, la negazione, la sopraffazione, l'odio; con il nulla contrapposto al tutto.

Ora, la costante presenza di un elemento negativo (che sia astratto – scetticismo, nulla, vuoto – o concreto – morte, sangue, precarietà della vita) accanto al fervore, al tumulto dell'esistenza, se è una costante comune a tutta l'Europa rinascimentale[4] lo è singolarmente nell'Inghilterra rinascimentale (o, se così vogliamo impropriamente[5] chiamarla, elisabettiana); singolarmente, perché il Rinascimento inglese ha una sua singolarità, appunto, una sua intensa contraddittorietà, che lo distingue da quello italiano o francese, che in qualche modo lo distingue (lo rende altro) da se stesso.

La contraddittorietà appare la caratteristica più individuale del Rinascimento inglese, dove a ogni aspetto si affianca il suo contrario, a ogni immagine, l'immagine capovolta. E erano gli stessi uomini a vivere, nello stesso istante, l'immagine e il suo rovescio, in una continua contraddizione, appunto, che è, dopo tutto, una costante della condizione umana, ma che poche volte si è espressa, nell'arte e nella vita, con tale evidenza, perfezione, drammaticità; così da fare del Rinascimento inglese, in questo senso e pienamente, un'epoca singolarmente antropocentrica, un momento altamente emblematico della condizione umana. In pochi altri periodi storici gli uomini sono stati così pienamente tali, hanno vissuto con tanta intensità e tanta sofferenza la loro condizione, come negli anni splendidi e contraddittori del Rinascimento inglese.

Profondamente inglese, non vi è dubbio, seppure nato dal Rinascimento italiano. Ma, ben più che nato (immagine che suggerisce un passaggio naturale, spontaneo), deliberatamente assunto dal Rinascimento italiano, innestato su un'Inghilterra ancora profondamente medioevale, e fiera di esserlo. Artificialmente innestato, imposto con il suo antropocentrico culto della vita a un paese appena uscito da una riforma religiosa, scosso da inquietudini spirituali e mistiche, da lotte e rivalità che non avrebbero potuto consentire quello stesso antropocentrismo se non con l'asprezza, il senso di rivendicazione, lo sgomento di un latente senso di colpa.

L'Inghilterra era ancora in larga misura medioevale,[6] feudale; era percorsa dalle correnti puritane; era certa di essere il paese più libero, più bello, più progredito e virtuoso d'Europa, e dunque del mondo (poco importa che lo fosse o non lo fosse, dal momento che lo era ai suoi stessi occhi). Poteva accettare di non avere una civiltà culturale pari alla sua grandezza, pari a quella dell'Europa rinascimentale? Ma il centro, la culla e l'origine della grande civiltà rinascimentale era l'Italia; e l'Italia era, agli occhi degli inglesi, il luogo deputato di tutte le colpe e le corruzioni del mondo. Una nazione che rivendica orgogliosamente la sua unicità scopre dunque di non potersi rifare alle proprie tradizioni, ma di doversi piegare non soltanto a modelli, a tradizioni di un altro paese, ma del paese che fieramente avversa e disprezza. È sorprendente che, mentre esalta la vita, il Rinascimento inglese sia percorso da una continua tensione, sia privo affatto della «serenità», dell'armonioso antropocentrismo del Rinascimento italiano nel suo splendore? Potevano, gli inglesi, non vivere confusamente quel loro momento glorioso come una sorta di tradimento della loro civiltà, di colpevole rinnegamento di loro stessi, quando le novelle italiane, la poesia italiana, la raffinatezza italiana, il mondo classico rivisitato dagli italiani, gli ideali estetici italiani modellavano la vita culturale inglese, ma un «inglese italianato» restava ai loro occhi «un diavolo incarnato»?[7]

Senza dire che il Rinascimento italiano, quando l'Inghilterra volle farlo suo, aveva già superato il suo momento culminante e forse già aveva cessato di credere in se stesso. Era un movimento già vecchio. Non così dell'Inghilterra, paese culturalmente ben più giovane, tumultuoso, pronto a sperimentare ogni cosa; in cui vivissimo era il senso della fierezza e dell'unità nazionale, tanto vivo da parere a volte arroganza; in cui lo spirito religioso era spesso profondamente sentito, non di rado inquieto, sempre avvertito con un senso di orgoglio per la *propria* religione nazionale contrapposta al cattolicesimo, sentito come straniero; in cui l'arte poteva (e spesso doveva) godere della protezione della corte e dell'aristocrazia, ma non aveva perduto quella connotazione popolare che era stata sua nella società medioevale.[8]

Un paese, dunque, giovane, «romantico», nazionalista, religioso, medioevale, essenzialmente contemporaneo a se stesso, modellò la propria esplosione artistica su un movimento culturale già vecchio, barocco, sovranazionale, pagano, rivolto al passato. Il risultato fu, né avrebbe potuto essere altrimenti, un Rinascimento contraddittorio, chiaroscurale, percorso da una intima inquietudine, costantemente teso in un gioco di equivoci, di ambivalenze, spesso di ambiguità; un Rinascimento profondamente inglese, seppure profondamente «italianato».

A ben guardare, infatti, la contraddizione, il gioco dell'affermazione e della negazione di sé, era già nella civiltà inglese; e in pochi altri fenomeni culturali sembra esprimersi con tanta evidenza quanto nel prevalere del teatro su ogni altra forma d'arte.

Poiché una domanda viene spontanea a chi si avvicini all'esplosione culturale elisabettiana; perché il teatro? Che il teatro sia il momento più alto del Rinascimento inglese appare indiscutibile; mentre, innegabilmente, non lo è del Rinascimento italiano (né, si può aggiungere, di quello francese). Perché dunque il teatro? Perché un paese che ha tratto a piene mani, e con piena deliberazione, dalla cultura e dall'arte di un altro paese, non ne ha tuttavia preso le forme artistiche più alte e più perfette, ma ha espresso il meglio di sé in una forma d'arte che non gli veniva da quel paese? La risposta, si intende, potrebbe non essere diversa dalle immortali risposte del mondo di Whinnie-the-Pooh:[9] perché *non* gli veniva da quel paese (e era, si dovrebbe forse aggiungere, la più «facile», quella che richiede meno tecnica, meno sofisticazione, la più congeniale, dunque, a un popolo che voglia entrare a pieno titolo nel campo della grande civiltà culturale europea senza averne pienamente l'esperienza); lo splendido sviluppo del teatro in epoca elisabettiana sarebbe dunque la risposta fieramente autoctona dell'Inghilterra alla sfida rinascimentale europea.[10]

Ma questo risponde soltanto in parte alla domanda: perché il teatro? Non ci dice infatti perché il teatro fosse la forma d'arte più inglese. Perché è la più vicina alla vita, e gli inglesi erano «innamorati della vita e non di una teorica immagine della vita»? Se è così, allora davvero in questo si esprime la contraddittorietà insita nella civiltà inglese: il teatro può sembrare la forma d'arte più vicina alla vita, ma è anche quella che più, nel voler «simulare» la vita, ne fornisce un'*immagine*. Un romanzo, una poesia, un brano musicale, in minor misura forse un quadro o una statua, tendono a «creare» vita, non a simularla; il teatro, poiché la simula, si sostituisce a lei, diviene un'illusione di vita.

Ecco allora che lo stesso «amore della vita» negli uomini del Rinascimento inglese prende ben altri significati e sfumature, e il teatro diviene davvero espressione della contraddittorietà elisabettiana e a un tempo luogo deputato dove pacificare quella contraddittorietà, dove una civiltà che amava davvero appassionatamente *la* vita ma con minor passione *quella* vita, e la sua stessa passione di vita viveva con una sorta di angoscia, di rimorso, con un diffuso senso di ambiguità; che era acutamente consapevole della morte e spesso brutalmente la infliggeva; che sembrava avere il gusto della violenza non meno che quello dell'amore e dell'amicizia; che vedeva le nuove scoperte e le nuove filosofie distruggere l'armoniosa gerarchia universale del mondo medioevale (un mondo ancora tanto vicino); una civiltà inquieta, tumultuosa, contraddittoria cercava una sorta di pacificazione, un'illusione di vita che le restituisse un senso di interezza, di riconciliazione,[11] forse un senso di univocità che risolvesse l'ansia di tante contraddizioni, di tanti sentimenti costretti a negarsi o a convivere con il loro contrario.

E qui bisognerà allora correggere la frase iniziale e riconoscere che il nome più celebre del teatro elisabettiano è anche il più profondamente elisabettiano. Il ricco «pensionato» di Stratford, l'uomo che nel suo teatro non ha spazio per il gusto della violenza (e intendo proprio *gusto* della violenza, non semplice violenza, che non può dirsi assente dal teatro di Shakespeare), per l'ansia di avventura, per l'intolleranza (religiosa o razziale), è in questo senza dubbio estraneo alla violenza, all'avventura, all'intolleranza, alla tumultuosa pienezza di vita che si associano al mondo elisabettiano. Ma chi può esprimerne la contraddittorietà, l'ambiguità, il gioco di realtà e illusione della realtà meglio di colui che fa dire a un suo personaggio: «Non sono quello che sono», del mago che disperde le sue creature «nell'aria sottile», dello scettico che definisce tutto il mondo «null'altro che una parola»,[12] dell'autore che ha creato la «maschera» di Amleto?

II. Robert Greene si rivela forse (sebbene, immagino, del tutto inconsapevolmente) più penetrante di quel che possa sembrare quando accusa Shakespeare di essersi *abbellito con le penne altrui*.[13] Non perché sia perfettamente vero che Shakespeare non inventò mai, nel senso proprio del termine, una trama, ma perché non avrebbe potuto rappresentare, per il teatro elisabettiano, quello che in verità rappresenta: la somma e il superamento (e il capovolgimento), se non ne avesse preso – e da chi, se non da altri, avrebbe potuto prenderli? – i temi e le caratteristiche, e non li avesse rivissuti. La grandezza di Shakespeare non è nell'originalità; Shakespeare non è un iniziatore. Non è all'origine del Rinascimento elisabettiano, ne è un prodotto; non ha creato il teatro elisabettiano, né lo ha, nel senso più vero del termine, rinnovato; lo ha preso e lo ha rivelato a se stesso, nelle sue contraddizioni, nelle sue ambiguità; non ne ha corretto o superato errori e debolezze; al contrario, se ne è servito. Innestando su una materia già esistente e codificata (e che spesso era in verità composta delle penne altrui) le sue personali qualità, ha dato al teatro elisabettiano il colpo d'ala che ne avrebbe fatto uno dei momenti più alti della cultura di ogni tempo, e avrebbe condannato per sempre i legittimi proprietari delle *penne altrui* a venir divisi in antesignani, contemporanei e seguaci del «corvo» Shakespeare.

Quando il *Johannes factotum* entrò, è il caso di dirlo, in scena, il teatro elisabettiano era già in pieno sviluppo; era già interamente se stesso; era già l'espressione artistica più popolare del suo tempo.

Era già in pieno sviluppo: nomi quali Marlowe, Kyd, Greene, l'ignoto autore di *Arden of Feversham* precedono tutti Shakespeare.

Era già interamente se stesso: non soltanto possedeva già quello che si tende a considerare il verso shakespeariano per eccellenza, quel decasillabo senza rima noto come *blank verse* e che il conte di Surrey aveva introdotto una cinquantina di anni prima nella traduzione di due libri dell'*Eneide*, ma aveva già completato il triplice processo di «secolarizzazione», necessario perché dai *mystery* e *morality plays* si giungesse al teatro quale noi lo intendiamo: la vicenda, dal cielo, era scesa sulla terra, dall'eternità era entrata nel tempo; e di un'unica vicenda cosmica si prendeva ormai un singolo momento chiaramente definito quanto a tempo, eventi, personaggi. Tuttavia, nell'affermare che quel processo era completato, intendo dire soltanto che aveva raggiunto il punto massimo che mai avrebbe raggiunto; nell'Inghilterra elisabettiana il teatro rimane debitore della sacra rappresentazione, delle *moralities*, ben più che altrove in Europa; la stessa estrema libertà di struttura (niente regole aristoteliche a chiudere nell'arco di una sola giornata, di un solo luogo e di una sola vicenda il dramma elisabettiano), la singolarità della trama che non si muove di consueto secondo una linea parabolica di eventi concatenati tra loro ma si dispone piuttosto a ventaglio, secondo linee e piani diversi, a volte paralleli, rivelano quanto ancora di «cosmico», di medioevale vi sia nel teatro elisabettiano. Pure, il cammino verso la secolarizzazione che avrebbe percorso in epoca elisabettiana il teatro lo aveva interamente percorso quando Shakespeare iniziò la sua opera. Vi erano inoltre già presenti quelli che ne resteranno i temi principali; gli intrecci di sangue e di vendetta, il senso dell'avventura, le trame riprese dalla novellistica italiana, le ricostruzioni storiche che soddisfacevano e esaltavano il senso dell'orgoglio nazionale, l'orrore, il fato, i sogni premonitori, i fantasmi, tutto il peggior «ciarpame» senechiano.

Era già l'espressione artistica più popolare del suo tempo; corteggiata dagli «intellettuali» quanto bastava perché fossero appunto gli uomini di lettere, i belli spiriti, gli «*univer-*

sity wits», a *scrivere* teatro prima che gli attori, i professionisti, i mestieranti cominciassero a *fare* teatro; e popolare quanto bastava perché, non essendo più sufficienti le locande nei cui cortili gli attori itineranti montavano il palco, vi fossero a Londra già quattro teatri «stabili» con le relative compagnie (altri, tra cui, si intende, il Globo, se ne aggiunsero dopo il 1595): il Teatro, il Sipario, la Rosa, il Cigno, teatri la cui struttura, primitiva forse ai nostri occhi e tuttavia singolarmente articolata, è a un tempo simbolo e condizione, espressione e causa, della natura del teatro elisabettiano, della sua profonda ritualità, poiché era un rito, seppure un rito laico, quando non profano, quello che autori, attori e spettatori celebravano «nella cerchia di queste mura».[14]

L'assenza non soltanto di sipario, ma di qualsiasi barriera – per quanto simbolica – tra attori e spettatori (parte di questi sedevano sul palcoscenico) esprimeva l'esigenza – e parallelamente la creava e la rendeva realizzabile – della perfetta comunione fra attori e spettatori nel rito di pacificazione/illusione; mentre la presenza di una tenda-fondale a isolare il *rear stage* dal *front stage* non soltanto consentiva una articolazione di scene che l'assenza di un'autentica scenografia e di sofisticati macchinari non avrebbe forse altrimenti permesso, ma creava, in un luogo scenico privo di sipario, una sorta di sipario a separare tuttavia non gli attori dal pubblico ma alcuni attori da altri attori *e dal pubblico*, con quale effetto di eguale coinvolgimento di attori e pubblico nella vicenda rappresentata è superfluo sottolineare.

A sua volta lo *upper stage* consentiva – e richiedeva – le apparizioni, le ombre, i fantasmi, sottolineando così quel che di singolarmente «cosmico» il teatro elisabettiano conserva per il suo stretto rapporto con il teatro medioevale; i fantasmi, le apparizioni, ben più che da Seneca, nascono dalle personificazioni allegoriche (Coscienza, Ricchezza, ecc.) delle *moralities*, e i lunghi monologhi ne sono la concretizzazione, la «secolarizzazione».

Profondamente legato alle sue origini medioevali ma già pienamente munito degli strumenti e delle caratteristiche della sua grandezza, seppure non ancora all'apice di quella grandezza: tale era dunque il teatro elisabettiano quando Shakespeare esce dall'anonimato di un provinciale a Londra (uno dei molti) e si rivela già tanto celebre da suscitare le risentite parole di un .rammaturgo di indubbia fama qual era Robert Greene; quando inizia la sua opera, non innovando, ma perfezionando, sublimando (nel senso chimico del termine, conducendole alla loro essenza più vera) le caratteristiche del teatro del suo tempo e servendosene mirabilmente.

L'assenza di sipario e la parallela assenza di stacchi, di autentiche cesure che ritmassero lo svolgersi della vicenda (non esisteva una precisa divisione in atti e scene, aggiunta successivamente nei testi elisabettiani quali noi ora li conosciamo) costringeva spesso a inutili lungaggini, a scene palesemente forzate (a tratti grottesche), oppure frenava l'invenzione. Due soli esempi varranno a mostrare quale superbo partito Shakespeare ne tragga: il cadavere di Polonio alla fine del terzo atto di *Amleto* non può palesemente restare in scena per altri due atti (a parte ogni altra, sin troppo evidente considerazione, non è da escludere che l'interprete di Polonio svolgesse altri ruoli); le soluzioni potevano essere diverse (far uccidere Polonio fuori scena,[15] farlo allontanare da guardie chiamate dall'atterrita regina) e tutte altrettanto deboli o improbabili, ma perfettamente accettabili nell'ambito culturale dell'epoca; Shakespeare non adotta nessuna di queste, né sceglie, con una superiore abilità tecnica, con una mentalità più «avanzata» di quella dei suoi contemporanei, di non creare il problema o di superarlo: al contrario, aderendo perfettamente alla realtà elisabettiana, si serve della difficile situazione per dare una nuova, e lievemente sinistra, pennellata al ritratto di Amleto: il «romantico principe» trascina lui stesso fuori scena il cadavere e lo accompagna con un amabile filosofeggiare da salotto, e da strapazzo, non privo di una vena di sadismo.

Più oltre, nella stessa tragedia, l'impossibilità di trovarsi con un altro ingombrante cadavere in scena prima della fine verrà superata con uno dei momenti liricamente più alti, quando la regina («Un salice cresce presso un ruscello») narra la morte di Ofelia (IV,7, 167 e sgg.).

Ancor più espressivo dello straordinario rapporto di adesione/superamento nel quale Shakespeare si trova nei confronti della sua epoca e che costituisce la sua più autentica grandezza, è l'uso che egli fa del monologo. Ripreso da Seneca, o piuttosto dagli interventi delle personificazioni allegoriche nelle *moralities*, rimane tuttavia essenzialmente un artificio «tecnico», utilizzato spesso per mascherare un'autentica imperizia: il personaggio monologa per annunciare al pubblico che cosa intende fare o che cosa ha fatto, o ancora per spiegare, quando si tratti di un cattivo, che l'apparente bontà dei suoi gesti è in realtà volta al male. Shakespeare non elimina il monologo, né le circostanze che possano renderlo necessario, ma lo trasforma, lo rende sempre più funzionale al personaggio, giungendo al punto più alto in *Amleto* dove è il monologo in quanto tale, e non quello che nel monologo viene detto, a esprimere il personaggio. È possibile che in questo straordinario sviluppo Shakespeare abbia sentito l'influsso di quei «monologhi» psicologici che sono i *Saggi* di Montaigne, ma, quando pure egli ne avesse veduta la traduzione di Florio prima che questa venisse pubblicata,[16] il folgorante monologo iniziale di *Riccardo III* (opera senza dubbio precedente alla traduzione dei *Saggi*) che, sebbene ancorato agli schemi e alle «ingenuità» del monologo elisabettiano classico, annuncia già i monologhi amletici, consente di dubitarne.

Se dunque la grandezza di Shakespeare sta nel suo non essere,né voler essere, originale, nella sua perfetta *adesione* ai modi, quando non alle mode, ai temi, alle caratteristiche, alle limitazioni stesse, della sua epoca, *adesione* che in lui diviene tuttavia *superamento*, sono molti gli aspetti nei quali egli appare singolarmente poco elisabettiano, nei quali mirabilmente esprime la fondamentale ambivalenza/ambiguità dell'epoca.

La differenza principale tra Shakespeare e la sua epoca può venir espressa in quel senso di tolleranza, di equilibrio, in quell'assenza del gusto della violenza e dell'avventura che sembrano fare in qualche modo di lui il tramite tra il più tumultuoso Rinascimento inglese, e il più armonico Rinascimento italiano. Senso di equilibrio che appare tanto più palese quando si confrontino le opere di Shakespeare con analoghe opere contemporanee; così lo stesso *Mercante di Venezia*, che pure gli vale spesso l'accusa di antisemitismo (ma alcuni passi, tra cui i celeberrimi III, 1, 63-78 e IV, 1, 90-101 – per tacere della statura tragica di Shylock paragonata a quella dei suoi avversari nella scena del processo – riferiti all'epoca in cui sono stati scritti,[17] dovrebbero assolverlo da tale accusa) appare di singolare misura se lo si paragoni alla cupa ferocia dell'*Ebreo di Malta* di Marlowe; i pochi accenni polemici nel *Re Giovanni* o in *Enrico VIII* scompaiono di fronte al livore anticattolico di altre opere (non soltanto teatrali) elisabettiane;[18] mentre nelle scene più violente di Shakespeare, nella stessa grottesca carneficina del *Tito Andronico* dove i figli vengono serviti alla madre cucinati in spezzatino, non si avverte quel *gusto* della violenza, della brutalità che si sente in Webster, o in Nashe, per uscire dall'ambito teatrale. E che questa volontà di equilibrio sia consapevole e deliberata lo attesta la frase di Amleto (III, 2): «...poiché nel torrente stesso, nella tempesta, nel vortice – per così dire – della passione, dovete possedere e esprimere una sorta di temperanza che possa addolcire l'espressione».

Ma ben più significativo (e tanto più significativo poiché in questo caso egli esprime probabilmente la realtà profonda oltre la tumultuosa apparenza) è il rapporto del teatro shakespeariano con il gusto dell'avventura e con l'amore della vita.

Chi abbia qualche familiarità con i *Viaggi* di Hakluyt,[19] o con i resoconti delle spedizioni compiute o patrocinate da sir Walter Raleigh sa che gli elisabettiani non mancavano né di senso dell'avventura, né di desiderio di conoscenza, né di audacia (audacia alla quale bisognerebbe dare ben altro nome quando si leggono gli allucinanti resoconti – allucinanti per la assoluta tranquillità del tono – delle imprese negriere nell'America del Sud e dei metodi con i quali gli inglesi imponevano alle guarnigioni spagnole l'acquisto e le condizioni d'acquisto degli schiavi che avevano razziato). Come sempre, Shakespeare si piega alle mode. Sebbene non sia forse il caso di mettere nel conto i drammi «storici» (si riferiscano alla storia di Roma o alla storia/leggenda della Gran Bretagna) e quelli ambientati in Francia o in Italia (semplice tributo alla novellistica italiana, filtrata spesso attraverso traduzioni francesi), almeno in cinque opere di Shakespeare l'ambientazione si potrebbe a buon diritto definire esotico/avventurosa: la Vienna di *Misura per Misura*, l'Illiria della *Dodicesima notte*, la mitica Sicilia e la Boemia del *Racconto d'inverno*, l'isola deserta (esotica fra tutte) della *Tempesta* e, sebbene si collochi in realtà in Francia ha tuttavia connotazioni tali da potersi definire esotica, la foresta di Arden del *Come vi piace*. Ebbene, in nessuno di questi cinque casi Shakespeare sembra in alcun modo interessato all'esotismo del luogo, alla concreta idea del viaggio, dell'avventura, della conoscenza di luoghi nuovi; non perché i nomi esotici siano spesso soltanto *nomi* attribuiti a una realtà che né ha, né vuole avere, nulla di esotico (Vienna di *Misura per Misura* è senza dubbio Londra, come accade per molte commedie «italiane»), né perché manchi ogni ricerca, ogni gusto, di particolari volti a sottolineare l'esotismo dell'ambiente, ma perché l'esotismo, in Shakespeare, è tutto interiore. È un'autentica interiorizzazione del gusto per i viaggi e l'avventura; Vienna, l'Illiria, la foresta di Arden, la Boemia sono essenzialmente luoghi spirituali; anche, e soprattutto, l'isola deserta, il più autenticamente esotico all'apparenza di tutti gli ambienti shakespeariani poiché l'unico a essere abitato da un «selvaggio»; ma il selvaggio è figlio di una strega e a lui si affianca uno spirito dell'aria: ogni esotismo geografico svanisce, e l'isola deserta è più di ogni altra un luogo spirituale, una delle molte immaginazioni di quel mago, «deserto» e solitario fra tutti: Prospero; così che l'esotismo, in un perfetto gioco di ambivalenze e equivoci, finisce per mutarsi nella negazione di se stesso.

Non diverso è il rapporto Shakespeare/amore della vita, e non di una teorica immagine della vita. Gli elisabettiani amavano, cacciavano, duellavano, viaggiavano, componevano poesie e musica, si lasciavano divorare dall'ansia di conoscere e di vivere (quelli che potevano permetterselo, si intende: come osserva Joyce Youings,[20] non molti inglesi dell'ultima decade del secolo, divorati dalla povertà, dalle malattie, dalla brutalità delle leggi, dalla disoccupazione, avrebbero definito la loro un'età dell'oro), ma quanto di questa passione di vita era accompagnato dall'ombra della morte, dall'incertezza, dallo smarrimento per quella stessa vastità di conoscenze che sembrava mettere in discussione tutto? Quanti, a quella vita che sembravano vivere tanto intensamente ma che forse temevano, non preferivano in verità l'immagine di vita, la vita interiorizzata, vissuta in se stessi, immaginata, che l'arte, e singolarmente il teatro, offriva? Come spiegare altrimenti la violenza, la brutalità, la tensione nel teatro, l'amarezza nella poesia, la disillusione nella prosa, di questi innamorati della vita?

Scopo dell'arte drammatica, afferma Shakespeare per bocca di Amleto, è «offrire alla natura lo specchio; mostrare alla virtù il suo volto, al vizio la sua immagine, e all'età stessa e al corpo del secolo la sua forma e la sua impronta» (III, 2). Queste parole, pronunciate per esortare gli attori alla misura, vengono spesso interpretate come una professione di realismo da parte di Shakespeare; ma l'immagine riflessa nello specchio è un'immagine, non è la realtà; è l'ombra – per dirla con i francesi – non la preda.[21] E la simbologia dello specchio è tipica del Rinascimento (si pensi ai molti quadri di dame allo specchio, in particolare nella Scuola di Fontainebleau, a quella singolare e ambigua immagine in cui Gabrielle d'Estrées e la sorella sembrano riflettersi una nell'altra) con i suoi molteplici significati di condanna della vanità, forse, ma più ancora di irrealtà, di immagine contrapposta alla realtà, alla realtà simile in tutto, ma non nella vita. Mentre certe significative contrapposizioni: pazzia/saggezza, vita/sogno, vita/teatro (o realtà/immagine), io/altro sono gli elementi fondamentali e ricorrenti del teatro di Shakespeare; alle frasi già citate da *Otello* e *Timone d'Atene* bisognerà aggiungere almeno le parole del Duca a Claudio (*Misura per Misura*, III, 1): «Non hai gioventù, né vecchiaia, ma una sorta di sonno pomeridiano nel quale sogni di entrambe». Ma soprattutto bisognerà citare il più alto tra i contributi di Shakespeare all'espressione/superamento della sua epoca: la creazione, di testo in testo definita, arricchita, ampliata, modulata fino a raggiungere la perfezione, del carattere, del personaggio, della «maschera» di Amleto.

Anna Luisa Zazo

NOTE

[1] George M. Trevelyan, «Shakespeare's England», in *English Social History*, Pelican Books 1964.

[2] I «Merchant Adventurers», compagnia commerciale fondata nel 1407, che verso la metà del XVI secolo controllava i tre quarti del commercio estero inglese; chi legga i resoconti di Hakluyt (cfr. Nota 19) ne trae la sensazione che meritassero ampiamente la definizione di *adventurers*, che aveva il semplice significato, si intende, di chi va all'avventura.

[3] Gli esempi potrebbero essere molti. Ricorderò soltanto il conte di Essex, distintosi come combattente quando ancora non aveva 20 anni, entrato a 26 a far parte del Consiglio Privato (il Privy Council, l'equivalente di un consiglio dei ministri); o sir Walter Raleigh, non ancora trentenne quando organizzò numerosi viaggi di scoperta nell'America settentrionale; in campo letterario, Marlowe e Kyd avevano concluso la loro carriera (Marlowe, anche la vita) prima dei 30 anni.

[4] Ovunque l'arte più raffinata, autenticamente, non artificiosamente, tale, convive con la storia più sanguinosa: la poesia di Ronsard non è forse contemporanea delle terribili guerre di religione?

[5] Impropriamente non soltanto perché l'epoca che spesso viene definita globalmente elisabettiana comprende in realtà i regni di Elisabetta (1558-1603) e Giacomo I (1603-1625); ma perché già Enrico VIII, prima di Elisabetta, aveva contribuito in non piccola misura a darle quelle caratteristiche che noi ora identifichiamo come «elisabettiane».

[6] E.M.W. Tillyard, nel suo *The Elizabethan World Picture*, Chatto & Windus 1943, illustra efficacemente (rifacendosi spesso a esempi tratti da Shakespeare) a qual punto la filosofia e la visione del mondo elisabettiane fossero ancora quelle medioevali.

[7] Il proverbio è citato da Roger Ascham, illustre studioso e precettore della regina Elisabetta. Nell'affermare che un viaggio in Italia poteva presentare gravi pericoli per la virtù e che molti inglesi, partiti dall'Inghilterra uomini di impeccabile condotta, vi ritornavano, dall'Italia, ben meno ansiosi di tanta impeccabilità, Ascham giustifica le sue affermazioni citando il proverbio, che egli dà come italiano: «Inglese italianato è un diavolo incarnato».

[8] Quando la pittura (attraverso gli affreschi di soggetto religioso o allegorico) e il teatro (con le sacre rappresentazioni) erano volti essenzialmente all'istruzione del popolo. Si potrebbe forse aggiungere che un'arte riservata alle corti poteva avere largo spazio in Italia dove, per la particolare struttura politica, le corti erano numerose, e numerosi i mecenati; sarebbe stata fallimentare in Inghilterra dove esisteva una sola corte.

[9] In una delle molte storie di Whinnie-the-Pooh, di A.A. Milne (uno di quei libri per bambini, frequenti nella letteratura inglese, che i bambini leggono con piacere e che i grandi potrebbero leggere traendone piacere e giovamento), a domande quali come facciano le tigri a superare ogni ostacolo con tanta facilità e allegria, si risponde: Con tanta facilità e allegria.

[10] Una sorta di *Teatrum totum nostrum est*; e che gli inglesi avessero il senso dell'originalità, della *virtù* del loro teatro, appare dalla fierezza con cui ne parla Thomas Nashe, contrapponendolo prevalentemente al teatro francese, in tre paragrafi di *Pierce Penniless* («Pietro senza un quattrino»).

[11] In una conversazione radiofonica con G. Wilson Knight, raccolta poi nel volume di Wilson Knight, *Shakespeare & Religion*, Routledge & Kegan Paul 1967, C.B. Purdom afferma: «Il dramma è riconciliazione [...] riconciliazione dell'uomo con l'ambiente che lo circonda, con i suoi simili, e con se stesso [...] Nell'arte moderna, in tutte le arti non c'è *conclusione*. Nel dramma vi è sempre una conclusione, e questo credo sia quanto fa del dramma l'arte suprema». Per esprimere il concetto del «risolvere» gli intricati nodi della vita attraverso la rappresentazione teatrale (in analogia con la funzione catartica del teatro secondo Aristotele), gli inglesi hanno un'espressione, intraducibile ma di rara efficacia: *to live it out*.

[12] Rispettivamente, da *Otello* (I, 1), *La tempesta* (IV, 1), *Timone d'Atene* (II, 2).

[13] Mi riferisco naturalmente alla celebre frase di Robert Greene in *A Groa-*

tsworth of Wit, bought with a Million of Repentance (cfr. «Cronologia della vita e delle opere di S.»). Alcuni (e tra questi Gabriele Baldini) hanno interpretato l'accusa di essersi *abbellito delle penne altrui* come un riferimento alla circostanza che S., essendo un attore, si era affermato recitando versi non suoi. In tutta sincerità, non vedo perché un drammaturgo, qual era Greene, dovrebbe *accusare* un attore di diventare celebre declamando versi non suoi.

[14] *Enrico V*, Coro del I atto.

[15] Si noterà infatti come le grandi carneficine o avvengano alla fine del dramma, quando i cadaveri potevano restare in scena indisturbati, rialzandosi poi a ringraziare il pubblico insieme ai «vivi», o fuori scena.

[16] La traduzione dei *Saggi* di Montaigne eseguita dal letterato inglese di origine italiana John Florio venne pubblicata nel 1603, sebbene la licenza di pubblicazione risalga al 1599; poiché si suppone comunemente che S. conoscesse Florio (molti hanno visto nel personaggio di Holofernes di *Pene d'amor perdute* un ritratto, per la verità non molto lusinghiero, di Florio), è possibile che avesse veduto la traduzione, o parte di essa, prima della sua pubblicazione.

[17] E singolarmente alla possibilità che la composizione del *Mercante* sia in qualche modo legata al processo a Lopez, il medico ebreo della regina Elisabetta, accusato di tradimento e poi giustiziato.

[18] È naturalmente possibile che la quasi totale assenza di polemica anticattolica nelle opere di S. si debba alla circostanza che egli fosse davvero cattolico (quasi certamente lo era il padre); non esistono tuttavia prove o testimonianze in merito, se non la celebre frase di Richard Davies che, scrivendo verso la fine del XVII secolo, laconicamente afferma che S. morì da cattolico («*He died a papist*»); e la frase potrebbe indicare o una conversione al cattolicesimo o un ritorno a una più intensa pratica religiosa.

[19] *The Principal Navigations, Voyages, Traffiques and Discoveries of the English Nation* («Principali navigazioni, viaggi, commerci e scoperte della nazione inglese»), monumentale raccolta di documenti, lettere, resoconti di viaggi, pubblicata nel 1598-1600 da Richard Hakluyt, sacerdote anglicano, diplomatico, viaggiatore, studioso, a tempo perso agente segreto (egli stesso, figura «tipicamente elisabettiana»); una prima edizione dal cui titolo manca la parola *Traffiques* cominciò a uscire nel 1589, l'anno successivo alla vittoria sull'Armada.

[20] In *Sixteenth-Century England*, «The Pelican Social History of Britain», general editor J.H.Plumb, Penguin Books 1984.

[21] Nell'espressione francese, lascia *la proie pour l'ombre* («la preda per l'ombra») chi persegue e preferisce la speranza, l'illusorio, l'immagine alle più solide realtà della vita.

CRONOLOGIA DELLA VITA
E DELLE OPERE DI SHAKESPEARE

1564
Il 26 aprile viene battezzato nella chiesa di Stratford-upon-Avon, William, terzo figlio di John Shakespeare, facoltoso commerciante che aveva ricoperto anche cariche pubbliche, e di Mary Arden.

1576
A Londra viene costruito il primo teatro, chiamato semplicemente il Teatro, di proprietà dell'impresario James Burbage, padre di Richard, futuro interprete di tutti i principali ruoli shakespeariani; in precedenza le rappresentazioni avvenivano su palchi montati all'aperto o nel cortile delle locande. In seguito verranno costruiti il Sipario (*Curtain*) nel 1577, la Rosa (*Rose*) nel 1587 e il Cigno (*Swan*) nel 1596.

1564-1582
Poco o nulla si sa dell'infanzia e della prima giovinezza di Shakespeare. Dovette seguire studi relativamente regolari, fino a quando non fu costretto forse a lasciarli per la rovina finanziaria del padre, che poté essere causata dalle pesanti multe imposte ai *recusants*, quanti *rifiutavano* di seguire i riti della religione anglicana: John Shakespeare era quasi certamente cattolico. Un'altra tradizione vuole che Shakespeare sia stato maestro di scuola.

1582
Il 28 novembre, viene celebrato il matrimonio tra il diciottenne Shakespeare e Anne (secondo alcune fonti Agnes) Hathaway, ventiseienne.

1583
Viene battezzata il 26 maggio Susan, la prima figlia di Shakespeare e Anne.

1585
Due gemelli, un maschio, Hamnet, e una femmina, Judith, nascono a Anne e William Shakespeare e vengono battezzati il 2 febbraio. Hamnet morirà nel 1596.

1586-1592
Per questi anni mancano notizie della vita di Shakespeare. Senza dubbio egli si recò a Londra dove si affermò lentamente nella carriera di attore e uomo di teatro.

1592
Shakespeare è ormai un attore e un drammaturgo affermato; si sa che il 3 marzo venne rappresentata la prima parte dell'*Enrico VI*, e la sua fama era già tale da dare ombra a altri. È infatti di quest'anno la famosa allusione del poeta, romanziere, drammaturgo Robert Greene nel suo *A Groatsworth of Wit, bought with a Million of Repentance* («Un soldo di intelligenza comprato con un milione di pentimento») allo Scuoti-scena (Shake-scene, evidente gioco di parole su Shake-speare), al *Johannes fac-totum*, «corvo abbellito delle penne altrui» che mette in ombra i grandi drammaturghi del suo tempo

1593
Un'epidemia di peste costringe alla chiusura dei teatri londinesi. Shakespeare pubblica un poemetto, *Venere e Adone*, dedicato a Henry Wriothesley, conte di Southampton.

1594
Sempre dedicato al conte di Southampton, Shakespeare pubblica il suo secondo poemetto, *Lucrezia violata* (*The Rape of Lucrece*); i due poemetti sono le sole opere di cui si

sa che Shakespeare abbia curato la pubblicazione personalmente. Vengono riaperti i teatri; viene organizzata, in forma, come era l'uso, di cooperativa in cui gli attori partecipavano, con quote, alle spese e agli utili, la compagnia dei Lord Chamberlain's Men («Servi del Lord Ciambellano»: gli attori, per avere uno *status* giuridico e non essere legalmente perseguibili come ladri o vagabondi, dovevano mettersi sotto la protezione di un nobile, o del sovrano, di cui portavano la livrea), di cui entrò a far parte Shakespeare. Richard Burbage ne era il primo attore.

1596
John Shakespeare, probabilmente in grazia dei meriti artistici del figlio, ottiene il diritto di fregiarsi di uno stemma, e la qualità di *gentleman* per sé e i suoi discendenti.

1597
Shakespeare, che non aveva mai interrotto i rapporti con la sua città natale, acquista una casa, New Place, al centro di Stratford.

1598
Francis Meres pubblica il trattato *Palladis Tamia*, paragonando (secondo un uso allora molto in voga) gli antichi e i moderni; Shakespeare vi viene ripetutamente citato come autore di grande importanza e il suo nome è accompagnato da un elenco delle opere (si accenna anche a Sonetti non ancora pubblicati): *I due gentiluomini di Verona*, gli *Equivoci* [*La commedia degli equivoci*], *Pene d'amor perdute*, *Pene d'amore conquistate* (ancora non si è riusciti a stabilire se si tratti di un'opera perduta, o di un'opera nota a noi con un altro titolo, forse la *Bisbetica*), il *Sogno di una notte di mezza estate*, il *Mercante di Venezia*, *Riccardo II*, *Riccardo III*, *Enrico IV*, *Re Giovanni*, *Tito Andronico*, *Romeo e Giulietta*.

1598-1603
All'incirca a questi anni dovrebbero assegnarsi: *Enrico V, Giulio Cesare, Molto rumore per nulla, Come vi piace, La dodicesima notte, Le allegre comari di Windsor, Amleto, Troilo e Cressida.*

1601
Fallita ribellione del conte di Essex contro Elisabetta (8 febbraio). La sera del 7 la compagnia del Lord Ciambellano aveva rappresentato il *Riccardo II* (in cui si assiste alla deposizione di un re) su invito dei partigiani di Essex; gli attori non vennero tuttavia incriminati nella inchiesta che seguì alla congiura. Morte in settembre di John Shakespeare.

1602
Shakespeare acquista un'altra casa con alcuni terreni a Stratford.

1603
Morte di Elisabetta (24 marzo). Il suo successore, Giacomo VI di Scozia, I d'Inghilterra, prende sotto la sua diretta protezione la compagnia del Lord Ciambellano che assume il nome di King's Men («Servi del re»). Shakespeare è fra i principali «azionisti» della compagnia, ma il suo nome non figura più tra gli interpreti dei nuovi drammi rappresentati.

1603-1608
Risale all'incirca a questi anni la composizione di *Tutto è bene quel che finisce bene, Misura per misura, Otello, Re Lear, Macbeth, Antonio e Cleopatra.*

1605
Shakespeare comincia a acquisire interessi nella riscossione delle decime per i terreni intorno a Stratford.

1607
Susan, la figlia maggiore, sposa un medico, John Hall.

1608
Morte di Mary Arden (settembre). I King's Men hanno ormai a loro disposizione due teatri, il Globo (*Globe*), dove recitavano dal 1599, anno in cui lo avevano fatto costruire, e che da ora in poi useranno solo nei mesi estivi, e un teatro al chiuso, a Blackfriars, destinato a un pubblico più raffinato, con un biglietto d'ingresso più alto, e in uso tutto l'anno.

1608-1613
Si assegnano a questi anni: *Coriolano*, *Timone d'Atene*, *Pericle*, *Cimbelino*, *Racconto d'inverno*, *La tempesta*, *I due nobili congiunti* (di John Fletcher, a cui Shakespeare sembra abbia collaborato), *Enrico VIII*.

1609
Vengono pubblicati, probabilmente all'insaputa di Shakespeare, i *Sonetti*. Probabile ritorno a Stratford di Shakespeare, che tuttavia continuò a interessarsi alla compagnia e a provvederla di nuovi testi.

1613
Il 29 giugno, il Globo viene distrutto da salve di artiglieria sparate durante la rappresentazione di *Enrico VIII*.

1616
Judith sposa il 10 febbraio il mercante di vino Thomas Quiney. Il 25 marzo Shakespeare fa testamento (era malato?) lasciando il grosso della sua sostanza alla figlia Susan, al marito di lei e alla nipotina Elizabeth; tra gli altri lasciti, ve ne sono anche per Ben Jonson e per gli attori John Heminge e Henry Condell. Il 23 aprile Shakespeare muore e viene sepolto nella chiesa della Santa Trinità di Stratford dove era stato battezzato.

1623

Morte (il 6 agosto) di Anne, vedova di Shakespeare. Curato da Heminge e Condell, e pubblicato dagli editori Isaac Jaggard e Edward Blount, esce un volume in-folio che raccoglie 36 drammi di Shakespeare (vi è incluso *Enrico VIII*, ma non *Pericle* né *I due nobili congiunti*); si tratta dell'edizione conosciuta come il canone shakespeariano, il testo tutt'ora più autorevole insieme a alcuni in-quarto pubblicati durante la vita dell'autore, ma non curati da lui; va ricordato d'altro canto che non era l'autore il proprietario dell'opera teatrale, ma la compagnia, che non aveva mai grande interesse a pubblicare nel timore che compagnie rivali rubassero l'esclusiva. Il titolo completo originale del canone suona: *Mr. William Shakespeares Comedies, Histories & Tragedies. Published according to the True Originall Copies* («Commedie, Drammi storici e Tragedie di W. Shakespeare. Pubblicate in conformità alle copie originali autentiche»).

BIBLIOGRAFIA

Una bibliografia shakespeariana, non completa (il che sarebbe forse impossibile), ma esauriente, occuperebbe almeno un intero volume, e non dei più esili. Quella che segue è dunque una bibliografia estremamente essenziale, divisa in tre parti (le edizioni in lingua originale delle opere di Shakespeare, le opere biografiche su Shakespeare, le opere critiche su Shakespeare) e preceduta da indicazioni di opere *sulla* bibliografia shakespeariana. Si intende che la divisione tra opere biografiche e opere critiche non va intesa come rigorosa, ma soltanto indicativa dell'orientamento principale del testo: ogni opera biografica su Shakespeare contiene una parte critica, così come ogni opera critica contiene elementi biografici.

Guide alla bibliografia shakespeariana

L.S. Champion, *The Essential Shakespeare: An Annotated Bibliography of Major Modern Studies*, Boston 1968

S. Wells (a cura di), *Shakespeare: Select Bibliographical Guides*, London 1973

Esistono inoltre pubblicazioni periodiche che raccolgono, insieme a saggi su argomenti di critica shakespeariana, rassegne bibliografiche. Ricordo tra queste lo «Shakespeare Survey» (Cambridge, iniziato nel 1948), annuale, che in ogni volume, dedicato principalmente ma non esclusivamente a un singolo tema (un dramma, o un particolare aspetto o problema dell'opera shakespeariana), presenta anche una rassegna critica delle opere su Shakespeare uscite nel corso dell'anno; e lo «Shakespeare Quarterly» (New York, iniziato nel 1950), trimestrale.

Edizioni delle opere di Shakespeare

La prima edizione delle opere teatrali di Shakespeare è l'in-folio del 1623, se non si voglia tener conto dei numerosi in-quarto, buoni o «pirata», usciti mentre Shakespeare era in vita. Un moderno facsimile del primo in-folio si trova in: *The First Folio of Shakespeare*, New York 1967; *Venus and Adonis* e *The Rape of Lucrece* vennero pubblicati rispettivamente nel 1593 e nel 1594; nel 1601, nella raccolta poetica *Loves Martyr: or Rosalins Complaint*, si trova un poemetto attribuito a Shakespeare, *The Phoenix and the Turtle* (*La fenice e la tortora*); la prima edizione dei *Sonetti* uscì nel 1609 con il titolo *Shakespeares Sonnets*: i 154 Sonetti erano seguiti da un breve poemetto, *A Lover's Complaint* (*Lamento dell'innamorata*).

Tra le edizioni moderne delle opere di Shakespeare si possono ricordare:

New Arden Shakespeare, London 1951 sgg., in volumi separati
The Complete Works, London 1951
New Penguin Shakespeare, Harmondsworth 1967-86, in volumi separati
The Complete Pelican Shakespeare, Baltimore e London 1969

A eccezione dei *Complete Works* del 1951, tutte queste edizioni sono completate da introduzioni e apparati critici.

Opere biografiche su Shakespeare

M.C. Bradbrook, *Shakespeare, The Poet and His World*, London 1978

A. Burgess, *Shakespeare*, London 1970 (trad. it. Milano 1981)

E.K. Chambers, *William Shakespeare: A Study of Facts and Problems*, Oxford 1930

P. Edwards, *Shakespeare: A Writer's Progress*, Oxford 1986

H. Fluchère, *Shakespeare, dramaturge élisabéthain*, Toulouse 1948

F.E. Halliday, *Shakespeare*, London 1956 (trad. it. Milano 1989)

G.B. Harrison, *Shakespeare at Work, 1592-1603*, London 1933

—, *Introducing Shakespeare*, Harmondsworth 1939

L. Hotson, *I, William Shakespeare*, London 1937

S. Schoenbaum, *William Shakespeare: A Documentary Life*, Oxford 1975

—, *William Shakespeare: A Compact Documentary Life*, New York 1977 (trad. it. *Sulle tracce di una leggenda*, Roma 1979)

H. Spencer, *The Art and Life of William Shakespeare*, New York 1940

D.A. Traversi, *An Approach to Shakespeare*, London 1957 (trad. it. *Introduzione a Shakespeare*, Milano 1964)

J.D. Wilson, *The Essential Shakespeare: A Biographical Adventure*, Cambridge 1932

Opere critiche su Shakespeare

J.F. Andrews (a cura di), *William Shakespeare: His World, His Work, His Influences*, New York 1985

G. Baldini, *Manualetto shakespeariano*, Torino 1964

—, *La fortuna di Shakespeare 1592-1964*, Milano 1965

M. Bodwell Smith, *Dualities in Shakespeare*, Toronto 1966

A. Bradby (a cura di), *Shakespeare Criticism 1919-1935*, Oxford 1936

A. Brennan, *Shakespeare's Dramatic Structures*, London 1986

G. Bullogh (a cura di), *Narrative and Dramatic Sources of Shakespeare*, 8 voll., London 1957-1975

O.J. Campbell e E.G. Quinn (a cura di), *A Shakespeare Encyclopædia*, London 1966

E.K. Chambers, *The Elizabethan Stage*, 4 voll., Oxford 1923

S.T. Coleridge, *Lectures on Shakespeare*, London 1883

B. Croce, *Shakespeare*, in «La Critica», 1919

—, *Ariosto, Shakespeare e Corneille*, Bari 1929

M. D'Amico, *Scena e parola in Shakespeare*, Torino 1974

P. Edwards, I.-S. Ewbank, G.K. Hunter (a cura di), *Shakespeare's Styles*, Cambridge 1980

B.I. Evans, *The Language of Shakespeare's Plays*, London 1952

L.A. Fiedler, *The Stranger in Shakespeare*, London 1973

H. Granville-Barker, *Prefaces to Shakespeare*, London 1927-1947

W.W. Greg, *The Editorial Problem in Shakespeare: a Survey of the Foundation of the Text*, Oxford 1942 e 1951

A. Gurr, *The Shakespearean Stage 1574-1642*, Cambridge 1970

F.E. Halliday, *A Shakespeare Companion 1550-1964*, Harmondsworth 1964

E. Hubler (a cura di), *The Riddle of Shakespeare's Sonnets*, New York 1962

S. Johnson, *Preface to Shakespeare e altri scritti shakespeariani* (trad. it. a cura di A. Lombardo, Bari 1960)

E. Jones, *Hamlet and Oedipus*, London 1949 (trad. it. *Amleto e Edipo*, Milano 1987)

G.W. Knight, *The Wheel of Fire: Essays in Interpretation of Shakespeare's Sombre Tragedies*, Oxford 1930

I. Kott, *Shakespeare nostro contemporaneo* (trad. it.), Milano 1964

A. Lombardo, *De Sanctis e Shakespeare*, in «English Miscellany», 7, 1956

—, *Shakespeare e la critica italiana*, in «Sipario», 218, 1964

R.G. Moulton, *Shakespeare as a Dramatic Artist* (1885), ristampa, New York 1966

K. Muir, *The Sources of Shakespeare's Plays*, London 1977

—, *Shakespeare's Sonnets*, London 1979

G.C. Odell, *Shakespeare from Betterton to Irving*, New York 1920 (London 1921)

C.T. Onions, *A Shakespeare Glossary*, Oxford 1911, ed. riv. 1975

M. Praz, *Caleidoscopio Shakespeariano*, Bari 1969

P. Quennell e H. Johnson, *Who's Who in Shakespeare*, London 1973

P. Rebora, *Interpretazioni italiane di Shakespeare*, in *Civiltà italiana e civiltà inglese*, Firenze 1936

A. Serpieri (a cura di), *Shakespeare: la nostalgia dell'essere*, Parma 1985

A. Sewell, *Character and Society in Shakespeare*, London 1951

A.P. Slater, *Shakespeare the Director*, Brighton 1982

A.C. Sprague, *Shakespeare and the Audience: A Study in the Technique of Exposition*, Cambridge (Mass.) 1935

C. Spurgeon, *Shakespeare's Imagery and What It Tells Us*, Cambridge 1935

J.L. Styan, *Shakespeare's Stagecraft*, Cambridge 1967

J. Sutherland e J. Hurtsfield (a cura di), *Shakespeare's World*, London 1964

E.M.W. Tillyard, *Shakespeare's Last Plays*, London 1938
—, *The Elizabethan World Picture*, London 1943
—, *Shakespeare's History Plays*, London 1944
—, *Shakespeare's Problem Plays*, Toronto 1949 (London 1950)
B. Vickers (a cura di), *Shakespeare: The Critical Heritage*, London 1974-81
S. Wells e G. Taylor (a cura di) con J. Jowett e W. Montgomery, *The Oxford Shakespeare: A Textual Companion*, Oxford 1987
J.D. Wilson, *Life in Shakespeare's England*, Cambridge 1911 e 1944
A.L. Zazo, *Introduzione a Shakespeare*, Bari 1993

OTHELLO

OTELLO

THE NAMES OF THE ACTORS

[*Appearing only in Venice*]:
Duke of Venice
Brabantio, [*a Senator*] *Father to Desdemona*
Senators [*of Venice*]
Sailor

[*Both in Venice and Cyprus*]:
Othello, *the Moor* [*General in the service of Venice*]
Desdemona, [*daughter to Brabantio and*] *wife to Othello*
Cassio, *an honourable Lieutenant* [*of Othello*⌉
Iago, *a villain*, [*Othello's ancient*]
Roderigo, *a gull'd Gentleman* [*of Venice*]

[*Appearing only in Cyprus*]:
Emilia, *wife to Iago*
Montano, *Governor of Cyprus* [*before Othello*]
Lodovico | *two noble Venetians* | [*kinsman to Brabantio*]
Gratiano | | [*brother to Brabantio*]
Bianca, *a courtesan* [*mistress to Cassio*]
Clown [*servant to Othello*]
Gentlemen of Cyprus
[Herald]
⌈*Musicians*⌉

[*Messengers, officers, attendants*]

PERSONAGGI

Appaiono soltanto a Venezia:
Il Doge di Venezia
Brabanzio, *Senatore, padre di Desdemona*
Senatori di Venezia
Un Marinaio

Sia a Venezia che a Cipro:
Otello, *il Moro, Generale al servizio di Venezia*
Desdemona, *figlia di Brabanzio e moglie di Otello*
Cassio, *onorato luogotenente di Otello*
Iago, *una canaglia, alfiere di Otello*
Roderigo, *gentiluomo veneziano credulone*

Appaiono soltanto a Cipro:
Emilia, *moglie di Iago*
Montano, *Governatore di Cipro prima di Otello*
Lodovico | *due nobili veneziani* | *parente di Brabanzio*
Graziano | | *fratello di Brabanzio*
Bianca, *cortigiana amante di Cassio*
Un Buffone *al servizio di Otello*
Gentiluomini di Cipro
Un Araldo
Musicanti

Messaggeri, ufficiali gente del seguito

I. 1.

Enter RODERIGO *and* IAGO

RODERIGO
⟨Tush!⟩ Never tell me; I take it much unkindly
That thou, Iago, who hast had my purse
As if the strings were thine, shouldst know of this.
IAGO
⟨'Sblood,⟩ but you will not hear me:
If ever I did dream of such a matter,
Abhor me.
RODERIGO
Thou told'st me thou didst hold him in thy hate.
IAGO
Despise me if I do not. Three great ones of the city,
In personal suit to make me his lieutenant,
Off-capp'd to him; and, by the faith of man,   10
I know my price, I am worth no worse a place;
But he, as loving his own pride and purposes,
Evades them, with a bombast circumstance
Horribly stuff'd with epithets of war;
⟨And, in conclusion,⟩
Nonsuits my mediators; for, "Certes", says he,
"I have already chose my officer."
And what was he?
Forsooth, a great arithmetician,
One Michael Cassio, a Florentine,   20
A fellow almost damn'd in a fair wife;
That never set a squadron in the field,

---

10. *Off-capp'd*: lez. F; in Q1 *Oft capp'd* («spesso si sono tolti il cappello»).

I. 1.

Entrano RODERIGO *e* IAGO

RODERIGO
 No, non insistere! E mi dispiace molto
 che proprio tu, Iago, che tenevi da padrone
 la mia borsa, non mi abbia detto niente.
IAGO
 Perdio, ma come devo dirvelo? Se ho mai sognato
 una cosa simile, non guardatemi più in faccia.
RODERIGO
 E mi avevi anche detto che l'odiavi.
IAGO
 Se non è così, merito il vostro disprezzo. Figuratevi
 che tre degli uomini più potenti della città
 sono andati a inchinarsi davanti a lui chiedendogli
 di nominarmi suo luogotenente. E, sulla mia parola
 – io so quanto valgo – non meritavo un posto
 meno importante. Ma lui, che non vede
 al di là della sua ambizione e del proprio interesse,
 ha sviato la loro domanda con un'enfatica tiritera
 d'occasione, tutta gonfia di paroloni di guerra,
 e, alla fine, li ha congedati con un rifiuto.
 "Peccato" disse "ma ho già scelto il mio luogotenen-
 E volete sapere chi è costui?   [te."
 Un vero esperto nell'arte di fare i conti! Un certo
 Michele Cassio, fiorentino; uno che venderebbe
 anche l'anima al diavolo per una bella donna,
 che non ha mai messo in campo uno squadrone

Nor the devision of a battle knows
More than a spinster; unless the bookish theoric,
Wherein the togèd consuls can propose
As masterly as he: mere prattle, without practice,
Is all his soldiership. But he, sir, had the election;
And I, of whom his eyes had seen the proof
At Rhodes, at Cyprus, and on other grounds
Christian and heathen, must be be-lee'd and calm'd   30
By debitor and creditor; this counter-caster,
He, in good time, must his lieutenant be,
And I – ⟨God⟩ bless the mark! – his Moorship's an-
[cient.

RODERIGO

By heaven, I rather would have been his hangman.

IAGO

Why, there's no remedy: 'tis the curse of service,
Preferment goes by letter and affection,
Not by the old gradation, where each second
Stood heir to the first. Now, sir, be judge yourself,
Whether I in any just term am affin'd
To love the Moor.

RODERIGO   I would not follow him then.   40

IAGO

O! sir, content you;
I follow him to serve my turn upon him;
We cannot all be masters, nor all masters
Cannot be truly follow'd. You shall mark
Many a duteous and knee-crooking knave,
That, doting on his own obsequious bondage,
Wears out his time, much like his master's ass,
For nought but provender, and when he's old, cash-
[ier'd;

---

25. *toged*: lez. Q1; in F *tongued* («linguacciuti»).
33. *Moorship's*: lez. F; in Q1 *Worship's* («di Sua Grazia»).
39. *affin'd*: lez. F; in Q1 *assign'd* («sono destinato»).

che ne sa quanto una zitellona sull'ordinamento
d'una battaglia; uno che conosce soltanto
quelle teorie libresche sulle quali
anche un senatore può dissertare da maestro
quanto lui! Molte chiacchiere e pratica zero:
ecco tutta la sua esperienza di soldato. Eppure, si-
[gnore,
hanno preferito lui; e io, che sotto gli occhi del Moro
avevo dato tante prove di valore a Rodi, a Cipro
e in altre terre cristiane e pagane,
devo essere tenuto alla corda, messo sottovento
da un maestro del dare e dell'avere. Questo contabile
sarà – e così sia! – il suo luogotenente,
e io – Dio benedica le nostre insegne –
l'alfiere di Sua Signoria il Moro!

RODERIGO
Perdio, ma al tuo posto avrei preferito essere il suo
[carnefice!

IAGO
Purtroppo questa è una piaga del servizio militare,
e non c'è rimedio: soltanto con le raccomandazioni
e i favori si ottiene la promozione
e non per anzianità di grado, come una volta,
quando ogni secondo era erede del primo. Ora, si-
[gnore,
giudicate voi stesso, e ditemi se ho delle buone ra-
per amare il Moro. [gioni

RODERIGO Ma io, allora, non resterei al suo
[servizio.

IAGO
Piano, signore! Se sono al suo seguito,
lo faccio unicamente per servire un mio scopo preciso.
Non possiamo essere tutti padroni, né tutti i padroni
si possono servire con fedeltà. Conoscerete
certamente anche voi molti servi ossequienti,
che si piegano fino a terra, che, tenacemente attaccati
alla loro catena, consumano la propria vita
come l'asino del loro padrone, contenti
di una manciata di fieno, e che vengono buttati

Whip me such honest knaves. Others there are
Who, trimm'd in forms and visages of duty, 50
Keep yet their hearts attending on themselves,
And, throwing but shows of service on their lords,
Do well thrive by them, and when they have lin'd
[their coats
Do themselves homage: these fellows have some soul;
And such a one do I profess myself. For, sir,
It is as sure as you are Roderigo,
Were I the Moor, I would not be Iago:
In following him, I follow but myself;
Heaven is my judge, not I for love and duty,
But seeming so, for my peculiar end: 60
For when my outward action doth demonstrate
The native act and figure of my heart
In compliment extern, 'tis not long after
But I will wear my heart upon my sleeve
For daws to peck at: I am not what I am.

RODERIGO
What a full fortune does the thick-lips owe,
If he can carry 't thus!

IAGO   Call up her father;
Rouse him, make after him, poison his delight,
Proclaim him in the streets, incense her kinsmen,
And, though he in a fertile climate dwell, 70
Plague him with flies; though that his joy be joy,
Yet throw such changes of vexation on 't
As it may lose some colour.

RODERIGO
Here is her father's house: I 'll call aloud.

IAGO
Do; with like timorous accent and dire yell

---

65. *daws*: lez. F; in Q1 *doves* (« colombe »).
72. *changes*: lez. Q1; in F *chances* (« occasioni »).

sulla strada quando sono vecchi. Servi troppo onesti,
che bisognerebbe prendere a frustate! Altri, invece,
sotto le apparenze e la maschera del dovere,
non servono in realtà che se stessi; e fingendo
di essere molto zelanti nel servire il padrone, arric-
                                              [chiscono
a sue spese. E, una volta foderati di pelliccia
i loro mantelli, non rendono omaggio che a se stessi.
Gente di carattere, questa, e alla quale
io pure appartengo. Tanto è vero, signore,
come è vero che voi siete Roderigo, s'io fossi il Moro,
vi confesso che non vorrei avere Iago tra i piedi.
Servendo lui, servo me stesso; Dio mi è testimone
che non lo faccio per amore o per dovere,
ma − nonostante le apparenze − per un mio scopo
                                              [particolare.
E qualora dovessi rivelare con le mie azioni
la mia vera natura e i segreti propositi del mio cuore,
non esiterei a mettere il mio cuore sulla manica
per farmelo beccare dai corvi. Io non sono quello che
RODERIGO   [sembro.
  Se anche questa gli va bene, vuol dire che quel lab-
ha una fortuna sfacciata!   [brone
IAGO   Chiamate il padre
  della ragazza! Scagliatevi contro il Moro;
non dategli tregua, avvelenate la sua gioia.
Gridate per le strade la sua vergogna.
Scatenategli contro i parenti della ragazza;
infestate di mosche il clima felice in cui vive!
E se nonostante tutto la sua gioia deve rimanere
copritela di tanti fastidi in modo   [gioia,
da farle perdere colore.
RODERIGO
  Ecco la casa di suo padre. Ora lo chiamo io!
IAGO
  Sì, ma chiamatelo con grida di paura e di dispera-
                                              [zione,

As when, by night and negligence, the fire
Is spied in populous cities.
RODERIGO
What, ho! Brabantio! Signior Brabantio, ho!
IAGO
Awake! what, ho! Brabantio! thieves! thieves! thie-
[ves!
Look to your house, your daughter, and your bags!   80
Thieves! thieves!

Enter BRABANTIO, *above, at a window*

BRABANTIO
What is the reason of this terrible summons?
What is the matter there?
RODERIGO
Signior, is all your family within?
IAGO
Are your doors lock'd?
BRABANTIO   Why? wherefore ask you this?
IAGO
〈'Zounds!〉 sir, you're robb'd; for shame, put on your
[gown;
Your heart is burst, you have lost half your soul;
Even now, now, very now, an old black ram
Is tupping your white ewe. Arise, arise!
Awake the snorting citizens with the bell,   90
Or else the devil will make a grandsire of you.
Arise, I say.
BRABANTIO   What! have you lost your wits?
RODERIGO
Most reverend signior, do you know my voice?
BRABANTIO
Not I, what are you?
RODERIGO   My name is Roderigo.
BRABANTIO
The worser welcome:
I have charg'd thee not to haunt about my doors:

come quando, di notte, d'improvviso
scoppia un incendio in una grande città.
RODERIGO
  Ehi, Brabanzio! Signor Brabanzio, ehi!
IAGO
  Svegliatevi, Brabanzio! Al ladro! Al ladro! Al ladro!
  Attento alla vostra casa, a vostra figlia, alla vostra
  Al ladro! Al ladro!   [roba!

BRABANZIO *si affaccia a una finestra*

BRABANZIO
  Si può sapere perché gridate in questo modo?
  Che succede?
RODERIGO
  Signore, tutta la vostra famiglia è in casa?
IAGO
  Le porte sono sbarrate?
BRABANZIO   Perché me lo chiedete?
IAGO
  Perdio, signore, perché siete stato derubato!
  Presto, vestitevi! Vi hanno spezzato il cuore,
  rubato metà della vostra anima! Ora, ora, proprio ora,
  un vecchio montone nero sta montando
  la vostra candida pecorella. Su, su, svegliate
  con la campana a martello tutti i cittadini,
  prima che il diavolo vi faccia nonno.
  Movetevi, vi ripeto!
BRABANZIO   Ma siete impazzito?
RODERIGO
  Eccellentissimo signore, non riconoscete la mia voce?
BRABANZIO
  No; chi siete?
RODERIGO   Roderigo.
BRABANZIO   · Vattene al diavolo!
  Ti avevo proibito di ronzare intorno alla mia casa

In honest plainness thou hast heard me say
My daughter is not for thee; and now, in madness,
Being full of supper and distempering draughts,
Upon malicious bravery dost thou come
To start my quiet.

RODERIGO

Sir, sir, sir!

BRABANTIO   But thou must needs be sure
My spirit and my place have in them power
To make this bitter to thee.

RODERIGO   Patience, good sir.

BRABANTIO

What tell'st thou me of robbing? this is Venice;
My house is not a grange.

RODERIGO   Most grave Brabantio,
In simple and pure soul I come to you.

IAGO ⟨'Zounds!⟩ sir, you are one of those that will not serve God if the devil bid you. Because we come to do you service and you think we are ruffians, you 'll have your daughter covered with a Barbary horse; you 'll have your nephews neigh to you; you 'll have coursers for cousins and gennets for germans.

BRABANTIO   What profane wretch art thou?

IAGO I am one, sir, that comes to tell you, your daughter and the Moor are ⟨now⟩ making the beast with two backs.

BRABANTIO

Thou art a villain.

IAGO   You are – a senator.

BRABANTIO

This thou shalt answer; I know thee, Roderigo.

RODERIGO

Sir, I will answer any thing. But, I beseech you,
If 't be your pleasure and most wise consent,

---

100. *bravery*· lez. Q1; in F *knavery* («furfanteria»)
121-137. Questi diciassette versi mancano in Q1

Ti ho già detto chiaro e tondo che mia figlia
non è per te; e ora, come un pazzo,
pieno di cibo e di vino, vieni a interrompere
il mio sonno con questo indecente putiferio.
RODERIGO
Ma signore, signore, signore!
BRABANZIO   Ma stai tranquillo
che ho abbastanza forza e autorità
per farti pagar cara la tua insolenza.
RODERIGO   Calmatevi, signore
BRABANZIO
Di che furti mi vai parlando? Qui siamo a Venezia;
la mia casa non è una fattoria, in mezzo alla campa-
RODERIGO   [gna.
Come siete severo, signor Brabanzio;
io sono venuto qui con animo puro e semplice.
IAGO Perdio, signore, siete proprio uno di quelli che
non ringrazierebbero Dio nemmeno se glielo ordinas-
se il diavolo. Siamo venuti per farvi un favore e voi
ci trattate come farabutti. E allora se vostra figlia
sarà coperta da uno stallone berbero, se i vostri ni-
poti nitriranno e se avrete dei cavalli per cugini e
dei puledri come altri parenti, sarà tutta colpa vostra.
BRABANZIO Ma che razza di bestemmie vai dicendo,
canaglia? E chi sei tu?
IAGO Sono uno, signore, che viene ad avvertirvi che
vostra figlia e il Moro, in questo momento, stanno
facendo la bestia a due groppe.
BRABANZIO
Sei un farabutto!
IAGO   E voi... un senatore!
BRABANZIO
Di questo ne risponderai tu, Roderigo, perché quel-
RODERIGO   [l'altro non lo conosco.
Risponderò di qualunque cosa, signore. Ma, scusate:
vorrei sapere se è stato con il vostro gradimento
e il vostro saggio consenso, come si direbbe,

As partly, I find, it is, that your fair daughter,
At this odd-even and dull watch o' the night,
Transported with no worse nor better guard
But with a knave of common hire, a gondolier,
To the gross clasps of a lascivious Moor,—
If this be known to you, and your allowance,
We then have done you bold and saucy wrongs;
But if you know not this, my manners tell me
We have your wrong rebuke. Do not believe 130
That, from the sense of all civility,
I thus would play and trifle with your reverence.
Your daughter, if you have not given her leave,
I say again, hath made a gross revolt,
Tying her duty, beauty, wit and fortunes
In an extravagant and wheeling stranger
Of here and every where. Straight satisfy yourself:
If she be in her chamber or your house,
Let loose on me the justice of the state
For thus deluding you.

BRABANTIO   Strike on the tinder, ho! 140
Give me a taper! call up all my people!
This accident is not unlike my dream;
Belief of it oppresses me already.
Light. I say! light!   *Exit*

IAGO   Farewell, for I must leave you:
It seems not meet nor wholesome to my place
To be produc'd, as, if I stay, I shall,
Against the Moor; for I do know the state,
However this may gall him with some check,
Cannot with safety cast him; for he's embark'd
With such loud reason to the Cyprus wars, 150
Which even now stand in act, that, for their souls,
Another of his fathom they have none,
To lead their business; in which regard,

---

140. *thus deluding you*: lez. F; in Q1 *this delusion*; il senso non cambia

che la vostra bella figlia, a quest'ora sospetta della
con la scorta di un gondoliere compiacente,   [notte,
sia andata a finire tra le braccia brutali
di un Moro libidinoso. Se questo lo sapete
e lo avete permesso, allora noi vi abbiamo offeso
gravemente; ma se invece lo ignorate,
allora, secondo il mio modo di vedere, non meritiamo
i vostri rimproveri. Non crediate che,
contro ogni regola del vivere civile,
mi sarei preso la libertà di scherzare e farmi gioco
di Vostra Signoria. Se vostra figlia
ha agito senza il vostro consenso, vi ripeto,
ha commesso un grave atto di ribellione,
sacrificando onore, bellezza, ragione e avvenire
a un vagabondo senza patria. Comunque,
potete sapere subito la verità:
se vostra figlia è in camera sua o in un altro luogo
della casa, consegnatemi alla giustizia
perché ho tentato di diffamare la vostra famiglia.

BRABANZIO
Ehi, battete l'acciarino!
Datemi una torcia, svegliate tutta la casa!
Una sventura come questa mi è già apparsa in sogno
e ora ho proprio paura che si sia avverata.
Luce, dico, luce!   *Esce*

IAGO   Vi saluto, devo lasciarvi.
Non è conveniente, né opportuno, nella mia posizione,
essere chiamato a testimoniare contro il Moro,
come sarebbe inevitabile se rimanessi qui.
Perché, lo so benissimo: avrà sì delle noie
in seguito a questa storia, ma i rappresentanti dello
non possono tranquillamente allontanarlo,   [Stato
soprattutto dopo avergli affidato un incarico
di grande responsabilità nella guerra imminente
contro Cipro. Infatti – all'anima loro! –
non hanno nessuno, pari al suo valore,
che possa comandare quest'impresa.

18   *Othello* I. i.

Though I do hate him as I do hell-pains,
Yet, for necessity of present life,
I must show out a flag and sign of love,
Which is indeed but sign. That you shall surely find
Lead to the Sagittary the raisèd search; [him
And there will I be with him So, farewell.   *Exit*

Enter BRABANTIO, *in his night-gown, and servant with torches*

BRABANTIO
It is too true an evil: gone she is,   16
And what's to come of my despisèd time
Is nought but bitterness. Now, Roderigo,
Where didst thou see her? O, unhappy girl!
With the Moor, sayst thou? Who would be a father!
How didst thou know 'twas she? O, she deceives me
Past thought. What said she to you? Get more tapers!
Raise all my kindred! Are they married, think you?

RODERIGO
Truly, I think they are.

BRABANTIO
O heaven! How got she out? O treason of the blood:
Fathers, from hence trust not your daughters' minds   17
By what you see them act. Are there not charms
By which the property of youth and maidhood
May be abus'd? Have you not read, Roderigo,
Of some such thing?

RODERIGO   Yes, sir, I have indeed.

BRABANTIO
Call up my brother. O! that you had had her.
Some one way, some another! Do you know

---

165. *she deceives*: lez. F; in Q1 *thou deceivest*: Brabantio parla direttamente alla figlia assente.
174. *Yes, sir, I have indeed*: lez. F; in Q1 *I have, Sir*.

Quindi, sebbene io lo ami come le pene dell'inferno,
devo, nelle attuali circostanze,
per ragioni di forza maggiore, ostentare una bandiera
con un motto di fedeltà. Ma si tratta soltanto di pa-
s'intende. Se volete essere certo di trovarlo,   [role
andate al Sagittario.[1] Io sarò là con lui.
Arrivederci, dunque!   *Esce*

Entra BRABANZIO, *in veste da camera, seguito da
alcuni servi con le torce*

BRABANZIO
  La mia sventura purtroppo è vera: mia figlia
  se n'è andata via, e dalla mia vita ormai odiosa
  non mi aspetto che amarezze. Ma dimmi, Roderigo
  dove l'hai vista? O figlia infelice!
  È col Moro, hai detto? E chi vorrebbe essere padre
                                              [al mio posto?
  Come l'hai riconosciuta? Non avrei mai creduto
  che potesse ingannarmi fino a questo punto.
  Che cosa ti ha detto? – Andate a prendere delle altre
                                                   [torce.
  Svegliate tutti i miei parenti. – E pensi che si siano
RODERIGO   [sposati?
  Sì, credo di sì.
BRABANZIO
  Oh, mio Dio! Ma come ha potuto andarsene?
  O tradimento del sangue! Padri, d'ora in poi
  non giudicate dall'apparenza l'animo delle vostre fi-
                                                   [glie
  Non esistono forse incantesimi con i quali è possibil
  ingannare una ragazza innocente?
  Hai letto mai qualcosa di simile, Roderigo?
RODERIGO
  Sì, certo, signore.
BRABANZIO   Chiamate mio fratello!
  Oh, se l'avessi data a te! Andate alcuni di qua

Where we may apprehend her and the Moor?
RODERIGO
　I think I can discover him, if you please
　To get good guard and go along with me.
BRABANTIO
　Pray you, lead on. At every house I 'll call;　　　　180
　I may command at most. Get weapons, ho!
　And raise some special officers of night.
　On, good Roderigo; I 'll deserve your pains.　　*Exeunt*

I. II.

Enter OTHELLO, IAGO, *and attendants, with torches*

IAGO
　Though in the trade of war I have slain men,
　Yet do I hold it very stuff o' the conscience
　To do no contriv'd murder: I lack iniquity
　Sometimes to do me service. Nine or ten times
　I had thought to have yerk'd him here under the ribs.
OTHELLO
　'Tis better as it is.
IAGO　　　　　　　　Nay, but he prated,
　And spoke such scurvy and provoking terms
　Against your honour
　That, with the little godliness I have,
　I did full hard forbear him. But, I pray, sir,　　　　10
　Are you fast married? Be assur'd of this,
　That the magnifico is much belov'd,
　And hath in his effect a voice potential
　As double as the duke's; he will divorce you,
　Or put upon you what restraint and grievance
　The law (with all his might to enforce it on)
　Will give him cable.

---
182. *of night*: lez. Q1; in F *of might* (« potenti »).

altri di là... Sai dove possiamo trovare
lei e il Moro?
RODERIGO
Credo di sì, se vorrete seguirmi
con una buona scorta.
BRABANZIO
Ti prego, guidaci tu. Busserò a ogni porta:
è quasi tutta gente a cui posso comandare.
Prendete le armi! Cercate la ronda di notte.
Andiamo, buon Roderigo, saprò ricompensarti
delle tue fatiche. *Escono*

I. II.

Entrano OTELLO, IAGO *e servitori con le torce*

IAGO
Benché in guerra io abbia ucciso molti uomini,
la mia coscienza m'impedisce di commettere
un assassinio premeditato. Talvolta, viene a mancare
quella malvagità necessaria per fare il proprio interes-
Non so quante volte mi è venuta la tentazione   [se.
di tirargli un colpo, qui, sotto le costole.
OTELLO
È stato meglio così.
IAGO   No, no, perché quello
non la smetteva di parlare, insultandovi in un modo
così volgare e irritante che, dato il mio poco
timor di Dio, ho fatto fatica a sopportarlo.
Ma ditemi, signore,
vi siete davvero sposato? Badate che il Magnifico
è molto rispettato da tutti e la sua voce
è perfino più ascoltata di quella del Doge.
Vedrete, vi costringerà a divorziare
o v'imporrà tutte quelle restrizioni
e quelle difficoltà che la legge,
resa più dura dalla sua autorità, gli consente.

OTHELLO   Let him do his spite:
  My services which I have done the signiory
  Shall out-tongue his complaints. 'Tis yet to know,
  Which when I know that boasting is an honour   20
  I shall promulgate, I fetch my life and being
  From men of royal siege, and my demerits
  May speak unbonneted to as proud a fortune
  As this that I have reach'd; for know, Iago,
  But that I love the gentle Desdemona,
  I would not my unhousèd free condition
  Put into circumscription and confine
  For the sea's worth. But, look! what lights come
IAGO   [yond?
  Those are the raised father and his friends:
  You were best go in.
OTHELLO   Not I; I must be found: 30
  My parts, my title, and my perfect soul
  Shall manifest me rightly. Is it they?
IAGO
  By Janus, I think no.

  Enter CASSIO *with lights, officers, and torches*

OTHELLO
  The servants of the duke, and my lieutenant.
  The goodness of the night upon you, friends!
  What is the news?
CASSIO   The duke does greet you, general,
  And he requires your haste-post-haste appearance,
  Even on the instant.
OTHELLO   What is the matter, think you?
CASSIO
  Something from Cyprus, as I may divine.

---

20. *Which when I know*: manca in Q1.
22. *siege*: lez. F; in Q1 *height* (« altezza »).

OTELLO
Lasciate pure che sfoghi il suo sdegno.
I servigi che ho reso alla Serenissima
avranno una voce più alta delle sue proteste.
Nessuno lo sa, ma se il vantarsi fosse
considerato una virtù, direi pubblicamente
che discendo da una stirpe di sangue reale.
e che già i miei privilegi di nascita
possono parlare senza togliersi il cappello
davanti a un'autorità tanto alta
quanto quella che ho conquistata. Perché vedi, Iago,
se io non amassi la mia cara Desdemona,
non avrei, nemmeno per tutti i tesori del mare,
messo dei limiti alla mia condizione
di uomo libero. Ma guarda laggiù:
si avvicinano dei lumi.

IAGO
Sarà suo padre che viene qui pieno d'ira
insieme con i suoi amici. Vi consiglio di allontanarvi.

OTELLO
No, anzi, devono trovarmi. Il mio dovere, il mio
la mia coscienza limpida basteranno   [grado,
alla mia difesa. Sono proprio loro?

IAGO
No, per Giano, credo di no!

Entrano CASSIO *e alcuni uomini armati, con torce*

OTELLO
Sono gli uomini del Doge con il mio luogotenente.
Buona sera, amici! C'è qualche novità?

CASSIO
Il Doge vi saluta, generale,
e vuole vedervi al più presto, anzi immediatamente.

OTELLO   Sapete per quale motivo?

CASSIO
Notizie da Cipro, immagino. Deve trattarsi

Othello I. ii.

It is a business of some heat; the galleys 40
Have sent a dozen sequent messengers
This very night at one another's heels,
And many of the consuls, rais'd and met,
Are at the duke's already. You have been hotly call'd
When, being not at your lodging to be found, [for;
The senate hath sent about three several quests
To search you out.
OTHELLO 'Tis well I am found by you.
I will but spend a word here in the house,
And go with you. [*Exit*]
CASSIO Ancient, what makes he here?
IAGO
Faith, he to-night hath boarded a land carrack 50
If it prove lawful prize, he's made for ever.
CASSIO
I do not understand.
IAGO He's married.
CASSIO To who?

[*Re-enter* OTHELLO]

IAGO
Marry, to — Come, captain, will you go?
OTHELLO Have with you.
CASSIO
Here comes another troop to seek for you.
IAGO
It is Brabantio. General, be advis'd;
He comes to bad intent.

Enter BRABANTIO, RODERIGO, *and others with torches and weapons*

---

41. *sequent*: lez. F; in Q1 *frequent*.
53. *Have with you*: lez. F; in Q1 *Ha, with who?* («Ah, con chi?»).

di una cosa piuttosto importante. Questa sera
le galere hanno inviato, uno dopo l'altro,
una dozzina di messaggeri, e molti senatori
sono già riuniti dal Doge.
Vi hanno mandato a chiamare d'urgenza;
e non avendovi trovato a casa vostra,
il Senato ha dato ordine di farvi cercare
da tre pattuglie per tutta la città.

OTELLO

Preferisco che m'abbiate trovato voi. Appena il tempo
di dire una parola in casa e sono con voi.   [*Esce*]

CASSIO

Alfiere, come mai Otello si trova qui?

IAGO

A quanto pare, questa notte il Moro
è andato all'arrembaggio di una caravella terrestre,
e se la preda sarà riconosciuta legittima,
è sistemato per sempre.

CASSIO   Non capisco.

IAGO

Si è sposato.

CASSIO   E con chi?

[*Entra* OTELLO]

IAGO   Perdio, con...
Allora, andiamo, generale?

OTELLO   Sono con voi

CASSIO

Ecco un'altra pattuglia che viene a cercarvi.

IAGO

È Brabanzio, generale! State in guardia,
viene con brutte intenzioni.

Entrano BRABANZIO, RODERIGO *e uomini armati e altri con torce*

OTHELLO   Holla! stand there!
RODERIGO
  Signior, it is the Moor.
BRABANTIO   Down with him, thief!
IAGO
  You, Roderigo! come, sir, I am for you.
OTHELLO
  Keep up your bright swords, for the dew will rust
                                                [them.
  Good signior, you shall more command with years   60
  Than with your weapons.
BRABANTIO
  O thou foul thief! where hast thou stow'd my
                                          [daughter?
  Damn'd as thou art, thou hast enchanted her;
  For I 'll refer me to all things of sense,
  If she in chains of magic were not bound,
  Whether a maid so tender, fair, and happy,
  So opposite to marriage that she shunn'd
  The wealthy curlèd darlings of our nation,
  Would ever have, to incur a general mock,
  Run from her guardage to the sooty bosom   70
  Of such a thing as thou; to fear, not to delight.
  Judge me the world, if 'tis not gross in sense
  That thou hast practis'd on her with foul charms,
  Abus'd her delicate youth with drugs or minerals
  That weaken motion: I 'll have 't disputed on;
  'Tis probable, and palpable to thinking.
  I therefore apprehend and do attach thee
  For an abuser of the world, a practiser
  Of arts inhibited and out of warrant.
  Lay hold upon him: if he do resist,   80
  Subdue him at his peril.

---
65. Questo verso manca in Q1.
72-77. Questi versi mancano in Q1

OTELLO   Ehi, fermatevi!
RODERIGO
  Signore, ecco il Moro.
BRABANZIO   Addosso a quel ladro!
IAGO
  Ah, siete voi Roderigo! In guardia, signore!
OTELLO
  Rimettete nel fodero le vostre spade rilucenti:
  la rugiada potrebbe arrugginirle.
  E voi, signore, imponete più rispetto
  con l'età che con le armi.
BRABANZIO
  Miserabile ladro, dove hai nascosto mia figlia?
  Maledetto, me l'hai stregata. Una fanciulla
  così affettuosa, bella, felice, che non aveva
  alcuna intenzione di sposarsi, tanto che ha rifiutato
  i più ricchi ed eleganti giovani della Repubblica!
  Chiunque avesse un po' di buon senso capirebbe
  che se non fosse stata incatenata dalla magia
  non avrebbe mai osato, sfidando il disprezzo di tutti,
  abbandonare la sua casa per correre a rifugiarsi
  sul petto fuligginoso di un essere come te.
  Spinta dalla paura, non certo dall'amore.
  Può giudicare chiunque; è chiaro
  che hai praticato su di lei oscuri incantesimi,
  che hai abusato della sua tenera giovinezza
  con l'aiuto di filtri o sostanze velenose
  che annullano la volontà. Porterò la questione
  davanti al Consiglio, perché le prove
  sono chiare ed evidenti. Intanto
  ti dichiaro in arresto con l'accusa
  di seduzione e di stregoneria.
  Prendetelo, e se tenta di ribellarsi
  riducetelo all'impotenza con ogni mezzo.

OTHELLO			Hold your hands,
   Both you of my inclining, and the rest:
   Were it my cue to fight, I should have known it
   Without a prompter. Where will you that I go
   To answer this your charge?
BRABANTIO			To prison; till fit time
   Of law and course of direct session
   Call thee to answer.
OTHELLO		What if I do obey?
   How may the duke be therewith satisfied,
   Whose messengers are here about my side,
   Upon some present business of the state					90
   To bring me to him?
OFFICER			'Tis true, most worthy signior;
   The duke's in council, and your noble self,
   I am sure, is sent for.
BRABANTIO		How! the duke in council!
   In this time of the night! Bring him away,
   Mine's not an idle cause: the duke himself,
   Or any of my brothers of the state,
   Cannot but feel this wrong as 'twere their own·
   For if such actions may have passage free,
   Bond-slaves and pagans shall our statesmen be.
						Exeunt

I. III.

The DUKE *and* SENATORS *sitting at a table, with lights and attendants*

DUKE
   There is no composition in these news
   That gives them credit

OTELLO
  Giù le armi, amici e nemici!
  Se la mia parte m'imponesse di combattere,
  non avrei bisogno del suggeritore per ricordarmelo.
  Dove volete che vada a rispondere
  delle vostre accuse?
BRABANZIO
  In prigione, finché, nei termini di legge,
  non sarai giudicato per direttissima.
OTELLO
  E se io obbedissi ai vostri ordini, che cosa
  direbbe il Doge? Proprio ora
  mi ha mandato a chiamare – ecco i messaggeri –
  per un urgente affare di Stato.
PRIMO UFFICIALE
  È vero, eccellentissimo signore;
  il Doge ha convocato il Consiglio e certamente
  sarà richiesta anche la presenza di Vostra Signoria.
BRABANZIO
  Come, il Doge in Consiglio? A quest'ora?
  Portatelo via! Le mie accuse sono gravi!
  Lo stesso Doge e tutti i senatori,
  sono certo, considereranno
  come propria l'offesa fatta a me.
  Se azioni come queste dovessero
  rimanere impunite, finiremmo
  con l'essere comandati da schiavi e da pagani.

Escono

I. III.

Il DOGE *e i* SENATORI *seduti intorno a una tavola, con ufficiali del seguito e torce*

DOGE
  Come possiamo considerarle vere
  se una notizia contraddice l'altra?

FIRST SENATOR   Indeed, they are disproportion'd,
   My letters say a hundred and seven galleys.
DUKE
   And mine, a hundred and forty.
SECOND SENATOR   And mine, two hundred:
   But though they jump not on a just account,
   As in these cases, where they aim reports,
   'Tis oft with difference, yet do they all confirm
   A Turkish fleet, and bearing up to Cyprus.
DUKE
   Nay, it is possible enough to judgment:
   I do not so secure me in the error,   10
   But the main article I do approve
   In fearful sense.
SAILOR   (*within*) What, ho! what, ho! what, ho!
OFFICER
   A messenger from the galleys.

Enter a SAILOR

DUKE   Now, what 's the business?
SAILOR
   The Turkish preparation makes for Rhodes;
   So was I bid report here to the state
   By Signior Angelo.
DUKE
   How say you by this change?
FIRST SENATOR   This cannot be
   By no assay of reason; 'tis a pageant
   To keep us in false gaze. When we consider
   The importancy of Cyprus to the Turk,   20
   And let ourselves again but understand,
   That as it more concerns the Turk than Rhodes,
   So may he with more facile question bear it,

---

16. *By Signior Angelo*: manca in Q1.

PRIMO SENATORE
   Sono infatti discordanti; nelle mie lettere
   si parla di centosette galere.
DOGE
   E nelle mie di centoquaranta.
SECONDO SENATORE   E nelle mie di duecento.
   Però, anche se non vanno d'accordo
   sul numero delle navi – come avviene quando
   i calcoli sono fondati su semplici ipotesi –
   tutte confermano che una flotta turca
   muove verso Cipro.
DOGE
   Già, questo è facile da capire. Comunque,
   la diversità delle cifre non esclude
   il pericolo del fatto principale.
MARINAIO
   (*Dall'interno*) Ehi, olà! Ehi, olà! Ehi, olà!
PRIMO UFFICIALE
   Un messaggero mandato dalla nostra flotta.

Entra un MARINAIO

DOGE   Che c'è di nuovo?
MARINAIO
   La flotta turca punta su Rodi: così il signor Angelo
   mi ha ordinato di riferirvi.
DOGE
   Che ne pensate di questo cambiamento di rotta?
PRIMO SENATORE
   Ma non è possibile,
   è assurdo. È una manovra tattica
   per ingannarci sul loro vero scopo. Basti pensare
   all'importanza che Cipro ha per i Turchi
   per rendersi conto che a loro quest'isola
   interessa molto più di Rodi. Poi, Cipro è più facile

For that it stands not in such warlike brace,
But altogether lacks the abilities
That Rhodes is dress'd in: if we make tought of this,
We must not think the Turk is so unskilful
To leave that latest which concerns him first,
Neglecting an attempt of ease and gain,
To wake and wage a danger profitless.   30

DUKE
Nay, in all confidence, he 's not for Rhodes.

OFFICER   Here is more news.

Enter a MESSENGER

MESSENGER
The Ottomites, reverend and gracious,
Steering with due course toward the isle of Rhodes,
Have there injointed them with an after fleet.

FIRST SENATOR
Ay, so I thought. How many, as you guess?

MESSENGER
Of thirty sail; and now they do re-stem
Their backward course, bearing with frank appear-
[ance
Their purposes toward Cyprus. Signior Montano,
Your trusty and most valiant servitor,   40
With his free duty recommends you thus,
And prays you to believe him.

DUKE
'Tis certain then, for Cyprus.
Marcus Luccicos, is not he in town?

FIRST SENATOR
He 's now in Florence.

DUKE
Write from us to him; post-post-haste dispatch.

24-30. Questi versi mancano in Q1.
36. Questa battuta del Senator manca in Q1.

da conquistare, perché non ha le difese naturali
e militari di Rodi. Considerato questo,
non si può quindi supporre che i Turchi
siano tanto ingenui da lasciare per ultimo
ciò che è il primo loro scopo, trascurando, cioè
una conquista facile e importante
per affrontarne un'altra più pericolosa
e priva d'importanza.
DOGE
   Ma sì, è certo, non mirano a Rodi.
PRIMO UFFICIALE   Ecco altre notizie.

Entra un MESSAGGERO

MESSAGGERO
   La flotta turca, stimatissimo e grazioso Signore,
   che navigava verso l'isola di Rodi,
   si è riunita ad altre navi.
PRIMO SENATORE
   Proprio come avevo immaginato!
   Secondo voi, quante navi saranno in tutto?
MESSAGGERO
   Una trentina. E ora, invertita la rotta,
   si dirigono su Cipro. Il signor Montano,
   vostro fedele e valoroso servitore,
   rispettosamente vi informa di questo
   e vi prega di prenderne atto.
DOGE
   Dunque, non c'è più dubbio, si tratta di Cipro.
   È in città Marco Luccico?
PRIMO SENATORE   No, è a Firenze.
DOGE
   Scrivetegli una lettera a nostro nome
   e mandatela via subito.

FIRST SENATOR
  Here comes Brabantio and the valiant Moor.

Enter BRABANTIO, OTHELLO, CASSIO, IAGO, RODERIGO, *and officers*

DUKE
  Valiant Othello, we must straight employ you
  Against the general enemy Ottoman.
  [*To* BRABANTIO] I did not see you; welcome, gentle
                                              [signior;
  We lack'd your counsel and your help to-night.
BRABANTIO
  So did I yours. Good your Grace, pardon me;
  Neither my place nor aught I heard of business
  Hath rais'd me from my bed, nor doth the general
  Take hold of me, for my particular grief   [care
  Is of so flood-gate and o'erbearing nature
  That it engluts and swallows other sorrows
  And it is still itself.
DUKE   Why, what's the matter?
BRABANTIO
  My daughter! O! my daughter.
ALL   Dead?
BRABANTIO   Ay, to me;
  She is abus'd, stol'n from me, and corrupted
  By spells and medicines bought of mountebanks;
  For nature so preposterously to err,
  Being not deficient, blind, or lame of sense,
  Sans witchcraft could not.
DUKE
  Whoe'er he be that in this foul proceeding
  Hath thus beguil'd your daughter of herself
  And you of her, the bloody book of law
  You shall yourself read in the bitter letter

---
63 Il verso manca in Q1.

PRIMO SENATORE
 Ecco Brabanzio e il valoroso Moro.

Entrano BRABANZIO, OTELLO, CASSIO, IAGO, RODERIGO
e alcuni uomini armati

DOGE
 Valoroso Otello, abbiamo subito bisogno di voi
 per combattere contro il nostro comune nemico otto-
  [mano.
 [*A* BRABANZIO] Scusate, non vi avevo visto! Benve-
  [nuto gentile signore!
 Ci è mancato il vostro consiglio e il vostro aiuto.
BRABANZIO
 E a me il vostro. Vostra Grazia mi perdoni;
 né la mia carica, né gli affari di Stato
 mi hanno fatto alzare a quest'ora e nemmeno
 l'interesse pubblico mi ci avrebbe costretto,
 perché il mio dolore privato è così intenso,
 violento e irriducibile, da divorare ogni altra angoscia.
DOGE
 Ma che cosa è accaduto?
BRABANZIO   Mia figlia, ah, mia figlia!
TUTTI   È morta?
BRABANZIO
 Per me, sì! È stata travolta, rapita e corrotta
 per mezzo d'incantesimi e filtri da ciarlatani.
 E quale donna che non sia stupida, cieca o insensata,
 può essere ingannata in un modo così assurdo,
 senza l'aiuto di arti magiche?
DOGE
 Chiunque, adoperando mezzi disonesti,
 ha sottratto vostra figlia a se stessa e a voi,
 sarà colpito secondo il libro implacabile della legge,
 con la pena da voi stesso saggiamente indicata

After your own sense; yea, though our proper son
Stood in your action.

BRABANTIO   Humbly I thank your Grace.
Here is the man, this Moor; whom now, it seems,
Your special mandate for the state affairs
Hath hither brought.

ALL   We are very sorry for it.

DUKE
What, in your own part, can you say to this?

BRABANTIO
Nothing, but this is so.

OTHELLO
Most potent, grave, and reverend signiors,
My very noble and approv'd good masters,
That I have ta'en away this old man's daughter,
It is most true; true, I have married her:
The very head and front of my offending
Hath this extent, no more. Rude am I in my speech,
And little bless'd with the soft phrase of peace;
For since these arms of mine had seven years' pith,
Till now some nine moons wasted, they have us'd
Their dearest action in the tented field;
And little of this great world can I speak,
More than pertains to feats of broil and battle;
And therefore little shall I grace my cause
In speaking for myself. Yet, by your gracious pa-
I will a round unvarnish'd tale deliver   [tience,
Of my whole course of love; what drugs, what
What conjuration, and what mighty magic,   [charms,
For such proceeding I am charg'd withal,
I won his daughter.

BRABANTIO   A maiden never bold;
Of spirit so still and quiet, that her motion
Blush'd at herself; and she, in spite of nature
Of years of country credit every thing

---

82. *soft*: lez. F; in Q1 *set* («convenzionale»)

in tutto il suo rigore. E questo, anche se il colpevole
fosse nostro figlio.
BRABANZIO   Ringrazio
umilmente Vostra Eccellenza. Ecco l'uomo!
È il Moro, che, pare, sia stato chiamato qui
da un vostro ordine speciale per affari di Stato.
TUTTI   Siamo proprio addolorati.
DOGE
E voi, che cosa potete dire a vostra difesa?
BRABANZIO
Nient'altro che confermare le mie parole.
OTELLO
Potentissimi, saggissimi e venerati signori,
miei nobilissimi e stimati, eccellenti padroni:
è vero, ho portato via la figlia a questo vecchio,
ma è anche vero che l'ho sposata.
Ecco, da cima a fondo,
la misura della mia colpa. Tutta qui.
Il mio linguaggio è aspro; io non conosco
le molli parole di pace, perché dall'età di sette anni,
e fino a circa nove mesi fa, le mie braccia
hanno compiuto le loro opere migliori
sui campi di battaglia. E poco posso dire
della vita del mondo che non si riferisca
a gesta di guerra e tumulti; poco quindi
servirò alla mia causa parlando di me stesso.
Però, con il vostro grazioso permesso,
farò un resoconto semplice e chiaro del mio amore,
dicendo con quali filtri e incantesimi, scongiuri e po-
– poiché di questo sono accusato –   [teri magici
io conquistai sua figlia.
BRABANZIO   Una ragazza timida,
così quieta e tranquilla che arrossiva
perfino di se stessa. E sfidando la sua natura,
la sua giovane età, la gente, il senso dell'onore,

                    To fall in love with what she fear'd to look on!
                    It is a judgment maim'd and most imperfect
                    That will confess perfection so could err   10
                    Against all rules of nature, and must be driven
                    To find out practices of cunning hell,
                    Why this should be. I therefore vouch again
                    That with some mixtures powerful o'er the blood,
                    Or with some dram conjur'd to this effect,
                    He wrought upon her.
⟨DUKE⟩   To vouch this, is no proof,
                    Without more certain and more overt test
                    Than these thin habits and poor likelihoods
                    Of modern seeming do prefer against him.
FIRST SENATOR
                    But, Othello, speak: 11
                    Did you by indirect and forcèd courses
                    Subdue and poison this young maid's affections;
                    Or came it by request and such fair question
                    As soul to soul affordeth?
OTHELLO   I do beseech you;
                    Send for the lady to the Sagittary,
                    And let her speak of me before her father:
                    If you do find me foul in her report,
                    The trust, the office I do hold of you,
                    Not only take away, but let your sentence
                    Even fall upon my life.
DUKE   Fetch Desdemona hither.   12
OTHELLO
                    Ancient, conduct them; you best know the place.
                                    Exeunt [IAGO *and*] *two or three*
                    And, till she come, as truly as to heaven
                    I do confess the vices of my blood,
                    So justly to your grave ears I'll present

---

107. *certain*: lez. Q1; in F *wider* («maggiore»).
118. Questo verso manca in Q1.
·23. Verso mancante in Q1

tutto, insomma, si sarebbe innamorata
di chi le metteva paura soltanto a guardarlo!
Debole e imperfetto sarebbe quel giudizio
che ammettesse nella perfezione una così grave
possibilità di errori contro ogni legge della natura.
Dunque per scoprire le cause di quanto è accaduto,
bisogna ricercarle in pratiche infernali.
Affermo ancora una volta che egli sedusse mia figlia
con l'aiuto di qualche potente mistura
che agisce sul sangue, o con un filtro stregato.

DOGE   Ma le affermazioni non sono prove
Qui occorrono, contro di lui, testimonianze sicure
e più ampie di questa, costruita
su deboli congetture e su minime probabilità
dall'apparenza grossolana.

PRIMO SENATORE   Su, parlate, Otello!
Avete vinto e corrotto i sentimenti di sua figlia
con mezzi ambigui e sovrannaturali,
o furono invece la persuasione e la leale domanda
che fa arrendere un cuore a un altro cuore?

OTELLO

Vi prego, mandate qualcuno al Sagittario
a chiamare la signora. Fatela parlare di me
in presenza di suo padre. Se dalle sue parole
mi giudicherete colpevole, toglietemi la vostra fiducia
e la carica che mi avete affidato: non solo,
ma condannatemi severamente.

DOGE   Conducete qui Desdemona

OTELLO

Alfiere, guidali ᵗu, che sai dove si trova.

                    Esce [IAGO *con*] *alcuni altri*

Mentre l'aspettiamo, con la stessa sincerità
con la quale confesso a Dio i peccati dei sensi,
farò presente alla vostra saggia attenzione

How I did thrive in this fair lady's love,
And she in mine.
DUKE   Say it, Othello.
OTHELLO
  Her father lov'd me; oft invited me;
Still question'd me the story of my life
From year to year, the battles, sieges, fortunes
That I have pass'd.   130
I ran it through, even from my boyish days
To the very moment that he bade me tell it;
Wherein I spake of most disastrous chances,
Of moving accidents by flood and field,
Of hair-breadth 'scapes i' the imminent deadly breach,
Of being taken by the insolent foe
And sold to slavery, of my redemption thence
And portance in my travel's history;
Wherein of antres vast and deserts idle,
Rough quarries, rocks, and hills whose heads touch 140
                              [heaven,
It was my hint to speak, such was the process;
And of the Cannibals that each other eat,
The Anthropophagi, and men whose heads
Do grow beneath their shoulders. This to hear
Would Desdemona seriously incline;
But still the house-affairs would draw her thence;
Which ever as she could with haste dispatch,
She'd come again, and with a greedy ear
Devour up my discourse. Which I observing,
Took once a pliant hour, and found good means   150
To draw from her a prayer of earnest heart
That I would all my pilgrimage dilate,
Whereof by parcels she had something heard,
But not intentively: I did consent;
And often did beguile her of her tears,

---

138. *And portance in*: lez. F; in Q1 *and with it all* (« e insieme, tutta »)

come riuscii a ottenere l'amore di Desdemona,
ed essa il mio.
DOGE   Raccontate, Otello.
OTELLO
Suo padre mi dimostrava molto affetto
e m'invitava spesso a casa sua.
Ogni volta voleva sentire da me
il racconto della mia vita, anno per anno,
conoscere le battaglie da me combattute,
gli assedi sostenuti, le vittorie riportate.
E io gli raccontai tutto, a cominciare
dai giorni della mia infanzia.
Gli parlai della mia infelicità, delle avventur
di terra e di mare, e di quando
m'ero salvato per miracolo durante una sconfitta
disastrosa; di quando ero stato fatto prigioniero
dal nemico arrogante e venduto come schiavo,
e del mio riscatto, della mia vita di nomade.
E di vaste caverne, parlai, e di deserti
squallidi, di abissi di pietra, di rocce,
di montagne le cui cime toccano il cielo;
e dei cannibali, che mangiano i loro simili
– gli antropofagi – e di uomini nati con la testa
più giù delle spalle. Desdemona ascoltava
ansiosamente il mio racconto, quando poteva,
perché i lavori di casa la tenevano molto occupata.
Ma talvolta si sbrigava in fretta
per venire ad ascoltarmi con avidità.
Io, allora, scelsi il momento favorevole e, abilmente,
riuscii a ottenere che mi pregasse
di farle il racconto completo della mia vita avventu-
di cui aveva ascoltato solo qualche brano,   [rosa,
di tanto in tanto. Naturalmente, accettai,
e molte volte la vidi piangere sulle sventure

When I did speak of some distressful stroke
That my youth suffer'd. My story being done,
She gave me for my pains a world of sighs:
She swore, in faith, 'twas strange, 'twas passing
'Twas pitiful, 'twas wondrous pitiful: [strange; 160
She wish'd she had not heard it, yet she wish'd
That heaven had made her such a man; she thank'd
And bade me, if I had a friend that lov'd her,   [me,
I should but teach him how to tell my story,
And that would woo her. Upon this hint I spake
She lov'd me for the dangers I had pass'd,
And I lov'd her that she did pity them.
This only is the witchcraft I have us'd:
Here comes the lady; let her witness it.

Enter DESDEMONA, IAGO, *and attendants*

DUKE
   I think this tale would win my daughter too.   170
   Good Brabantio,
   Take up this mangled matter at the best;
   Men do their broken weapons rather use
   Than their bare hands.
BRABANTIO   I pray you, hear her speak:
   If she confess that she was half the wooer,
   Destruction on my head, if my bad blame
   Light on the man! Come hither, gentle mistress
   Do you perceive in all this noble company
   Where most you owe obedience?
DESDEMONA   My noble father
   I do perceive here a divided duty: 18(

---

158. *sighs*: lez. Q1; in F *kisses* (« baci »).
176. *on my head*: lez. F; in Q1 *light on me* (« scenda su di me »).

che m'avevano colpito nella giovinezza.
Il racconto delle mie sofferenze finì
con un mondo di sospiri da parte sua.
Essa giurò che la mia storia era straordinaria,
veramente straordinaria, ch'era commovente,
molto commovente. "Sarebbe stato meglio"
disse "che non l'avessi ascoltata mai"
ma nello stesso tempo desiderava che Dio
l'avesse fatta nascere al posto di un uomo simile.
Mi ringraziò dicendo che se un mio amico
fosse stato innamorato di lei,
e io gli avessi insegnato a raccontarle la mia storia,
certo, essa gli avrebbe ricambiato il suo amore.
A queste parole, le aprii il mio cuore.
Essa si era innamorata di me
al racconto di tutti i miei pericoli,
e io l'amavo per la pietà che mi aveva dimostrato.
E questa è tutta quanta la mia magia!
Ma ecco la signora! Essa potrà testimoniarlo.

Entrano DESDEMONA, IAGO *e alcuni servitori*

DOGE
Un racconto come questo avrebbe conquistato
anche mia figlia. Caro Brabanzio,
cercate di riannodare nel modo migliore
i vostri legami spezzati. È sempre meglio
avere un'arma spezzata che restare a mani vuote
BRABANZIO
Vi prego, prima ascoltatela! Se confessa
di essere stata lei, anche solo in parte,
la causa di quest'amore, ch'io sia dannato
se accuserò il Moro! Avvicinatevi, gentile signora!
In questa onorevole adunanza, a chi, più di tutti,
dovete obbedienza?
DESDEMONA   Mio nobile padre,
io devo qui una duplice obbedienza:

To you I am bound for life and education;
My life and education both do learn me
How to respect you; you are the lord of duty,
I am hitherto your daughter: but here 's my husband;
And so much duty as my mother show'd
To you, preferring you before her father,
So much I challenge that I may profess
Due to the Moor my lord.

BRABANTIO   God be with you! I have done.
Please it your Grace, on to the state affairs:
I had rather to adopt a child than get it.   190
Come hither, Moor:
I here do give thee that with all my heart
Which, but thou hast already, with all my heart
I would keep from thee. For your sake, jewel,
I am glad at soul I have no other child;
For thy escape would teach me tyranny,
To hang clogs on them. I have done, my lord.

DUKE
Let me speak like yourself and lay a sentence,
Which as a grize or step, may help these lovers
⟨Into your favour.⟩   200
When remedies are past, the griefs are ended
By seeing the worst, which late on hopes depended.
To mourn a mischief that is past and gone
Is the next way to draw new mischief on.
What cannot be preserv'd when Fortune takes,
Patience her injury a mockery makes.
The robb'd that smiles steals something from the [thief;
He robs himself that spends a bootless grief.

BRABANTIO
So let the Turk of Cyprus us beguile;
We lose it not so long as we can smile.   210
He bears the sentence well that nothing bears

---

193. Questo verso manca in Q1.

a voi, che m'avete dato la vita e l'educazione,
vita ed educazione che m'hanno insegnato
a obbedirvi. Voi siete il mio signore,
a cui devo obbedienza perché sono vostra figlia.
Ma qui c'è anche mio marito, e io credo
di dovere al Moro, mio signore, la stessa obbedienza
che mia madre rese a voi, preferendovi a suo padre.

BRABANZIO Dio sia con voi! Non ho altro da aggiun-
[gere
Vostra Grazia voglia procedere agli affari di Stato.
Sarebbe meglio adottare un figlio, non generarlo.
Vieni, Moro, avvicinati.
Io ti do ora con tutto il cuore
ciò che, se tu non l'avessi già preso,
con tutto il cuore ti avrei negato.
Sono felice, cara, di non avere altri figli,
perché la tua fuga m'insegnerebbe a essere tiranno
e a metterli in catene. Non ho altro da aggiungere,
mio signore.

DOGE
Lasciatemi parlare come se fossi al vostro posto
e pronunciare alcune massime che possano servire
di gradino per aiutarli a raggiungere ancora
la vostra benevolenza. Quando non c'è più rimedio
è inutile addolorarsi, perché si vede ormai
il peggio che prima era attaccato alla speranza.
Piangere sopra un male passato è il mezzo più sicuro
per attirarsi nuovi mali. Quando la fortuna
toglie ciò che non può essere conservato,
bisogna avere pazienza: essa muta in burla
la sua offesa. Il derubato che sorride,
ruba qualcosa al ladro, ma chi piange
per un dolore vano, ruba qualcosa a se stesso.

BRABANZIO
Lasciamo allora che i Turchi ci portino via Cipro.
Finché sapremo sorridere, non sarà perduta per noi.
Accoglie bene una sentenza chi non ne riceve

But the free comfort which from thence he hears;
But he bears both the sentence and the sorrow
That, to pay grief, must of poor patience borrow.
These sentences, to sugar, or to gall,
Being strong on both sides, are equivocal:
But words are words; I never yet did hear
That the bruis'd heart was piercèd through the ear.
I humbly beseech you, proceed to the affairs of state.

DUKE The Turk with a most mighty preparation makes for Cyprus. Othello, the fortitude of the place is best known to you; and though we have there a substitute of most allowed sufficiency, yet opinion, a sovereign mistress of effects, throws a more safer voice on you: you must therefore be content to slubber the gloss of your new fortunes with this more stubborn and boisterous expedition.

OTHELLO
The tyrant custom, most grave senators,
Hath made the flinty and steel couch of war
My thrice-driven bed of down: I do agnize
A natural and prompt alacrity
I find in hardness, and do undertake
These present wars against the Ottomites.
Most humbly therefore bending to your state,
I crave fit disposition for my wife,
Due reference of place and exhibition,
With such accommodation and besort
As levels with her breeding.

DUKE   If you please,
Be 't at her father's.

BRABANTIO   I 'll not have it so.

OTHELLO
Nor I.

DESDEMONA   Nor I; I would not there reside,

---

218. *piercèd*: lez. sia di Q1 che di F, ma gli editori moderni preferiscono *pieced* (« reintegrato »).

che un conforto inutile: ma accoglie la sentenza
e il dolore chi, per pagare il dolore,
deve ricorrere all'aiuto della povera pazienza.
Queste sentenze, capaci ugualmente con la loro
forza di amareggiare o di addolcire l'animo,
sono sempre ambigue. Ma le parole sono parole
e io non ho ancora sentito dire che un cuore
addolorato possa ricevere conforto
dalle sole parole. Dunque, vi prego
umilmente di procedere agli affari di Stato.

DOGE I Turchi, con una potente flotta, puntano su Cipro. Voi, Otello, conoscete bene le difese militari dell'isola. Ora, benché a Cipro ci sia un uomo abile a rappresentare il nostro Stato, l'opinione pubblica, arbitra assoluta d'ogni volontà, ha più fiducia nella vostra opera. Dovete dunque rassegnarvi di buon animo a offuscare lo splendore delle vostre recenti vittorie con questa pericolosa e ancor più difficile impresa.

OTELLO
Eccellentissimi senatori, per la forza dell'abitudine,
il mio giaciglio di guerra, fatto di pietra e di ferro,
è diventato per me più soffice di un letto di piume.
Nella dura fatica, io ritrovo il mio pronto
e naturale spirito combattivo. Accetto, dunque,
il comando della guerra contro gli Ottomani.
Intanto, inchinandomi umilmente alla volontà
della Repubblica, chiedo per mia moglie
un degno trattamento, alloggio, persone del seguito
e tutti i privilegi che le spettano
per diritto di nascita e per condizione sociale.

DOGE
Se credete, può andare a vivere con suo padre.

BRABANZIO
Preferirei di no.

OTELLO   Anch'io.

DESDEMONA   E io pure.
Non vorrei che, vivendo con lui,

To put my father in impatient thoughts
By being in his eye. Most gracious duke,
To my unfolding lend your gracious ear;
And let me find a charter in your voice
To assist my simpleness.

DUKE   What would you, Desdemona

DESDEMONA
That I did love the Moor to live with him,
My downright violence and storm of fortunes
May trumpet to the world; my heart's subdu'd
Even to the very quality of my lord;
I saw Othello's visage in his mind,   250
And to his honours and his valiant parts
Did I my soul and fortunes consecrate.
So that, dear lords, if I be left behind,
A moth of peace, and he go to the war,
The rites for which I love him are bereft me,
And I a heavy interim shall support
By his dear absence. Let me go with him.

OTHELLO
Let her have your voices.
Vouch with me, heaven, I therefore beg it not
To please the palate of my appetite,   260
Nor to comply with heat, – the young affects
In me defunct, – and proper satisfaction,
But to be free and bounteous to her mind;
And heaven defend your good souls that you think
I will your serious and great business scant
For she is with me. No, when light-wing'd toys
Of feather'd Cupid seel with wanton dulness

---

247. *storm*: lez. F; in Q1 *scorn* (« sprezzo »).
249. *very quality*: lez. F; in Q1 *utmost pleasure* (« a completa disposizione »).
258-259. In Q1 è omessa l'invocazione al cielo, e i due versi sono: *Your voices, Lords: beseech you, let her will / Have a free way; I therefore beg it not* (« Acconsentite signori: vi prego, assecondate la sua volontà; non ve lo chiedo... »).

la mia continua presenza riaccendesse
la sua collera. Graziosissimo Doge, vi prego
di ascoltare benevolmente quello che vi dirò,
perché io possa, col vostro consiglio,
rimediare alla mia poca esperienza.

DOGE   Parlate, Desdemona

DESDEMONA
La mia aperta ribellione e le mie burrascose vicende
provano che io amo il Moro e che desidero
vivere con lui. Il mio cuore è legato
anche alle esigenze della sua condizione.
Ho imparato a conoscere il vero volto di Otello
dalle sue qualità spirituali e alla sua fama
e al suo valore ho consacrato il mio cuore
e la mia felicità. Dunque, signori,
se dovrò restare qui, come una larva,
in riposo, mentre egli va in guerra,
sarò privata dei diritti dell'amore;
e l'assenza del mio caro mi lascerà
un vuoto penoso. Lasciatemi partire con lui.

OTELLO
Accontentatela. Il cielo mi sia testimone
che non ve lo chiedo per appagare la mia ansia amo-
e l'ardore del nostro giovane amore con la mia,   [rosa
per il momento perduta, legittima soddisfazione,
ma per benevolenza e per assecondare
i suoi desideri. E il cielo non voglia
che entri nel vostro cuore generoso il dubbio
che io possa trascurare, per la sua presenza
il grave compito che m'avete affidato.
No; ma se i capricci dell'alato Cupido dovessero oscu-
le mie capacità di agire e di pensare   [rare
con l'ombra della lussuria se i piaceri dovessero

My speculative and active instruments,
That my disports corrupt and taint my business,
Let housewives make a skillet of my helm,
And all indign and base adversities
Make head against my estimation!

DUKE
Be it as you shall privately determine,
Either for her stay or going. The affair cries haste,
And speed must answer it.

FIRST SENATOR
You must away to-night.

OTHELLO   With all my heart.

DUKE
At nine i' the morning here we'll meet again.
Othello, leave some officer behind,
And he shall our commission bring to you;
With such things else of quality and respect
As doth import you.

OTHELLO   So please your Grace, my ancient;
A man he is of honesty and trust:
To his conveyance I assign my wife,
With what else needful your good grace shall think
To be sent after me.

DUKE   Let it be so.
Good-night to every one. [*To* BRABANTIO] And, noble [signior,
If virtue no delighted beauty lack,

---

268. *active*: lez. Q1; in F *offic'd* (« specifici »).
272. *estimation*: lez. F; in Q1 *reputation*.
276. Lez. F; in Q1 la battuta del Senator è attribuita al Duke e, prima della risposta di Othello, sono aggiunte: DESDEMONA *Tonight, my Lord?* DUKE *This night.* (« DESDEMONA Questa notte mio signore? DOGE Questa notte. »).
277. *nine*: lez. F; in Q1 *ten*.
281. *import*: lez. F; in Q1 *concern*.

corrompere e disonorare la mia condotta
di guerra, lasciate allora che le donnette
si servano del mio elmo come d'una pentola
e che le più vili e volgari ingiurie
siano lanciate contro di me.

DOGE
Decidete fra di voi se Desdemona debba rimanere
o seguirvi. La nostra situazione
c'impone la massima urgenza;
non bisogna perdere tempo.

PRIMO SENATORE
Voi partirete questa notte.

OTELLO   Ai vostri ordini.

DOGE
Domattina alle nove noi avremo un'altra riunione.
Voi, Otello, lascerete qui uno dei vostri ufficiali;
vi porterà, poi, le nostre istruzioni
e tutto ciò che possa avere per voi valore e interesse.

OTELLO
Se a Vostra Grazia non dispiace, lascerò
qui il mio alfiere. È un uomo onesto e fidato; e a lui
do l'incarico di accompagnare mia moglie a Cipro.
Consegnate a lui quanto Vostra Grazia
riterrà più opportuno.

DOGE
Va bene. Buona notte a tutti! [A BRABANZIO] Nobile
[signore,
se la bellezza accompagna la virtù vostro genero

Your son-in-law is far more fair than black

FIRST SENATOR
Adieu, brave Moor! use Desdemona well.

BRABANTIO
Look to her, Moor, if thou hast eyes to see.
She has deceiv'd her father, and may thee.

Exeunt [DUKE, SENATORS, *officers, etc*]

OTHELLO
My life upon her faith! Honest Iago,
My Desdemona must I leave to thee:
I prithee, let thy wife attend on her;
And bring them after in the best advantage.
Come, Desdemona; I have but an hour
Of love, of wordly matters and direction,
To spend with thee: we must obey the time.

Exeunt OTHELLO *and* DESDEMONA

RODERIGO Iago!
IAGO What sayst thou, noble heart?
RODERIGO What will I do, think'st thou?
IAGO Why, go to bed, and sleep.
RODERIGO I will incontinently drown myself.
IAGO Well, if thou dost, I shall never love thee after. Why, thou silly gentleman!
RODERIGO It is silliness to live when to live is torment; and then have we a prescription to die when death is our physician.
IAGO O villanous! I have looked upon the world for four times seven years, and since I could distinguish betwixt a benefit and an injury, I never found man that knew how to love himself. Ere I would say, I would drown myself for the love of a guinea-hen, I would change my humanity with a baboon

---

290. *if thou hast eyes to see*: lez. F; in Q1 *have a quick eye to see* (« stai bene accorto »).
309. *O villanous!*: manca in Q1.

è più bello di quanto non sembri nero
PRIMO SENATORE
Addio, valoroso Moro. Sii gentile con Desdemona.
BRABANZIO
Non perderla mai d'occhio, Moro, se hai occhi per
[vedere.
Come ha ingannato suo padre, potrebbe ingannare
[anche te!
Escono [*il* DOGE, *i* SENATORI, *gli ufficiali, ecc.*]
OTELLO
Scommetto la vita sulla sua fedeltà! Mio onesto Iago,
sono costretto ad affidarti la mia Desdemona.
Ti prego, incarica tua moglie di occuparsi di lei;
e alla prima occasione favorevole, conducila a Cipro.
Vieni, Desdemona. Non ci rimane che un'ora
per l'amore, per gli ordini, per tutte le altre cose.
Il tempo stringe. *Escono* OTELLO *e* DESDEMONA
RODERIGO Iago!
IAGO Che vuoi, mio nobile cuore?
RODERIGO Che cosa credi che farò adesso?
IAGO Andrai a letto a dormire.
RODERIGO Invece andrò a buttarmi nella laguna.
IAGO Se lo farai non potrò più volerti bene. Via, non fare lo sciocco!
RODERIGO È stupido vivere quando la vita è un tormento. E quando la morte è il nostro medico, allora abbiamo una ricetta sicura per morire.
IAGO Che animale! Sono ventotto anni che conosco il mondo, e da quando ho imparato a distinguere la bontà dalla cattiveria, non ho mai trovato un uomo degno che sapesse amare se stesso. Io, piuttosto che annegarmi per amore di una gallina faraona, preferirei essere mutato in una scimmia.

RODERIGO What should I do? I confess it is my shame to be so fond; but it is not in my virtue to amend it.

IAGO Virtue! a fig! 'tis in ourselves that we are thus, or thus. Our bodies are our gardens, to the which our wills are gardeners; so that if we will plant nettles or sow lettuce, set hyssop and weed up thyme, supply it with one gender of herbs or distract it with many, either to have it sterile with idleness or manured with industry, why, the power and corrigible authority of this lies in our wills. If the balance of our lives had not one scale of reason to poise another of sensuality, the blood and baseness of our natures would conduct us to most preposterous conclusions; but we have reason to cool our raging motions, our carnal stings, our unbitted lusts, whereof I take this that you call love to be a sect or scion.

RODERIGO It cannot be.

IAGO It is merely a lust of the blood and a permission of the will. Come, be a man. Drown thyself? drown cats and blind puppies. I have professed me thy friend, and I confess me knit to thy deserving with cables of perdurable toughness; I could never better stead thee than now. Put money in thy purse; follow these wars; defeat thy favour with a usurped beard; I say, put money in thy purse. It cannot be that Desdemona should long continue her love to the Moor, — put money in thy purse, — nor he his to her. It was a violent commencement in her, and thou shalt see an answerable sequestration; put but money in thy purse. These Moors are changeable in their wills, — fill thy purse with money: — the food that to him now is as luscious as locusts, shall be to him shortly as bitter as coloquintida. She must change for youth: when she is sated with his body, she will find the error of her choice. (She must have change, she

---

347. *She must change for youth*: manca in Q1.

RODERIGO Ma che cosa posso fare? Lo confesso, mi vergogno di essere così innamorato, ma non ho la virtù di correggermi.

IAGO Virtù un fico secco! Dipende soltanto da noi essere in un modo piuttosto che in un altro. Il nostro corpo è un giardino e il suo giardiniere è la nostra volontà. Spetta a noi decidere, secondo la nostra volontà, se piantarvi ortiche o seminarvi lattuga, se piantarvi l'issopo o estirparvi il timo, farvi crescere una o molte specie di erbe, lasciarlo infruttuoso o renderlo fecondo col lavoro. Se la bilancia della vita non avesse il piatto della ragione per equilibrare quello della sensualità, gl'istinti e la bassezza della nostra natura ci porterebbero alle più assurde conseguenze. Ma, per fortuna, abbiamo la ragione per frenare gli stimoli furiosi, le selvagge libidini, gli appetiti carnali, dei quali ritengo che ciò che si chiama amore non sia altro che una ramificazione o un germoglio.

RODERIGO Non è possibile.

IAGO Non è altro che un ardore del sangue guidato dalla volontà. Sii uomo. Annegarti! Annega pure gatti e cuccioli ciechi, se vuoi. Ti ho detto che ti sono amico e che mi sento unito a te da forti e tenaci legami. Sono convinto che mai, come in questo momento, io possa esserti utile. Metti del denaro nella borsa e vieni alla guerra con me. Cambiati i connotati con una barba finta. Ripeto: metti del denaro nella borsa. L'amore di Desdemona per il Moro non può durare a lungo; – metti dunque del denaro nella borsa – e neppure quello di Otello per lei: come fu violento l'inizio, così, vedrai, sarà la fine. Metti del denaro nella borsa. I Mori sono incostanti – riempi di denaro la borsa. Il cibo ora dolce come le carrube, gli sarà tra poco amaro come l'assenzio. Desdemona è giovane, cambierà. Quando sarà sazia del corpo di lui, scoprirà che ha fatto una scelta sbagliata. Cambierà, cam-

must): therefore put money in thy purse. If thou wilt needs damn thyself, do it a more delicate way than drowning. Make all the money thou canst. If sanctimony and a frail vow betwixt an erring barbarian and a super-subtle Venetian be not too hard for my wits and all the tribe of hell, thou shalt enjoy her; therefore make money. A pox of drowning thyself! it is clean out of the way: seek thou rather to be hanged in compassing thy joy than to be drowned and go without her.

RODERIGO Wilt thou be fast to my hopes, if I depend on the issue?

IAGO Thou art sure of me: go, make money. I have told thee often, and I re-tell thee again and again, I hate the Moor: my cause is hearted; thine hath no less reason. Let us be conjunctive in our revenge against him; if thou canst cuckold him, thou dost thyself a pleasure, me a sport. There are many events in the womb of time which will be delivered. Traverse; go: provide thy money. We will have more of this to-morrow. Adieu.

RODERIGO Where shall we meet i' the morning?

IAGO At my lodging.

RODERIGO I'll be with thee betimes.

IAGO Go to: farewell. Do you hear, Roderigo?

⟨RODERIGO What say you?

IAGO No more of drowning, do you hear?

RODERIGO I am changed.⟩ I'll sell all my land.

IAGO ⟨Go to; farewell! put money enough in your purse.⟩ *Exit* RODERIGO

Thus do I ever make my fool my purse;

360-361. *if I depend on the issue*: manca in Q1.
365. *conjunctive*: lez. F; in Q1 *communicative* («teniamoci informati a vicenda»).
375-378. Per queste battute è stata accolta la lez. Q2 (1630), che però omette il v. 378. Q1 omette *I'll sell my land* (v. 377), mentre F include quest'ultima espressione e omette tutto il resto.

bierà. Dunque, metti del denaro nella borsa. E se vuoi proprio dannarti, scegli un modo più raffinato per farlo. Annegarti? Raccogli piuttosto tutto il denaro che puoi. E se con la mia intelligenza e l'aiuto di tutti i diavoli dell'inferno riusciremo a superare l'ipocrisia e la fragilità di un giuramento scambiato fra un barbaro senza patria e una scaltrissima veneziana, quella donna sarà tua. Dunque, raccogli più denaro che puoi. E crepi la tua idea di volerti annegare! È davvero fuori luogo! Se mai, fatti impiccare per aver avuto il tuo piacere; altro che annegarti per non averlo goduto!

RODERIGO E sei io avessi fiducia nell'esito dell'opera tua, realizzerò poi le mie speranze?

IAGO Puoi fidarti di me. Va' e porta del denaro. Ti ho già detto e ridetto e te lo ripeto ancora che odio il Moro. E sai che le mie ragioni non sono meno profonde delle tue. Stiamo dunque uniti nella vendetta. Se riesci a farlo cornuto, tu ti prenderai il tuo piacere e io ne avrò un gusto matto. Molte cose, ancora in grembo al tempo, aspettano di essere partorite. Muoviti, procura del denaro. Domani riprenderemo i nostri discorsi. Addio.

RODERIGO Dove ci troveremo domani mattina?

IAGO A casa mia.

RODERIGO Va bene, verrò presto.

IAGO E ora va', addio! Siamo intesi, Roderigo?

RODERIGO Su che cosa?

IAGO Basta con gli annegamenti! Intesi?

RODERIGO Ah, ma non sono più lo stesso. Andrò a vendere tutte le mie terre.

IAGO Va', addio! Metti molto denaro nella tua borsa.

RODERIGO *esce*

Questo sciocco, come sempre, diventa la mia borsa.

For I mine own gain'd knowledge should profane,
If I would time expend with such a snipe
But for my sport and profit. I hate the Moor,
And it is thought abroad that 'twixt my sheets
He has done my office: I know not if 't be true,
But I, for mere suspicion in that kind,
Will do as if for surety. He holds me well;
The better shall my purpose work on him.
Cassio's a proper man; let me see now:
To get his place; and to plume up my will 390
In double knavery; how, how? Let 's see:
After some time to abuse Othello's ear
That he is too familiar with his wife:
He hath a person and a smooth dispose
To be suspected; framed to make women false
The Moor is of a free and open nature,
That thinks men honest that but seem to be so,
And will as tenderly be led by the nose
As asses are.
I have 't; it is engender'd: hell and night 400
Must bring this monstrous birth to the world's light.
Exit

II. i.

Enter MONTANO *and two* GENTLEMEN

MONTANO
  What from the cape can you discern at sea?
FIRST GENTLEMAN
  Nothing at all: it is a high-wrought flood;

Farei torto alla mia dura esperienza,
se sciupassi il tempo con un beccaccino simile
senza ricavarne un guadagno e qualche svago.
Odio il Moro perché sembra – così almeno
si mormora in giro – che sia stato fra le mie lenzuola
a fare le mie veci. Non so se ciò sia vero;
ma, in questi casi, basta un sospetto
per darmi il diritto di agire come se ne avessi la cer
[tezza
Egli ha molta stima di me, e così potrò attuare
più facilmente il mio piano. Cassio è un bell'uomo!
Dunque, vediamo. Devo portargli via il posto
e raggiungere il mio scopo con un doppio tiro man
Ma come? Come? Vediamo un po'.   [cino
Fra qualche tempo potrei, per esempio,
soffiare nell'orecchio di Otello che Cassio
ha troppa confidenza con sua moglie.
La figura di Cassio, i suoi modi gentili
si prestano a far nascere simili sospetti:
sembrano fatti apposta per spingere le donne
a essere infedeli. Il Moro è franco e leale
e giudica onesti tutti gli uomini, anche quelli
che solo all'apparenza sono tali. Sì,
si lascerà senz'altro menare per il naso
come un asino. Ci siamo! Ho trovato!
L'inferno e la notte metteranno alla luce
questo mio parto mostruoso.   *Esce*

II. 1.

Entrano MONTANO *e due* GENTILUOMINI

MONTANO
  Che cosa si vede sul mare dalla punta del molo?
PRIMO GENTILUOMO
  Nulla, proprio nulla; le onde sono così alte

I cannot 'twixt the heaven and the main
Descry a sail.
MONTANO
Methinks the wind hath spoke aloud at land;
A fuller blast ne'er shook our battlements;
If it hath ruffian'd so upon the sea,
What ribs of oak, when mountains melt on them,
Can hold the mortise? what shall we hear of this?
SECOND GENTLEMAN
A segregation of the Turkish fleet;
For do but stand upon the foaming shore,
The chidden billow seems to pelt the clouds;
The wind-shak'd surge, with high and monstrous
Seems to cast water on the burning bear   [mane,
And quench the guards of the ever-fixed pole:
I never did like molestation view
On the enchafèd flood.
MONTANO   If that the Turkish fleet
Be not enshelter'd and embay'd, they are drown'd;
It is impossible they bear it out.

Enter a third GENTLEMAN

THIRD GENTLEMAN
News, lads! our wars are done.
The desperate tempest hath so bang'd the Turks
That their designment halts; a noble ship of Venice
Hath seen a grievous wrack and sufferance
On most part of their fleet.
MONTANO
How! is this true?
THIRD GENTLEMAN   The ship is here put in,
A Veronesa; Michael Cassio,
Lieutenant to the warlike Moor Othello,
Is come on shore: the Moor himself's at sea,

---

20. *News, lads! our wars*: lez. F; in Q1 *News, lords! your wars* (« Notizie, signori! le vostre guerre... »).
22. *a noble*: lez. F; in Q1 *another* (« un altro »).

che non permettono di vedere una vela tra il cielo
e il mare aperto.

MONTANO
Il vento si è fatto sentire forte anche a terra;
mai una bufera così violenta ha scrollato i nostri ba-
Se sul mare ha avuto la stessa furia,   [stioni.
quali fianchi di quercia saranno rimasti uniti
al precipitare di quelle montagne disciolte?
E questo, secondo voi, che cosa lascia supporre?

SECONDO GENTILUOMO
Che la flotta turca sia stata dispersa.
Già a vederli dal lido schiumante, i flutti, mug-
                                    [ghiando,
sembrano sferzare le nuvole e, sollevati dal vento,
i cavalloni dalle irte e mostruose criniere
sembrano scrollare acqua sull'ardente Orsa
e annegare le sentinelle dell'immobile polo.
Non ho mai visto un mare così tempestoso.

MONTANO
Se la flotta turca non ha trovato riparo
in qualche baia, è certamente affondata.
Non è probabile che abbia resistito a questa bufera.

Entra un terzo GENTILUOMO

TERZO GENTILUOMO
Novità, ragazzi! La guerra è finita.
La tempesta si è abbattuta terribile sui Turchi
e ha fatto fallire i loro piani. Un valoroso vascello
di Venezia ha assistito al naufragio
e alla distruzione di gran parte della flotta

MONTANO
Come? Ma è proprio vero?

TERZO GENTILUOMO
La nave, una veronese, è approdata qui.
Michele Cassio, luogotenente del valoroso Moro,
Otello, è sbarcato sul molo. Il Moro, invece,

And is in full commission here for Cyprus.
MONTANO
  I am glad on 't; 'tis a worthy governor.
THIRD GENTLEMAN
  But this same Cassio, though he speak of comfort
  Touching the Turkish loss, yet he looks sadly
  And prays the Moor be safe; for they were parted
  With foul and violent tempest.
MONTANO   Pray heaven he be;
  For I have serv'd him, and the man commands
  Like a full soldier. Let 's to the sea-side, ho!
  As well to see the vessel that 's come in
  As to throw out our eyes for brave Othello,
  Even till we make the main and the aerial blue
  An indistinct regard.
THIRD GENTLEMAN   Come, let 's do so;
  For every minute is expectancy
  Of more arrivance.

  Enter CASSIO

CASSIO
  Thanks, you the valiant of this warlike isle,
  That so approve the Moor. O! let the heavens
  Give him defence against the elements,
  For I have lost him on a dangerous sea.
MONTANO
  Is he well shipp'd?
CASSIO
  His bark is stoutly timber'd, and his pilot
  Of very expert and approv'd allowance;
  Therefore my hopes, not surfeited to death,
  Stand in bold cure.
WITHIN·   A sail! – a sail! – a sail!

39-40. Questi due versi (fino a *regard*) mancano in Q1.
43. *warlike*: lez. F; in Q1 *worthy* (« degna »).

è ancora sul mare. Egli verrà a Cipro con pieni poteri.
MONTANO
   Sono molto contento: è un bravo governatore.
TERZO GENTILUOMO
   Ma Cassio, benché felice della sconfitta
   dei Turchi, è in ansia per la sorte del Moro
   e prega per la sua salvezza. I loro vascelli, infatti,
   furono separati dalla tremenda bufera.
MONTANO
   Voglia il cielo che si salvi! Io sono stato
   sotto i suoi ordini e so che egli conosce
   l'arte del comando come un vero soldato.
   Su, andiamo sul molo a vedere il vascello
   che è approdato; di là potremo scrutare lontano,
   fin dove cielo e mare si confondono,
   attendendo il valoroso Otello.
TERZO GENTILUOMO
   Facciamo pure come dite. Andiamo:
   da un momento all'altro potrebbe arrivare qualche
                                               [nave.

   Entra CASSIO

CASSIO
   Vi ringrazio, o coraggiosi abitanti di quest'isola
   guerriera, che riconoscete il valore del Moro!
   Che il cielo lo protegga dal vento e dalle acque
   perché io l'ho perduto su un mare insidioso.
MONTANO
   È solida la sua nave?
CASSIO
   Solidissima; e il suo pilota ha fama
   di essere molto abile e pratico;
   quindi le mie speranze, anche se ridotte all'estremo,
   non potranno morire in mani così sicure.
GRIDA DALL'INTERNO: Una vela! Una vela! Una vela!

Enter a MESSENGER

CASSIO What noise?
MESSENGER
  The town is empty; on the brow o' the sea
  Stand ranks of people, and they cry: "A sail!".
CASSIO
  My hopes do shape him for the governor.
SECOND GENTLEMAN
  They do discharge their shot of courtesy;
  Our friends at least.   *A shot*
CASSIO   I pray you, sir, go forth,
  And give us truth who 'tis that is arriv'd.
SECOND GENTLEMAN I shall.   [*Exit*] 60
MONTANO
  But, good lieutenant, is your general wiv'd?
CASSIO
  Most fortunately: he hath achiev'd a maid
  That paragons description and wild fame;
  One that excels the quirks of blazoning pens,
  And in th' essential vesture of creation
  Does tire the ingener.

Re-enter second GENTLEMAN

                          How now! who has put in?
SECOND GENTLEMAN
  'Tis one Iago, ancient to the general.
CASSIO
  He has had most favourable and happy speed.
  Tempests themselves, high seas and howling winds

54-55. In F questa battuta è attribuita a uno dei Gentlemen già presenti.
66. *Does tire the ingener*: lez. F; in Q1 *Does bear all excellency* (« dimostra ogni eccellenza »).

Entra un MESSAGGERO

CASSIO
Ma che cosa sono queste grida?
MESSAGGERO
La gente ha abbandonato le case e si è schierata
sulla riva gridando: "Una vela!".
CASSIO
La mia ansia mi fa sperare che sia la nave del gover-
SECONDO GENTILUOMO   [natore.
Sparano a salve: si tratta dunque di amici.

Colpo di cannone

CASSIO
Vi prego, signore, andate sulla riva
e tornate a dirci chi è arrivato.
SECONDO GENTILUOMO   Vado subito.   [*Esce*]
MONTANO
Ma, ditemi, luogotenente: il vostro generale è spo-
CASSIO   [sato?
Con molta fortuna. La ragazza che ha conquistato
non è inferiore alle descrizioni più esagerate
di donne famose per la loro bellezza, supera gli elogi
delle penne più svolazzanti, e l'artista che tentasse
di raffigurare il suo volto spirituale
si sentirebbe avvilito.

Entra il secondo GENTILUOMO

                        Dunque, chi è arrivato?
SECONDO GENTILUOMO
Un certo Iago, alfiere del generale.
CASSIO
Ha avuto davvero la fortuna favorevole.
La tempesta, le alte onde, i venti che soffiano urlando,

              The gutter'd rocks, and congregated sands, 70
              Traitors ensteep'd to clog the guiltless keel,
              As having sense of beauty, do omit
              Their mortal natures, letting go safely by
              The divine Desdemona.
MONTANO   What is she?
CASSIO
              She that I spake of, our great captain's captain,
              Left in the conduct of the bold Iago,
              Whose footing here anticipates our thoughts
              A se'nnight's speed. Great Jove, Othello guard,
              And swell his sail with thine own powerful breath,
              That he may bless this bay with his tall ship, 80
              Make love's quick pants in Desdemona's arms,
              Give renew'd fire to our extincted spirits,
              ⟨And bring all Cyprus comfort!⟩

              Enter DESDEMONA, EMILIA, IAGO, *and* RODERIGO

                                        O! behold,
              The riches of the ship is come on shore.
              Ye men of Cyprus, let her have your knees.
              Hail to thee, lady! and the grace of heaven,
              Before, behind thee, and on every hand,
              Enwheel thee round!
DESDEMONA   I thank you, valiant Cassio.
              What tidings can you tell me of my lord?
CASSIO
              He is not yet arriv'd; nor know I aught 90
              But that he 's well, and will be shortly here.
DESDEMONA
              O! but I fear – How lost you company?
CRY WITHIN: A sail! – a sail!

---

81. *Make love's quick pants in*: lez. F; in Q1 *And swiftly come to* (« e giungere rapido da »).

gli scogli, i banchi di sabbia, traditori in agguato
nell'acqua per far incagliare la carena
inconsapevole del pericolo, come se avessero
il sentimento della bellezza, hanno rinunciato
alla loro natura implacabile per lasciar passare
salva la divina Desdemona.

MONTANO
  E chi è Desdemona?
CASSIO
  La donna di cui vi parlavo, il capitano
  del nostro gran capitano. Affidata alla protezione
  dell'audace Iago, è arrivata qui una settimana prima
  del tempo previsto. Sommo Giove, proteggi
  Otello, e gonfia la sua vela col tuo potente fiato;
  che egli possa rallegrare questa baia con la sua grande
  fremere d'amore nelle braccia di Desdemona   [nave,
  e dare nuovo fuoco ai nostri cuori spenti
  portando serenità a tutta Cipro.

  Entrano DESDEMONA, EMILIA, IAGO, *e* RODERIGO

  Guardate, il tesoro della nave è già sbarcato.
  In ginocchio, uomini di Cipro!
  Salute a te, signora! Che la grazia del cielo
  ti preceda, ti segua, ti circondi da ogni lato.
DESDEMONA
  Vi ringrazio, valoroso Cassio.
  Avete notizie del mio signore?
CASSIO
  Non è ancora arrivato; però so che sta bene
  e che giungerà tra poco.
DESDEMONA
  Ma io sono in ansia... perché vi siete separati?
GRIDA DALL'INTERNO: Una vela! Una vela!

CASSIO
    The great contention of the sea and skies
    Parted our fellowship. But hark! a sail.

SECOND GENTLEMAN
    They give their greeting to the citadel:
    This likewise is a friend.

CASSIO   See for the news!
    Good ancient, you are welcome: [*To* EMILIA] wel-
                                            [come, mistress.
    Let it not gall your patience, good Iago,
    That I extend my manners; 'tis my breeding   100
    That gives me this bold show of courtesy.
                                    [*Kissing her*]

IAGO
    Sir, would she give you so much of her lips
    As of her tongue she oft bestows on me,
    You 'd have enough.

DESDEMONA   Alas! she has no speech.

IAGO
    In faith, too much;
    I find it still when I have list to sleep:
    Marry, before your ladyship, I grant,
    She puts her tongue a little in her heart,
    And chides with thinking.

EMILIA   You have little cause to say so.

IAGO
    Come on, come on; you are pictures out of doors,   110
    Bells in your parlours, wild cats in your kitchens,
    Saints in your injuries, devils being offended,
    Players in your housewifery, and housewives in your

DESDEMONA   [beds.
    O! fie upon thee, slanderer.

IAGO
    Nay, it is true, or else I am a Turk:

---

97. *See for the news!*: lez. F; in Q1 *So speaks this voice* («così lascia intendere il saluto»).

CASSIO
   La grande lotta tra il mare e il cielo ci divise.
   Ma sentite! Una vela!
SECONDO GENTILUOMO
   Salutano la cittadella:
   anche questi, come gli altri, sono amici.
CASSIO
   Andate a vedere e poi informateci.
   Siate il benvenuto, alfiere! [*A* EMILIA] Benvenuta,
   [signora!
   Le mie premure non vi sembrino esagerate, Iago;
   l'educazione mi obbliga a questo sfoggio di cortesia.
                                              [*La bacia*]
IAGO
   Signore, se ella
   avesse con voi tanta generosità con le sue labbra
   quanta ne ha spesso con me con la sua lingua,
   ne avreste a sazietà.
DESDEMONA   Ma se non parla mai!
IAGO
   Anche troppo, credetemi,
   e soprattutto quando io ho voglia di dormire.
   Ma devo ammettere che davanti a Vostra Signoria
   nasconde per un poco la lingua nel cuore
   e mormora nel pensiero.
EMILIA   E vi lamentate per così poco?
IAGO
   Eh, sì, voi donne quando siete per la strada
   sembrate dei dipinti, ma siete campane nei salotti,
   gatte selvatiche in cucina, sante quando offendete,
   diavoli se vi offendono; prendete per gioco
   i lavori di casa e vi affaticate soltanto a letto.
DESDEMONA
   Che razza di lingua!
IAGO
   Ma è la verità, come è vero che non sono un Turco.

You rise to play and go to bed to work.

EMILIA
You shall not write my praise.

IAGO   No, let me not.

DESDEMONA
What wouldst thou write of me, if thou shouldst
IAGO   [praise me?
O gentle lady, do not put me to 't,
For I am nothing if not critical.   120

DESDEMONA
Come on; assay. There 's one gone to the harbour?

IAGO   Ay, madam.

DESDEMONA
I am not merry, but I do beguile
The thing I am by seeming otherwise.
Come, how wouldst thou praise me?

IAGO
I am about it; but indeed my invention
Comes from my pate as birdlime does from frieze;
It plucks out brains and all: but my muse labours
And thus she is deliver'd.
If she be fair and wise, fairness and wit,   130
The one 's for use, the other useth it.

DESDEMONA
Well prais'd! How if she be black and witty?

IAGO
If she be black, and thereto have a wit,
She 'll find a white that shall her blackness fit.

DESDEMONA
Worse and worse.

EMILIA   How if fair and foolish?

IAGO
She never yet was foolish that was fair,
For even her folly help'd her to an heir.

DESDEMONA   These are old fond paradoxes to make

EMILIA
Le donne si alzano per giocare e vanno a letto per
[lavorare.

DESDEMONA
Spero che non dovrete scrivere voi il mio elogio!

IAGO   No, spero di no.

DESDEMONA
E che cosa scrivereste di me, dovendo fare il mio elo-
IAGO   [gio?
Non me lo chiedete, cara signora; io sono soltanto
DESDEMONA   [un critico

Su, provate.
È andato qualcuno al porto?

IAGO   Sì, signora

DESDEMONA
Io non sono allegra, ma inganno la mia ansia
fingendo di esserlo. Allora, quali elogi mi fareste?

IAGO
Ci sto pensando, ma purtroppo i versi
si staccano dalla mia testa come il vischio
da un panno di lana, strappandomi il cervello
e tutto il resto. Ora la mia musa ha le doglie
e sta per partorire. Ecco:
Se donna è bella, bionda, intelligente,
a usare la bellezza usa la mente.

DESDEMONA
Proprio un bell'elogio! E se fosse bruna e intelli-
IAGO   [gente?
La donna bruna e non d'ingegno piatto
troverà un bianco al suo colore adatto.

DESDEMONA
Di male in peggio.

EMILIA   E se fosse bella e sciocca?

IAGO
Nessuno dice sciocca a donna bella,
se a far la sciocca un figlio ti scodella.

DESDEMONA   Questi sono vecchi, insulsi paradossi, capaci di far ridere soltanto gli ubriachi nelle taverne.

fools laugh i' the alehouse. What miserable praise
hast thou for her that's foul and foolish?

IAGO
There's none so foul and foolish thereunto,
But does foul pranks which fair and wise ones do.

DESDEMONA O heavy ignorance! thou praisest the
worst best. But what praise couldst thou bestow on
a deserving woman indeed, one that, in the authority
of her merit, did justly put on the vouch of very
malice itself?

IAGO
She that was ever fair and never proud,
Had tongue at will and yet was never loud,
Never lack'd gold and yet went never gay,
Fled from her wish and yet said "Now I may",
She that being anger'd, her revenge being nigh,
Bade her wrong stay and her displeasure fly,
She that in wisdom never was so frail
To change the cod's head for the salmon's tail,
She that could think and ne'er disclose her mind,
See suitors following and not look behind,
She was a wight, if ever such wight were –

DESDEMONA To do what?

IAGO
To suckle fools and chronicle small beer.

DESDEMONA O most lame and impotent conclusion!
Do not learn of him, Emilia, though he be thy husband. How say you, Cassio? Is he not a most profane
and liberal counsellor?

CASSIO He speaks home, madam; you may relish him
more in the soldier than in the scholar.

IAGO [*aside*] He takes her by the palm; ay, well said,
whisper· with as little a web as this will I ensnare as

---

157. Questo verso manca in Q1.

E che stupido elogio fareste a una donna brutta e sciocca?

IAGO
Fan brutti scherzi anche le sciocche brutte:
come le belle e sagge, fanno tutte.

DESDEMONA Ma che sciocchezza! Sapete lodare meglio il peggio. Ma quale elogio potreste fare a una donna veramente degna, che per i suoi meriti avesse anche il consenso dei maligni?

IAGO
La donna che fu bella e mai orgogliosa,
di lingua sciolta, ma non rumorosa,
che sdegnò il lusso avendo dei tesori
e disse "Potrei", negandosi agli amori,
che, irata, già vicina alla vendetta,
accettò il torto e fuggì l'odio in fretta,
che non scambiò merluzzi con salmoni,
teste, cioè, con borse di c...,
che il suo pensiero tenne sotto vetro
e che seguita mai si volse indietro,
fu una donna, se mai tal donna visse
buona a...

DESDEMONA   ...a che cosa?

IAGO
Ad allattare minchioni ed a tenere i conti della serva.

DESDEMONA Ma che conclusione vuota e zoppicante! Non imparare da lui, Emilia, benché sia tuo marito. Che ne dite, Cassio? Non vi pare uno sputasentenze sguaiato e spregiudicato?

CASSIO Parla senza reticenze, signora; dovete apprezzarlo più come soldato che come letterato.

IAGO [*a parte*] Ora le prende la mano! Molto bene! Sussurra al suo orecchio! Con una ragnatela sottile come questa catturerò quel grosso moscone di Cassio

great a fly as Cassio. Ay, smile upon her, do; I will
gyve thee in thine own courtship. You say true, 'tis
so, indeed. If such tricks as these strip you out of
your lieutenantry, it had been better you had not
kissed your three fingers so oft, which now again you
are most apt to play the sir in. Very good; well kissed! an excellent courtesy! 'tis so, indeed. Yet again
your fingers to your lips? would they were clyster-
pipes for your sake! The Moor! I know his trumpet.

Trumpets within

CASSIO
 'Tis truly so.
DESDEMONA Let's meet him and receive him.
CASSIO Lo! where he comes.

Enter OTHELLO *and attendants*

OTHELLO
 O my fair warrior!
DESDEMONA   My dear Othello!
OTHELLO
 It gives me wonder great as my content
 To see you here before me. O my soul's joy!
 If after every tempest come such calms,
 May the winds blow till they have waken'd death
 And let the labouring bark climb hills of seas
 Olympus-high, and duck again as low
 As hell's from heaven! If it were now to die
 'Twere now to be most happy, for I fear
 My soul hath her content so absolute
 That not another comfort like to this
 Succeeds in unknown fate.
DESDEMONA   The heavens forbid

169-170. *I will gyve thee in thine own courtship*: lez. F; in Q1
I will catch you in your own courtesies; il senso non cambia

Sì, avanti coi sorrisi, avanti! Ti stringerò nei lacci della tua galanteria. Ma come parli bene: è proprio così! Se un simile giochetto basterà a farti perdere il grado di luogotenente, rimpiangerai di avere imparato a baciare la punta delle dita a una signora, come fai in questo momento, con quell'aria di moscardino. Molto bene! Che bel baciamano, che inchino perfetto! Proprio nulla da ridire! Ancora le dita alle labbra? Diventassero canne di clisteri! (*Squilli di tromba dall'interno*) Il Moro! Li riconosco, sono gli squilli che annunziano il governatore.

CASSIO
Sì, è proprio lui.
DESDEMONA   Andiamogli incontro.
CASSIO   Eccolo, arriva!

Entra OTELLO *col suo seguito*

OTELLO
O mia bella guerriera!
DESDEMONA   Mio caro Otello!
OTELLO
Sono felice e meravigliato che tu sia arrivata
qui prima di me. O gioia dell'anima mia!
Se dopo ogni bufera segue una calma come questa,
che i venti soffino pure fino a svegliare i morti,
e che la mia tormentata nave salga ancora
su montagne d'acqua alte quanto l'Olimpo
e precipiti giù quanto l'inferno
è lontano dal cielo! Se ora dovessimo morire,
questo sarebbe il momento più desiderabile.
Temo che il mio amore abbia raggiunto
la gioia suprema, e che mai più il destino
potrà dargliene un'altra uguale.
DESDEMONA   Voglia il cielo

But that our loves and comforts should increase
Even as our days do grow!
OTHELLO   Amen to that, sweet powers!
I cannot speak enough of this content;
It stops me here; it is too much of joy:
And this, and this, the greatest discords be
That e'er our hearts shall make!   *They kiss*
IAGO [*aside*]   O! you are well tun'd now,
But I 'll set down the pegs that make this music,
As honest as I am.
OTHELLO   Come, let us to the castle.
News, friends; our wars are done, the Turks are
                                        [drown'd.
How does my old acquaintance of this isle?
Honey, you shall be well desir'd in Cyprus;
I have found great love amongst them. O my sweet,
I prattle out of fashion, and I dote
In mine own comforts. I prithee, good Iago,
Go to the bay and disembark my coffers.
Bring thou the master to the citadel;
He is a good one, and his worthiness
Does challenge much respect. Come, Desdemona,
Once more well met at Cyprus.
            Exeunt [*all except* IAGO *and* RODERIGO]

IAGO Do thou meet me presently at the harbour. Come hither. If thou be'st valiant, as they say base men being in love have then a nobility in their natures more than is native to them, list me. The lieutenant to-night watches on the court of guard: first, I must tell thee this, Desdemona is directly in love with him.
RODERIGO With him! Why, 'tis not possible.
IAGO Lay thy finger thus, and let thy soul be instructed. Mark me with what violence she first loved the Moor but for bragging and telling her fantastical lies; and will she love him still for prating? let not thy

che il nostro amore e la nostra gioia crescano
ogni giorno di più.
OTELLO   Così sia, o potenze celesti!
Ma non so esprimere come vorrei
la mia felicità: mi fa nodo alla gola,
è troppo forte per me. E questo, e questo,   *la bacia*
sia il più grande disaccordo che possa nascere
dai nostri cuori!

IAGO   [*a parte*]   Ora siete bene accordati,
ma, sulla mia parola, saprò allentare io
le corde che fanno questa musica.

OTELLO
Ora andiamo al castello. Ecco le notizie, amici:
la guerra è finita, i Turchi sono in fondo al mare.
Come stanno i miei vecchi amici di quest'isola?
Cara, tutti ti ameranno, a Cipro; questa gente
ha avuto sempre un grande affetto per me.
Dolcezza mia, dico parole su parole, la felicità
mi fa delirare. Ti prego, Iago,
va' al porto e fai sbarcare i miei bagagli.
Accompagna il capitano alla cittadella:
è un bravo comandante e merita ogni riguardo.
Vieni, Desdemona, e, ancora una volta,
rallegriamoci del nostro incontro a Cipro.
            Escono [*tutti, meno* IAGO *e* RODERIGO]

IAGO   Tra poco raggiungimi al porto. Avvicinati: se hai coraggio – si dice che i timidi quando sono innamorati abbiano una forza d'animo insospettabile – ascoltami. Il luogotenente questa notte comanda il corpo di guardia... Ma prima di continuare devo dirti che Desdemona è innamorata di lui.
RODERIGO   Di lui? No, non è possibile.
IAGO   Sta' zitto e lascia che ti spieghi. Hai visto come Desdemona si è subito innamorata del Moro, soltanto perché egli si pavoneggiava raccontandole le sue favolose avventure? E pensi che continuerà ad amarlo

discreet heart think it. Her eye must be fed; and what delight shall she have to look on the devil? When the blood is made dull with the act of sport, there should be, again to inflame it, and to give satiety a fresh appetite, loveliness in favour, sympathy in years, manners, and beauties; all which the Moor is defective in. Now, for want of these required conveniences, her delicate tenderness will find itself abused, begin to heave the gorge, disrelish and abhor the Moor; very nature will instruct her in it, and compel her to some second choice. Now, sir, this granted, as it is a most pregnant and unforced position, who stands so eminently in the degree of this fortune as Cassio does? a knave very voluble, no further conscionable than in putting on the mere form of civil and humane seeming, for the better compassing of his salt and most hidden loose affection? why, none; why, none: a slipper and subtle knave, a finder-out of occasions, that has an eye can stamp and counterfeit advantages, though true advantage never present itself; a devilish knave! Besides, the knave is handsome, young, and hath all those requisites in him that folly and green minds look after; a pestilent complete knave! and the woman hath found him already.

RODERIGO I cannot believe that in her; she is full of most blessed condition.

IAGO Blessed fig's end! the wine she drinks is made of grapes; if she had been blessed she would never have loved the Moor; blessed pudding! Didst thou not see her paddle with the palm of his hand? didst not mark that?

RODERIGO Yes, that I did; but that was but courtesy.

238-239. Q1 omette le parole *most... loose... why none; why none.*
242. Q1 omette *a devilish knave!*
251-254. In queste battute Q1 omette: *Blessed pudding!... Didst not mark that?... that I did.*

per le sue chiacchiere? Tu, di sentimenti così delicati, non puoi ammetterlo. L'occhio vuole essere appagato; e che gioia potrà avere guardando sempre il diavolo? Quando l'ardore del sangue si è spento a furia di piaceri, per riaccenderlo e far rinascere dalla sazietà un nuovo desiderio, occorre la grazia del volto, un'età quasi uguale, gentilezza, bellezza, tutte qualità che mancano al Moro. Quindi, non trovando queste necessarie virtù, Desdemona si sentirà ingannata nel suo tenero affetto, incomincerà a provare disgusto per il Moro e lo odierà. La natura stessa la guiderà, spingendola a scegliere un altro. Ora, signore, ammesso ciò – e si tratta di ragioni evidenti, non stiracchiate – chi vi pare più fortunato di Cassio? Un giovane scaltro, dalla parola facile, con quel minimo di sensibilità che gli permette di sembrare un uomo per bene per meglio soddisfare i suoi desideri segreti. Sì, nessuno, proprio nessuno è come lui viscido e astuto, abile nel saper trovare le occasioni favorevoli, capace d'inventare e di simulare qualità che non possiede. Un furbone diabolico! E come se ciò non bastasse, è bello, giovane, e ha tutte le doti che piacciono alle teste calde e inesperte. Un essere immorale e pestifero. E lei gli ha già messo gli occhi addosso.

RODERIGO Non posso crederlo; essa è soddisfatta della sua beata condizione di sposa.

IAGO Beata un corno! Il vino che beve è fatto d'uva. Se fosse stata beata non si sarebbe innamorata del Moro. Beata sgualdrinella! Non hai visto che gli toccava il palmo della mano? Non l'hai notato?

RODERIGO Sì, ma lo faceva per pura cortesia.

IAGO Lechery, by this hand! an index and obscure prologue to the history of lust and foul thoughts. They met so near with their lips, that their breaths embraced together. Villanous thoughts, Roderigo! when these mutualities so marshal the way, hard at hand comes the master and main exercise, the incorporate conclusion. Pish! But, sir, be you ruled by me: I have brought you from Venice. Watch you to-night; for the command, I 'll lay 't upon you: Cassio knows you not. I 'll not be far from you: do you find some occasion to anger Cassio, either by speaking too loud, or tainting his discipline, or from what other course you please, which the time shall more favourably minister.

RODERIGO Well.

IAGO Sir, he is rash and very sudden in choler, and haply may strike at you: provoke him, that he may; for even out of that will I cause these of Cyprus to mutiny, whose qualification shall come into no true taste again but by the displanting of Cassio. So shall you have a shorter journey to your desires by the means I shall then have to prefer them; and the impediment most profitably removed, without the which there were no expectation of our prosperity.

RODERIGO I will do this, if you can bring it to any opportunity.

IAGO I warrant thee. Meet me by and by at the citadel: I must fetch his necessaries ashore. Farewell.

255-261. Q1 omette: *obscure... Villanous thoughts, Roderigo... master and... Pish!*
266. *course*: lez. F; in Q1 *cause* (« ragione »).
271. Dopo *you*, Q1 aggiunge: *with his truncheon* (« col suo manganello »).
274. *taste*: lez. F; in Q1 *trust* (« fiducia »).
279. *you*: lez. F; in Q1, *I* (« io »).

IAGO Era libidine, lo giuro su questa mano, indizio chiaro e oscuro prologo a una storia di lussuria e di osceni pensieri. Avevano le labbra così vicine che i loro respiri si confondevano. Torbidi pensieri, Roderigo! Quando queste intese aprono la via, in breve si arriva allo scopo essenziale, cioè all'unione dei corpi. Che schifo! Ma, signore, lasciatevi guidare, non per nulla vi ho portato fin qui da Venezia. Stanotte sarete di guardia; io vi darò gli ordini. Cassio non vi conosce; e io vi starò vicino. Trovate la maniera d'irritare Cassio, o parlando ad alta voce o con un atto d'indisciplina o con qualche altro mezzo, a vostro piacere, secondo l'occasione più favorevole.

RODERIGO Va bene.

IAGO Badate, signore: è rapido e violento nella collera e potrebbe anche colpirvi; provocatelo, costringetelo a farlo. Proprio per questa ragione farò scoppiare la rivolta a Cipro, e la pace tornerà soltanto con la destituzione di Cassio. Così, con il mio aiuto, la via per raggiungere i vostri desideri sarà più breve; e l'ostacolo sarà eliminato con maggior profitto, mentre ora ci toglie ogni probabilità di successo.

RODERIGO Farò così, ma voi dovete creare l'occasione favorevole.

IAGO Lasciate fare a me. Troviamoci tra poco alla cittadella. Io devo far sbarcare i bagagli del Moro. Addio.

RODERIGO Adieu. *Exit*
IAGO
    That Cassio loves her, I do well believe it;
    That she loves him, 'tis apt, and of great credit:
    The Moor, howbeit that I endure him not,
    Is of a constant, loving, noble nature;
    And I dare think he'll prove to Desdemona
    A most dear husband. Now, I do love her too;
    Not out of absolute lust, – though peradventure
    I stand accountant for as great a sin, –
    But partly led to diet my revenge,
    For that I do suspect the lusty Moor
    Hath leap'd into my seat; the thought whereof
    Doth like a poisonous mineral gnaw my inwards;
    And nothing can or shall content my soul
    Till I am even'd with him, wife for wife;
    Or failing so, yet that I put the Moor
    At least into a jealousy so strong
    That judgment cannot cure. Which thing to do,
    If this poor trash of Venice, whom I trash
    For his quick hunting, stand the putting-on,
    I'll have our Michael Cassio on the hip;
    Abuse him to the Moor in the rank garb,
    For I fear Cassio with my night-cap too,
    Make the Moor thank me, love me, and reward me
    For making him egregiously an ass
    And practising upon his peace and quiet
    Even to madness. 'Tis here, but yet confus'd:
    Knavery's plain face is never seen till us'd. *Exit*

RODERIGO Addio.   *Esce*
IAGO
   Che Cassio sia innamorato di lei è certo;
   che essa lo ami è possibile, anzi è molto credibile.
   Benché io non possa soffrirlo, devo riconoscere
   che il Moro è un uomo fedele, affettuoso, nobile,
   e potrebbe essere un buon marito per Desdemona.
   Ma anch'io amo Desdemona e non solo
   per puro desiderio fisico (sebbene anch'io, forse,
   debba rispondere d'un peccato così grave),
   ma in parte spinto dalla sete di vendetta,
   perché sospetto che il vigoroso Moro
   si sia infilato un tempo nel mio letto.
   E questo pensiero, come un veleno, mi rode
   le viscere; e nulla potrà calmarmi finché
   non gli avrò reso la pariglia: moglie per moglie.
   O almeno, se ciò non mi riuscirà,
   finché non renderò il Moro tanto geloso
   da farlo impazzire. Se questo povero cane
   di veneziano, che tengo al guinzaglio nella caccia,
   si lascerà guidare, Michele Cassio
   sarà giocato da me come voglio.
   Lo farò apparire agli occhi del Moro
   come un seduttore, anche perché temo
   che Cassio potrebbe un giorno o l'altro mettersi
   il mio berretto da notte. Insomma, cercherò
   di farmi benvolere, ringraziare e ricompensare
   dal Moro dopo aver fatto di lui un perfetto asino
   e avergli tolto la fiducia e la tranquillità
   fino a renderlo pazzo. Ecco il mio progetto,
   ma ancora impreciso: la mia astuzia apparirà
   in tutta la sua evidenza soltanto ad opera compiuta.
                                                                    Esce

II. ii.

Enter HERALD *with a proclamation*

HERALD It is Othello's pleasure, our noble and valiant general, that, upon certain tidings now arrived, importing the mere perdition of the Turkish fleet, every man put himself into triumph; some to dance, some to make bonfires, each man to what sport and revels his addiction leads him; for, besides these beneficial news, it is the celebration of his nuptial. So much was his pleasure should be proclaimed. All offices are open, and there is full liberty of feasting from this present hour of five till the bell have told eleven. ⟨Heaven⟩ bless the isle of Cyprus and our noble general Othello!   *Exit*

10

[II. iii.]

Enter OTHELLO, DESDEMONA, CASSIO, *and attendants*

OTHELLO
  Good Michael, look you to the guard to-night:
  Let 's teach ourselves that honourable stop,
  Not to outsport discretion.
CASSIO
  Iago hath direction what to do:
  But, notwithstanding, with my personal eye
  Will I look to 't.
OTHELLO   Iago is most honest.
  Michael, good-night; to-morrow with your earliest
  Let me have speech with you. – Come, my dear love,
  The purchase made, the fruits are to ensue;
  That profit's yet to come 'twixt me and you.

10

---

9. *of feasting* manca in Q1.

II. ii.

*Entra l'*ARALDO *di Otello con un proclama*

ARALDO Otello, nostro nobile e valoroso generale, desidera che il popolo festeggi la notizia della disfatta della flotta turca. Ognuno può ballare, accendere falò, scegliere quei giochi e quei divertimenti che preferisce: anche perché, oltre a questo lieto avvenimento, oggi si festeggiano le nozze di Otello. Questo egli voleva che fosse proclamato. Tutti i luoghi pubblici resteranno aperti e vi è piena libertà di tenere conviti e di fare baldoria, da questo momento, le cinque, fino allo scoccare delle undici. Dio benedica l'isola di Cipro e il nostro nobile generale Otello! *Esce*

[II. iii.]

Entrano OTELLO, DESDEMONA, CASSIO, *con il seguito*

OTELLO
 Voi, Michele, comanderete gli uomini di guardia
 stanotte. Cerchiamo di non superare i limiti
 della discrezione.
CASSIO
 Iago ha già ricevuto ordini in proposito da me,
 tuttavia vigilerò anch'io.
OTELLO   Iago è un uomo fedele.
 Buona notte, Michele; domattina presto,
 devo parlarvi. – Vieni, amore mio;
 all'acquisto d'un bene segue, di solito
 il suo godimento: quel godimento
 che non c'è ancora stato fra noi due.

Good-night. *Exeunt* OTHELLO *and* DESDEMONA

Enter IAGO

CASSIO Welcome, Iago; we must to the watch.
IAGO Not this hour, lieutenant; 'tis not yet ten o' the clock. Our general casts us thus early for the love of his Desdemona, who let us not therefore blame; he hath not yet made wanton the night with her, and she is sport for Jove.
CASSIO She's a most exquisite lady
IAGO And, I 'll warrant her, full of game
CASSIO Indeed, she is a most fresh and delicate creature.
IAGO What an eye she has! methinks it sounds a parley of provocation.
CASSIO An inviting eye: and yet methinks right modest.
IAGO And when she speaks, is it not an alarum to love?
CASSIO She is indeed perfection.
IAGO Well, happiness to their sheets! Come, lieutenant, I have a stoup of wine, and here without are a brace of Cyprus gallants that would fain have a measure to the health of black Othello.
CASSIO Not to-night, good Iago: I have very poor and unhappy brains for drinking: I could well wish courtesy would invent some other custom of entertainment.
IAGO O! they are our friends; but one cup: I 'll drink for you.
CASSIO I have drunk but one cup to-night, and that was craftily qualified too, and, behold, what innovation it makes here: I am unfortunate in the infirmity, and dare not task my weakness with any more.
IAGO What, man! 'tis a night of revels; the gallants desire it.
CASSIO Where are they?

Buona notte! *Escono* OTELLO *e* DESDEMONA

Entra IAGO

CASSIO Benvenuto, Iago; è ora di andare al posto di guardia.

IAGO No, luogotenente: non sono ancora le dieci. Il nostro generale ci ha congedati molto presto per amore di Desdemona; non possiamo dargli torto: non ha ancora passato una notte con lei, e Desdemona è uno svago degno di Giove.

CASSIO È una donna raffinata.

IAGO E piena di seduzioni, ve lo garantisco.

CASSIO Infatti è una creatura fresca e delicata.

IAGO E che occhi! Sembrano un richiamo squillante alla provocazione.

CASSIO Occhi attraenti, ma tuttavia pieni d'innocenza.

IAGO E la sua voce non mette in allarme l'amore?

CASSIO È una donna veramente perfetta.

IAGO Certo! Beate le loro lenzuola! Venite, luogotenente: ho un boccale di vino, e qui fuori c'è qualche amico di Cipro che vorrebbe bere un bicchiere alla salute del nero Otello.

CASSIO Stasera proprio no, Iago; mi gira facilmente la testa e non sopporto il vino. Perché, contro questa usanza, non inventano qualche altra cosa per passare il tempo?

IAGO Ma sono amici; soltanto un bicchiere: e, per voi, continuerò a bere io.

CASSIO Stasera non ho bevuto che un bicchiere di vino, annacquato, come sempre, per prudenza, e vedete in che stato sono ridotto. È una disgrazia, una vera malattia, e non voglio sfidare il mio malessere con un altro bicchiere.

IAGO Ma che razza di uomo! È una notte di baldoria e i giovani vogliono bere

CASSIO E dove sono?

IAGO   Here at the door; I pray you, call them in.
CASSIO   I 'll do 't; but it dislikes me.   *Exit*
IAGO
  If I can fasten but one cup upon him,
  With that which he hath drunk to-night already,
  He 'll be as full of quarrel and offence
  As my young mistress' dog. Now, my sick fool Rode-   50
                                    [rigo,
  Whom love has turn'd almost the wrong side out,
  To Desdemona hath to-night carous'd
  Potations pottle deep; and he's to watch.
  Three lads of Cyprus, noble swelling spirits,
  That hold their honours in a wary distance,
  The very elements of this warlike isle,
  Have I to-night fluster'd with flowing cups,
  And they watch too. Now, 'mongst this flock of
  Am I to put our Cassio in some action   [drunkards,
  That may offend the isle. But here they come.   60
  If consequence do but approve my dream,
  My boat sails freely, both with wind and stream.

  Enter CASSIO, MONTANO, *and gentlemen*

CASSIO   'Fore God, they have given me a rouse already.
MONTANO   Good faith, a little one; not past a pint, as I am a soldier.
IAGO   Some wine ho!
  [*Sings*] And let me the canakin clink, clink·
        And let me the canakin clink:
            A soldier 's a man;   70
            A life 's but a span;
        Why then let a soldier drink.
  Some wine, boys!

---

63. 74. *God·* lez. Q1; in F *heaven* (« cielo »).

IAGO Qui, alla porta. Vi prego, invitateli a entrare.
CASSIO Va bene; ma non lo faccio volentieri.   *Esce*
IAGO
   Se riesco a fargli mandar giù un altro bicchiere,
   oltre a quello che ha già bevuto stasera,
   diventerà ringhioso e aggressivo come il cane
   della mia padroncina. Intanto quel povero deficiente
   di Roderigo, stordito dall'amore,
   si è già scolato alla salute di Desdemona
   parecchi boccali di vino; e stasera è di guardia.
   Inoltre ho ubriacato tre ciprioti,
   anch'essi di guardia stanotte, tre giovani pieni
   di spiriti bellicosi, sempre con l'onore
   sulla punta della spada, veri elementi di discordia
   in quest'isola guerriera.
   Ora io, in mezzo a questo branco di ubriachi,
   devo spingere Cassio a far qualcosa
   che provochi disordini nell'isola.
   Ma eccoli; se i risultati confermeranno
   la bontà del mio piano, la mia barca
   filerà diritta, col vento e la corrente favorevoli.

   Entrano CASSIO, MONTANO *e alcuni gentiluomini*

CASSIO Perdio, l'ho già avuta la sveglia.
MONTANO Ma piccola, via; non più di una pinta, parola di soldato!
IAGO Qua, del vino, ehi!
   [*Canta*] Tintinni, tintinni il bicchiere,
         tintinni il bicchiere nel bere!
            Un uomo il soldato
            e la vita un fiato:
         lasciate che beva il soldato!
   Vino, ragazzi!

CASSIO 'Fore God, an excellent song.
IAGO I learned it in England, where indeed they are most potent in potting; your Dane, your German and your swag-bellied Hollander, — drink, ho! — are nothing to your English.
CASSIO Is your Englishman so expert in his drinking?
IAGO Why, he drinks you with facility your Dane dead drunk; he sweats not to overthrow your Almain; he gives your Hollander a vomit ere the next pottle can be filled.
CASSIO To the health of our general!
MONTANO I am for it, lieutenant; and I'll do you justice.
IAGO O sweet England!
[*Sings*] King Stephen was a worthy peer,
  His breeches cost him but a crown;
He held them sixpence all too dear,
  With that he call'd the tailor lown.
He was a wight of high renown,
  And thou art but of low degree:
'Tis pride that pulls the country down,
  Then take thine auld cloak about thee.
Some wine, ho!
CASSIO Why, this is a more exquisite song than the other.
IAGO Will you hear 't again?
CASSIO No; for I hold him to be unworthy of his place that does those things. Well, God's above all; and there be souls must be saved, and there be souls must not be saved.
IAGO It's true, good lieutenant.
CASSIO For mine own part, no offence to the general, nor any man of quality, I hope to be saved.

---

97. *Why*: lez. F; in Q1 *'Fore God* (« per Dio »).
101. *God*: lez. Q1; in F *heaven*.
102-103. *and there be souls must not be saved*: manca in Q1.

CASSIO Perdio, che magnifica canzone!
IAGO L'ho imparata in Inghilterra: là sì che sono forti bevitori. Il danese, il tedesco e il panciuto olandese – ehi, bevete! – non valgono niente di fronte a un inglese.
CASSIO E l'inglese è davvero un buon bevitore?
IAGO Certo, continua a bere tranquillamente quando un danese è già ubriaco fradicio, non suda per far crollare a terra un tedesco, e fa vomitare un olandese prima ancora di farsi riempire il secondo boccale.
CASSIO Alla salute del nostro generale!
MONTANO Ci sto, luogotenente, accetto l'invito!
IAGO O dolce Inghilterra!
[*Canta*] A re Stefano, degnissimo pari,
 chiesero per le brache una corona.
Egli di sei soldi le stimò più care
 e bollò il sarto al pari d'un ladrone.
Egli ebbe un nome che la fama estese,
 e tu sempre più giù stai di livello.
La superbia è la rovina del paese,
 su, avvolgiti nel vecchio tuo mantello.

Ehi, del vino!
CASSIO Ecco, questa è una canzone che ha più sale dell'altra.
IAGO Volete sentirla ancora?
CASSIO No, perché io giudico indegno del suo grado chi agisce come quel re. Comunque, Dio è al di sopra di tutti, e ci sono anime che possono essere salvate e altre che non possono essere salvate.
IAGO È proprio vero, luogotenente.
CASSIO In quanto a me, senza offendere il generale o qualcuno di più alto grado ancora, spero di essere salvato.

IAGO And so do I too, lieutenant.
CASSIO Ay; but, by your leave, not before me; the lieutenant is to be saved before the ancient. Let 's have no more of this; let 's to our affairs. ⟨God⟩ forgive us our sins! Gentlemen, let's look to our business. Do not think, gentlemen, I am drunk: this is my ancient; this is my right hand, and this is my left ⟨hand⟩. I am not drunk now; I can stand well enough, and speak well enough.
ALL Excellent well.
CASSIO Why, very well, then; you must not think then that I am drunk. *Exit*
MONTANO To the platform, masters; come, let 's set the watch.
IAGO
   You see this fellow that is gone before;
   He is a soldier fit to stand by Cæsar
   And give direction; and do but see his vice;
   'Tis to his virtue a just equinox,
   The one as long as the other; 'tis pity of him.
   I fear the trust Othello puts him in,
   On some odd time of his infirmity,
   Will shake this island.
MONTANO   But is he often thus?
IAGO
   'Tis evermore the prologue to his sleep;
   He 'll watch the horologe a double set,
   If drink rock not his cradle.
MONTANO   It were well
   The general were put in mind of it.
   Perhaps he sees it not; or his good nature
   Prizes the virtue that appears in Cassio,
   And looks not on his evils. Is not this true?

Enter RODERIGO

Otello II. III.

IAGO   Anch'io, luogotenente.
CASSIO   Sì, ma, col vostro permesso, dopo di me: il luogotenente deve essere salvato prima dell'alfiere. Ma ora basta; il dovere ci chiama. Dio perdoni i nostri peccati! Ora, signori, pensiamo al nostro dovere. Credete, signori, ch'io sia ubriaco? Eh, no: questo è il mio alfiere, questa è la mia mano destra e questa la sinistra. Io non sono ubriaco, mi reggo in piedi abbastanza bene e parlo abbastanza bene.
TUTTI   Benissimo, invece!
CASSIO   Dunque, benissimo! Credete ancora ch'io sia ubriaco?   *Esce*
MONTANO   Su, ai bastioni, signori, per il servizio di guardia.
IAGO
   Guardate un po' quello che è appena uscito!
   Un soldato degno di Cesare, nato, senza dubbio,
   per comandare; ma osservatelo!
   In lui vizio e virtù formano un equinozio perfetto:
   l'uno è lungo come l'altra. Peccato!
   Ho paura che un giorno o l'altro, in un istante
   di stordimento, dato il posto di responsabilità che
   finirà col provocare dei gravi disordini   [occupa,
   in tutta l'isola.
MONTANO   Ma è spesso in queste condizioni?
IAGO
   Già, come preludio di una buona dormita.
   Potrebbe restare sveglio per due cariche
   d'orologio, se il vino non cullasse il suo letto.
MONTANO
   Sarebbe bene informare il generale.
   Forse non se n'è mai accorto, o, generoso com'è,
   apprezzando le virtù di Cassio, sorvola
   sui suoi difetti. Non è così?

Entra RODERIGO

IAGO [*aside to him*] How now, Roderigo!
  I pray you, after the lieutenant; go. *Exit* RODERIGO
MONTANO
  And 'tis great pity that the noble Moor
  Should hazard such a place as his own second
  With one of an ingraft infirmity;   140
  It were an honest action to say
  So to the Moor.
IAGO   Not I, for this fair island:
  I do love Cassio well, and would do much
  To cure him of this evil. But hark! what noise?
CRY WITHIN: Help! Help!

  Enter CASSIO, *pursuing* RODERIGO

CASSIO ⟨Zounds!⟩ You rogue! you rascal!
MONTANO What's the matter, lieutenant?
CASSIO A knave teach me my duty! I'll beat the knave into a twiggen bottle.
RODERIGO Beat me!   150
CASSIO Dost thou prate, rogue?
MONTANO Nay, good lieutenant; I pray you, sir, hold your hand.
CASSIO Let me go, sir, or I'll knock you o'er the mazzard.
MONTANO Come, come; you're drunk.
CASSIO Drunk!   *They fight*
IAGO [*aside to* RODERIGO] Away, I say! go out, and cry a mutiny.   *Exit* RODERIGO
  Nay, good lieutenant! God's will, gentleman!   160
  Help, ho! Lieutenant! sir! Montano! sir!
  Help, masters! Here's a goodly watch indeed!
                                              Bell rings
  Who's that that rings the bell? Diablo, ho!

---

160. *God's will*: lez. Q1; in F *Alas* (« ahimè »).

IAGO
  [*A parte a* RODERIGO] Come va, Roderigo?
  Su, vi prego, seguite il luogotenente.   RODERIGO *esce*
MONTANO
  È una vera disgrazia che il nobile Moro
  abbia affidato una carica importante
  come quella di luogotenente
  a uno che ha un vizio così radicato;
  sarebbe nostro dovere avvertire Otello.
IAGO
  Io non lo farei nemmeno se mi regalassero
  questa bella isola! Voglio molto bene a Cassio
  e vorrei invece riuscire a guarirlo
  di questo male. Sentite! Che cos'è questo chiasso?
GRIDA DALL'INTERNO: Aiuto! Aiuto!

Entra RODERIGO, *inseguito da* CASSIO

CASSIO   Maledizione! Farabutto! Vigliacco!
MONTANO   Che succede, luogotenente?
CASSIO   Questa canaglia vuole insegnare proprio a me come devo fare il mio dovere! Lo ridurrò in tale poltiglia da farlo entrare in una damigiana!
RODERIGO   A chi, a me?
CASSIO   Che balbetti, farabutto?
MONTANO   Basta, luogotenente, vi prego, basta!
CASSIO   Lasciatemi andare, signore, o vi spacco la testa.
MONTANO   Via, via, siete ubriaco!
CASSIO   Io, ubriaco?   *Si battono*
IAGO   [*a parte a* RODERIGO] Uscite subito nella strada e gridate che è scoppiata la rivolta.   RODERIGO *esce*
  Basta, luogotenente! Per amor di Dio, signori!
  Aiuto! Luogotenente! Signore! Montano! Signore!
  Aiuto, signori! Proprio un magnifico turno di guardia!
                                          Suona una campana
  Chi suona la campana? Accidenti al diavolo!

The town will rise: God's will! lieutenant, ⟨hold⟩!
You will be sham'd for ever.

Enter OTHELLO *and attendants*

OTHELLO
  What is the matter here?
MONTANO   ⟨'Zounds!⟩ I bleed still;
  I am hurt to the death.
OTHELLO   Hold, for your lives!
IAGO
  Hold, ho, lieutenant! Sir! Montano! gentlemen!
  Have you forgot all sense of place and duty?
  Hold! the general speaks to you; hold for shame!   170
OTHELLO
  Why, how now, ho! from whence ariseth this?
  Are we turn'd Turks, and to ourselves do that
  Which heaven hath forbid the Ottomites?
  For Christian shame put by this barbarous brawl;
  He that stirs next to carve for his own rage
  Holds his soul light; he dies upon his motion.
  Silence that dreadful bell! it frights the isle
  From her propriety. What is the matter, masters?
  Honest Iago, that look'st dead with grieving,
  Speak, who began this? on thy love, I charge thee.   180
IAGO
  I do not know; friends all but now, even now,
  In quarter and in terms like bride and groom
  Devesting them for bed; and then, but now,
  As if some planet had unwitted men,
  Swords out, and tilting one at other's breast,

---

164. *God's will*: lez. Q1; in F *fie, fie* («vergogna!»).

Si sveglierà tutta la città! Per amor di Dio, luogote-
calmatevi! Ne va di mezzo il vostro onore!   [nente,

Entra OTELLO *col seguito*

OTELLO
Che succede?
MONTANO   Perdio, continuo a perdere sangue;
sono ferito a morte.
OTELLO   Fermi, se avete cara la vita!
IAGO
Calma! Luogotenente, signore, Montano, signori!
Avete perduto il senso del dovere
e del posto che occupate? Fermi! È un ordine del ge-
Calma, calma! Vergognatevi!   [nerale!
OTELLO
Ma insomma, si può sapere la causa di tutto ciò?
Siamo diventati Turchi? Contro noi stessi
facciamo quello che il cielo ha impedito agli Otto-
Vergognatevi di chiamarvi cristiani   [mani?
e mettete fine a questa rissa bestiale.
Chi alza ancora la spada per sfogare la sua ira,
vuol dire che odia la vita: morirà al primo gesto!
Fate tacere quella lugubre campana: metterà
in allarme tutta l'isola. Che cosa è successo, signori?
Iago, tu che sembri disfatto dal dolore,
parla. Chi è stato a cominciare?
Per l'obbedienza che mi devi, ti ordino di parlare.
IAGO
Non capisco nemmeno io. Eravamo tutti amici
sino a un momento fa; d'accordo, come dire?,
con gli stessi rapporti affettuosi che passano
tra marito e moglie che si spogliano
per la loro prima notte. Ed ecco che, all'improvviso,
come se l'influsso d'un pianeta li avesse fatti impazzi-
tirano fuori le spade e si avventano giostrando   [re,
l'uno contro l'altro, in una lotta sanguinosa.

In opposition bloody. I cannot speak
Any beginning to this peevish odds,
And would in action glorious I had lost
Those legs that brought me to a part of it!

OTHELLO

How comes it, Michael, you are thus forgot?

CASSIO

I pray you, pardon me; I cannot speak.

OTHELLO

Worthy Montano, you were wont be civil;
The gravity and stillness of your youth
The world hath noted, and your name is great
In mouths of wisest censure: what's the matter,
That you unlace your reputation thus
And spend your rich opinion for the name
Of a night-brawler? give me answer to it.

MONTANO

Worthy Othello, I am hurt to danger;
Your officer, Iago, can inform you,
While I spare speech, which something now offends
Of all that I do know; nor know I aught   [me,
By me that 's said or done amiss this night,
Unless self-charity be sometimes a vice,
And to defend ourselves it be a sin
When violence assails us.

OTHELLO   Now, by heaven,
My blood begins my safer guides to rule,
And passion, having my best judgment collied,
Assays to lead the way. If I once stir,
Or do but lift this arm, the best of you
Shall sink in my rebuke. Give me to know
How this foul rout began, who set it on;
And he that is approv'd in this offence,
Though he had twinn'd with me, both at a birth,

---

209. *If I once stir*: lez. F; in Q1 *Zounds, if I stir* («Perdìo, se mi muovo»).

Non so dirvi la causa di questa inutile rissa.
Avrei preferito perdere in un'impresa gloriosa
le gambe che mi hanno portato fin qui.
OTELLO
Ma voi, Michele, come avete potuto
perdere la testa fino a questo punto?
CASSIO
Perdonatemi, vi prego, non so spiegarvelo.
OTELLO
E voi, valoroso Montano, che siete sempre stato
un cittadino esemplare! Tutti conoscono
la serietà e il buon senso che distinguono
la vostra giovane età; il vostro nome
è lodato anche dai più severi censori!
Per quale ragione avete rischiato di perdere
il vostro onore, rovinando la vostra preziosa fama,
per acquistare quella d'un nottambulo
attaccabrighe? Rispondetemi!
MONTANO
Valoroso Otello, io sono ferito a morte.
Il vostro alfiere Iago può informarvi
– risparmiandomi lo sforzo di parlare –
di tutto ciò che so... E io so
di non aver fatto o detto nulla di male
stanotte; a meno che l'amor proprio
non sia considerato un vizio
e un peccato la legittima difesa contro la violenza.
OTELLO
Ora, perdio, comincio a perdere le staffe
e l'ira mi annebbia la mente e sta per vincermi.
Solo che io muova un passo o che alzi un braccio,
il migliore tra voi cadrà sotto i miei colpi.
Voglio conoscere l'origine di questa rissa
e chi l'ha provocata. Anche se il colpevole
fosse mio fratello gemello, è perduto per me.

Shall lose me. What! in a town of war,
Yet wild, the people's hearts brimful of fear,
To manage private and domestic quarrel,
In night, and on the court and guard of safety!
'Tis monstrous. Iago, who began 't?

MONTANO
If partially affin'd, or leagu'd in office, 220
Thou dost deliver more or less than truth,
Thou art no soldier.

IAGO   Touch me not so near;
I had rather have this tongue cut from my mouth
Than it should do offence to Michael Cassio;
Yet, I persuade myself, to speak the truth
Shall nothing wrong him. Thus it is, general.
Montano and myself being in speech,
There comes a fellow crying out for help,
And Cassio following with determin'd sword
To execute upon him. Sir, this gentleman 230
Steps in to Cassio, and entreats his pause;
Myself the crying fellow did pursue,
Lest by his clamour, as it so fell out,
The town might fall in fright; he, swift of foot,
Outran my purpose, and I return'd the rather
For that I heard the clink and fall of swords,
And Cassio high in oath, which till to-night
I ne'er might say before. When I came back,
For this was brief, I found them close together,
At blow and thrust, even as again they were 240
When you yourself did part them.
More of this matter can I not report:
But men are men; the best sometimes forget:
Though Cassio did some little wrong to him,
As men in rage strike those that wish them best

---

238. *say*: lez. F; in Q1 *see* (« vedere »).

Ma come? In una città in guerra, ancora inquieta,
dove il cuore del popolo è pieno di paura,
fate scoppiare una rissa per motivi personali,
proprio nella corte del corpo di guardia,
che dovrebbe garantire la sicurezza?
È inconcepibile. Iago, chi ha cominciato?

MONTANO
Se per spirito di corpo o per cameratismo
non dirai la verità, non sei un soldato.

IAGO
Non toccate questa corda.
Preferirei farmi tagliare la lingua,
prima di offendere Michele Cassio;
però sono persuaso che dicendo la verità
non gli farò alcun torto. È stato così, generale:
mentre io e Montano stavamo parlando,
arrivò un tale che gridava aiuto,
inseguito da Cassio con la spada in pugno,
deciso a ucciderlo. Allora questo gentiluomo
taglia la strada a Cassio e tenta di fermarlo.
Io intanto mi metto a correre dietro
a quel tale che gridava, per evitare
– come infatti è avvenuto – che, con le sue grida,
spargesse il terrore in tutta la città.
Egli, lesto di gambe, riuscì a sfuggirmi,
e io tornai indietro, tanto più che sentivo
l'urto delle spade e le bestemmie di Cassio,
bestemmie tali, che mai prima di stanotte
avevo udito da lui. Benché la mia assenza
fosse durata poco, li trovai
già che si scambiavano colpi e ferite,
proprio come si trovavano al vostro arrivo,
quando li avete separati. Più di questo
non so dirvi. Gli uomini sono uomini,
e anche i migliori dimenticano talvolta se stessi.
Sebbene Cassio gli abbia fatto un piccolo torto
– nell'impeto dell'ira si colpiscono

Yet, surely Cassio, I believe, receiv'd
From him that fled some strange indignity,
Which patience could not pass.
OTHELLO   I know, Iago,
Thy honesty and love doth mince this matter,
Making it light to Cassio. Cassio, I love thee;   250
But never more be officer of mine.

Enter DESDEMONA, *attended*

Look! if my gentle love be not rais'd up;
I 'll make thee an example.
DESDEMONA   What 's the matter?
OTHELLO
All 's well now, sweeting; come away to bed.
Sir, for your hurts, myself will be your surgeon.
Lead him off.   MONTANO *is led off*
Iago, look with care about the town,
And silence those whom this vile brawl distracted.
Come, Desdemona; 'tis the soldier's life,
To have their balmy slumbers wak'd with strife.   260
            Exeunt OTHELLO, DESDEMONA *and attendants*

IAGO What! are you hurt, lieutenant?
CASSIO Ay; past all surgery.
IAGO Marry, God forbid!
CASSIO Reputation, reputation, reputation! O! I have
  lost my reputation. I have lost the immortal part of
  myself, and what remains is bestial. My reputation,
  Iago, my reputation!
IAGO As I am an honest man, I thought you had re-
  ceived some bodily wound; there is more offence in
  that than in reputation. Reputation is an idle and   270

---

263. *God*: lez. Q1; in F *heaven*.
269. *offence*: lez. Q1; in F *sense* (« senso »).

anche le persone più care – certamente Cassio
avrà ricevuto da quello che scappava
un grave insulto, difficile da tollerare.

OTELLO
Capisco, Iago. Tu, così leale
e pieno di rispetto, cerchi di sorvolare
sui fatti, per diminuire la colpa di Cassio.
Cassio, tu sai che ti voglio bene;
ma d'ora in poi non sarai più il mio luogotenente.

Entra DESDEMONA *col seguito*

Vedi? Hai svegliato anche il mio caro amore!
La tua punizione servirà di esempio.

DESDEMONA
Ma che cosa è accaduto?

OTELLO
Tutto ora è tranquillo: torna a letto, cara!
Le vostre ferite, signore, le curerò io stesso.
Portatelo via!   MONTANO *viene condotto via*
Iago, tu ispeziona le vie della città
e calma coloro che sono stati messi in allarme
da questa ignobile rissa. Andiamo, Desdemona;
interrompere il riposo notturno a ogni contesa
fa parte della vita del soldato.
Escono OTELLO, DESDEMONA *e il seguito*

IAGO   Siete ferito, luogotenente?
CASSIO   Sì, e non c'è medico che possa guarirmi.
IAGO   Dio non voglia!
CASSIO   Il mio onore, il mio onore, il mio onore! Ho perduto il mio onore! Ho perduto ciò che vi era d'immortale in me; è rimasta solo la parte bestiale! Il mio onore, Iago, il mio onore!
IAGO   Credevo in buona fede che vi avessero ferito nel corpo, il quale, più dell'onore, è sensibile alla sofferenza. L'onore è una convenzione falsa e priva di

most false imposition; oft got without merit, and lost without deserving: you have lost no reputation at all, unless you repute yourself such a loser. What! man: there are ways to recover the general again; you are but now cast in his mood, a punishment more in policy than in malice; even so as one would beat his offenceless dog to affright an imperious lion. Sue to him again, and he is yours.

CASSIO I will rather sue to be despised than to deceive so good a commander with so slight, so drunken and so indiscreet an officer. Drunk! and speak parrot! and squabble, swagger, swear, and discourse fustian with one's own shadow! O thou invisible spirit of wine! if thou hast no name to be known by, let us call thee devil!

IAGO What was he that you followed with your sword? What had he done to you?

CASSIO I know not.

IAGO Is 't possible?

CASSIO I remember a mass of things, but nothing distinctly; a quarrel, but nothing wherefore. O ⟨God⟩! that men should put an enemy in their mouths to steal away their brains; that we should, with joy, pleasance, revel, and applause, transform ourselves into beasts.

IAGO Why, but you are now well enough; how came you thus recovered?

CASSIO It hath pleased the devil drunkenness to give place to the devil wrath; one unperfectness shows me another, to make me frankly despise myself.

IAGO Come, you are too severe a moraler. As the time, the place, and the condition of this country stands,

---

280. *slight*: lez. F; in Q1 *light* (« leggero »).
281-283. Le frasi da *Drunk* a *shadow!* mancano in Q1.

consistenza, che spesso si ottiene senza merito e si perde senza colpa. L'onore non si può perdere, a meno che non siate voi stesso a decidere di perderlo. Siate uomo! C'è sempre un mezzo per riconquistare la stima del generale. Vi ha allontanato in un momento di collera. È una punizione suggerita dalla prudenza più che dalla volontà di danneggiarvi. Immaginate uno che bastoni il suo pacifico cane per intimidire un leone minaccioso. Andate a pregarlo ancora; riuscirete a riavere la sua fiducia.

CASSIO Se mai, invece di continuare a ingannarlo – è così buono! – gli dirò che merito il suo disprezzo e lo pregherò di togliere la sua fiducia a un ufficiale come me, debole, ubriacone e senza cervello. Ubriacarsi! Chiacchierare come un pappagallo e attaccar briga! E fare il gradasso! Bestemmiare! E parlare con la propria ombra come un predicatore! O invisibile spirito del vino, se non hai un nome tuo, lasciati chiamare demonio!

IAGO Chi inseguivate con la spada in mano? Che cosa vi aveva fatto?

CASSIO Non lo so.

IAGO Possibile?

CASSIO Ricordo molte cose, ma nessuna con chiarezza. Ricordo la lite, ma non la sua causa. Dio mio! Perché gli uomini si mettono un nemico in corpo, per farsi rubare il cervello? E si trasformano in bestie volontariamente, con gioia e compiacimento, facendo baldoria.

IAGO Ma ora vedo che state abbastanza bene. Come siete riuscito a riprendervi?

CASSIO Il diavolo dell'ubriachezza è stato così gentile da cedere il posto a quello della collera. Via un vizio, eccone un altro, e t'accorgi di essere sempre un uomo spregevole.

IAGO Via, siete un moralista troppo severo. Considerando il momento, il luogo, la situazione del Paese,

I could heartily wish this had not befallen, but since it is as it is, mend it for your own good.

CASSIO I will ask him for my place again; he shall tell me I am a drunkard! Had I as many mouths as Hydra, such an answer would stop them all. To be now a sensible man, by and by a fool, and presently a beast! O strange! Every inordinate cup is unblessed and the ingredient is a devil.

IAGO Come, come; good wine is a good familiar creature if it be well used; exclaim no more against it. And, good lieutenant, I think you think I love you.

CASSIO I have well approved it, sir. I drunk!

IAGO You or any man living may be drunk some time, man. I'll tell you what you shall do. Our general's wife is now the general: I may say so in this respect, for that he hath devoted and given up himself to the contemplation, mark, and denotement of her parts and graces: confess yourself freely to her; importune her; she'll help to put you in your place again. She is of so free, so kind, so apt, so blessed a disposition, that she holds it a vice in her goodness not to do more than she is requested. This broken joint between you and her husband entreat her to splinter; and, my fortunes against any lay worth naming, this crack of your love shall grow stronger than it was before.

CASSIO You advise me well.

IAGO I protest, in the sincerity of love and honest kindness.

CASSIO I think it freely; and betimes in the morning I will beseech the virtuous Desdemona to undertake for me. I am desperate of my fortunes if they check me ⟨here⟩.

---

309. *O strange!* manca in Q1.
320-321. *importune her; she'll help*: lez. Q1; in F *importune her help* («chiedetele di aiutarvi»).
324. *broken joint*: lez. F; in Q1 *brawl* («rissa»).

avrei preferito che ciò non fosse accaduto; ma ormai quello che è fatto è fatto. Cercate dunque, per il vostro bene, di trovare un rimedio.

CASSIO Già: io gli chiedo di ridarmi il posto e lui mi risponde che sono un ubriacone! Anche se avessi tante bocche quante ne ha l'idra, questa risposta me le cucirebbe tutte. Sei un uomo ragionevole e poco dopo sei un pazzo e poi ancora una bestia! Che cosa strana! Ogni bicchiere che si beve in più è una vera maledizione, e dentro c'è il diavolo.

IAGO Andiamo, andiamo; il buon vino è come un folletto casalingo, se usato con misura: non disprezzatelo più. Bene, luogotenente, io credo che voi crediate al mio affetto.

CASSIO Ne sono convinto, signore. Proprio io, un ubriacone!

IAGO A voi, come a tutti, può capitare di ubriacarsi, amico. Vi dirò io che cosa dovete fare. La moglie del nostro generale adesso è lei il generale. Voglio dire che egli si è completamente votato al riconoscimento, alla contemplazione e all'ammirazione delle sue virtù e delle sue grazie. Aprite a lei il vostro cuore; pregatela con insistenza, ed essa vi aiuterà a riprendere il vostro posto. È così generosa, gentile, premurosa, così superiore alle altre, che lo considera una mancanza di bontà da parte sua se non può fare più di quanto le venga richiesto. Pregatela di riallacciare il legame spezzato tra voi e suo marito. E scommetto tutta la mia fortuna contro un soldo che, dopo questo contrasto, la vostra reciproca stima diventerà più forte che mai.

CASSIO Questo è un buon consiglio.

IAGO Ve lo do con affetto sincero e vera amicizia.

CASSIO Ne sono certo, e domattina presto andrò a supplicare Desdemona di intervenire in mio favore. Se la mia buona stella non mi assiste ora, vuol dire che mi ha abbandonato per sempre.

IAGO You are in the right. Good-night, lieutenant; I must to the watch.

CASSIO Good-night, honest Iago! *Exit*

IAGO
And what's he then that says I play the villain?
When this advice is free I give and honest,
Probal to thinking and indeed the course   340
To win the Moor again? For 'tis most easy
The inclining Desdemona to subdue
In any honest suit; she's fram'd as fruitful
As the free elements. And then for her
To win the Moor, were 't to renounce his baptism,
All seals and symbols of redeemèd sin,
His soul is so enfetter'd to her love,
That she may make, unmake, do what she list,
Even as her appetite shall play the god
With his weak function. How am I then a villain   350
To counsel Cassio to this parallel course,
Directly to his good? Divinity of hell!
When devils will the blackest sins put on,
They do suggest at first with heavenly shows,
As I do now; for while this honest fool
Plies Desdemona to repair his fortunes,
And she for him pleads strongly to the Moor,
I 'll pour this pestilence into his ear
That she repeals him for her body's lust;
And, by how much she strives to do him good,   360
She shall undo her credit with the Moor.
So will I turn her virtue into pitch,
And out of her own goodness make the net
That shall enmesh them all.

Enter RODERIGO

IAGO È proprio così. Buona notte, luogotenente. Vado; sono di servizio.

CASSIO Buona notte, onesto Iago.   *Esce*

IAGO
E chi può dire ch'io mi comporti come un farabutto?
Il consiglio che gli ho dato è sincero,
onesto, logico; è l'unico mezzo
per riavere il favore del Moro! Infatti è facile
convincere l'indulgente Desdemona
a sostenere una causa giusta. Essa è benefica
come gli elementi della natura. Per lei il Moro
rinnegherebbe il battesimo e tutti i sacramenti
e il Credo della redenzione. Egli è così preso
dal suo amore, che essa può fare e disfare
a suo piacere: ogni suo capriccio
è come un comandamento divino
per la debole coscienza del Moro. E sono dunque
un farabutto se consiglio a Cassio
la via diretta che lo conduce al suo bene?
Logica dell'inferno! Quando i diavoli vogliono
spingere qualcuno a commettere i più neri peccati,
li rivestono di apparenze celesti, come sto facendo io.
Così, mentre quello sciocco credulone
convincerà Desdemona a intervenire
per aiutarlo a rifare la sua fortuna,
ed essa difenderà con calore la sua causa,
io verserò il veleno del dubbio nell'orecchio
del Moro. Dirò che essa vuole il ritorno di Cassio
per soddisfare le sue voglie segrete.
E quanto più cercherà di riabilitarlo,
tanto più perderà la fiducia del Moro.
Muterò così la sua virtù in peccato,
e con la sua stessa bontà tesserò la rete
che li avvolgerà tutti.

Entra RODERIGO

How now, Roderigo!
RODERIGO I do follow here in the chase, not like a
hound that hunts, but one that fills up the cry. My
money is almost spent; I have been to-night exceed-
ingly well cudgelled; and I think the issue will be, I
shall have so much experience for my pains; and so,
with no money at all and a little more wit, return   370
again to Venice.
IAGO
How poor are they that have not patience!
What wound did ever heal but by degrees?
Thou know'st we work by wit and not by witchcraft,
And wit depends on dilatory time.
Does 't not go well? Cassio hath beaten thee,
And thou by that small hurt hast cashiered Cassio.
Though other things grow fair against the sun,
Yet fruits that blossom first will first be ripe:
Content thyself awhile. By the mass, 'tis morning;   380
Pleasure and action make the hours seem short.
Retire thee; go where thou art billeted:
Away, I say; thou shalt know more hereafter:
Nay, get thee gone.   *Exit* RODERIGO
                       Two things are to be done,
My wife must move for Cassio to her mistress;
I'll set her on;
Myself the while to draw the Moor apart,
And bring him jump when he may Cassio find
Soliciting his wife: ay, that's the way:
Dull not device by coldness and delay.   *Exit*   390

---

380. *By the mass*: lez. Q1; in F *In troth* (« In verità »).
384. *Two*: lez. F; in Q1 *Some* (« alcune »).

Otello II. III.

E allora, Roderigo?
RODERIGO In questa caccia io non sono il bracco di
punta, ma uno dei cani che vengono dietro abbaiando. Ho speso quasi tutto il mio denaro. Stanotte sono stato bastonato di santa ragione; e credo che alla fine, dopo tante fatiche, non ci guadagnerò che in esperienza. E me ne tornerò a Venezia con un po' più di cervello e senza un soldo.

IAGO
Chi non ha pazienza non ottiene niente.
Una ferita ha bisogno di tempo per guarire.
Noi ci serviamo della nostra intelligenza, non della
e l'intelligenza ha bisogno di tempo.   [magia,
Ti pare che le cose non vadano bene?
Sì, Cassio ti ha bastonato; ma tu in cambio
di un po' di dolore lo hai fatto destituire.
Molte altre belle cose stanno per crescere
sotto il sole; però maturano per primi i frutti
dei fiori sbocciati prima. Per ora, accontentati.
Per la messa, è giorno! Il piacere e il lavoro
fanno volare il tempo. Rientra, va' a casa!
Via, dico! Presto ne saprai di più;
ma ora vattene.   RODERIGO *esce*
Mi rimangono due cose da fare:
primo, spingere mia moglie a pregare la sua padrona
in favore di Cassio, e poi fare in modo che il Moro
possa trovare Cassio mentre supplica con insistenza
sua moglie. Sì, è questa la via. E non bisogna
perdere tempo, né rimanere inerti.   *Esce*

III. 1.

Enter CASSIO, *with* MUSICIANS *and the* CLOWN

CASSIO
Masters, play here, I will content your pains;
Something that's brief; and bid "Good-morrow, ge-
[neral." *They play*
CLOWN Why, masters, have your instruments been in
Naples, that they speak i' the nose thus?
FIRST MUSICIAN How, sir, how?
CLOWN Are these, I pray you, wind-instruments?
FIRST MUSICIAN Ay, marry, are they, sir.
CLOWN O! thereby hangs a tail.
FIRST MUSICIAN Whereby hangs a tale, sir?
CLOWN Marry, sir, by many a wind-instrument that I
know. But, masters, here's money for you; and the
general so likes your music, that he desires you, for
love's sake, to make no more noise with it.
FIRST MUSICIAN Well, sir, we will not.
CLOWN If you have any music that may not be heard,
to 't again; but, as they say, to hear music the general
does not greatly care.
FIRST MUSICIAN We have none such, sir.
CLOWN Then put up your pipes in your bag, for I 'll
away. Go; vanish into air; away! *Exeunt* MUSICIANS
CASSIO Dost thou hear, mine honest friend?
CLOWN No, I hear not your honest friend; I hear you.
CASSIO Prithee, keep up thy quillets. There's a poor
piece of gold for thee. If the gentlewoman that at-
tends the general's wife be stirring, tell her there's

III. 1.

Entra CASSIO *con alcuni* MUSICANTI *e il* BUFFONE

CASSIO
Su, maestri, musica! Sarete compensati
delle vostre fatiche: qualcosa di breve, però,
che sia come un "Buongiorno, generale". *Suonano*
BUFFONE Vengono forse da Napoli i vostri strumenti che parlano così nel naso?
PRIMO MUSICANTE Che intendete dire, che intendete dire?
BUFFONE Non sono strumenti a fiato?
PRIMO MUSICANTE Certamente signore.
BUFFONE Ah, e allora hanno la coda che pende.
PRIMO MUSICANTE E dove avete visto pendere una coda,[1] signore?
BUFFONE Perdio, da molti strumenti a fiato che conosco! Ma ecco, maestri, del denaro per voi: la vostra musica piace tanto al generale, che vi prega, per carità, di non fare più rumore.
PRIMO MUSICANTE Va bene, signore, non ne faremo più.
BUFFONE Se conoscete, però, della musica che non si sente, suonatela pure. Al generale, così almeno si dice, non piace ascoltare musiche che si sentono.
PRIMO MUSICANTE Non abbiamo musiche mute, signore.
BUFFONE Allora rimettete le pive nel sacco, e via; svanite nell'aria, via! *Escono i* MUSICANTI
CASSIO Ehi, ascoltate... Quel brav'uomo!
BUFFONE Non sto ascoltando nessun brav'uomo, ma soltanto voi.
CASSIO Smettila di fare lo spiritoso. Ecco qua una moneta d'oro per te: se vedi in giro la dama di compagnia della moglie del generale, dille che un certo

one Cassio entreats her a little favour of speech: wilt thou do this?

CLOWN She is stirring, sir: if she will stir hither, I shall seem to notify unto her.

CASSIO
⟨Do, good my friend.⟩ *Exit* CLOWN

Enter IAGO

                    In happy time, Iago. 30

IAGO
You have not been a-bed, then?

CASSIO
Why, no; the day had broke before we parted.
I have made bold, Iago,
To send in to your wife; my suit to her
Is, that she will to virtuous Desdemona
Procure me some access.

IAGO   I 'll send her to you presently;
And I 'll devise a mean to draw the Moor
Out of the way, that your converse and business
May be more free.

CASSIO   I humbly thank you for't. *Exit* IAGO
I never knew a Florentine more kind and honest. 40

Enter EMILIA

EMILIA
Good-morrow, good lieutenant: I am sorry
For your displeasure; but all will soon be well.
The general and his wife are talking of it,
And she speaks for you stoutly: the Moor replies
That he you hurt is of great fame in Cyprus

---

42. *soon*: lez. Q1; in F *sure* («di sicuro»).

Cassio le chiede il favore di poterle parlare un momento. Lo farai?
BUFFONE Sì, l'ho già vista, e se passerà di qui le comunicherò il vostro desiderio.
CASSIO
Grazie, amico. *Esce il* BUFFONE

Entra IAGO

Capitate a proposito, Iago.
IAGO
Ma non siete andato nemmeno a letto?
CASSIO
No, quando ci siamo lasciati era ormai giorno.
Mi sono permesso di mandare a chiamare
vostra moglie; vorrei pregarla, se fosse possibile,
di farmi avere un colloquio con la gentile Desdemona.
IAGO
La farò venire subito. Intanto cercherò
di tener lontano il Moro, così potrete parlare
liberamente.
CASSIO   Vi ringrazio di cuore.   IAGO *esce*
A Firenze non ho mai conosciuto uomini così onesti
[e gentili.

Entra EMILIA

EMILIA
Buon giorno, luogotenente! Mi dispiace
che siate caduto in disgrazia, ma, presto,
tutto si aggiusterà. Il generale e sua moglie
stavano appunto parlando di voi. Desdemona
vi difende energicamente. Il Moro le diceva
che l'uomo che avete ferito è molto in vista a Cipro

And great affinity, and that in wholesome wisdom
He might not but refuse you; but he protests he loves
And needs no other suitor but his likings   [you,
⟨To take the safest occasion by the front⟩
To bring you in again.
CASSIO   Yet, I beseech you,   50
If you think fit, or that it may be done,
Give me advantage of some brief discourse
With Desdemona alone.
EMILIA   Pray you, come in:
I will bestow you where you shall have time
To speak your bosom freely.
CASSIO   I am much bound to you.
                Exeunt

III. ii.

Enter OTHELLO, IAGO, *and* GENTLEMEN

OTHELLO
These letters give, Iago, to the pilot,
And by him do my duties to the senate;
That done, I will be walking on the works;
Repair there to me.
IAGO   Well, my good lord, I'll do 't.
OTHELLO
This fortification, gentlemen, shall we see 't?
GENTLEMEN
We'll wait upon your lordship.   *Exeunt*

---

55. In Q1 manca l'ultima battuta di Cassio.

e appartiene a una famiglia potente
e che per prudenza ha dovuto allontanarvi;
le ha assicurato anche di volervi bene
e che la vostra migliore difesa è la sua amicizia,
e che alla prima occasione favorevole vi restituirà
il vostro grado.

CASSIO   Tuttavia, vi supplico,
se credete che sia possibile e opportuno,
di farmi parlare, anche brevemente,
da solo, con Desdemona.

EMILIA   Venite, vi prego:
troverò io il momento più adatto;
potrete così aprirle il vostro cuore.

CASSIO   Vi sono molto obbligato.
Escono

III. ii.

Entrano OTELLO, IAGO *e alcuni* GENTILUOMINI

OTELLO   Iago, consegna questa lettera al comandante della nave e digli anche di portare il mio reverente omaggio al Senato. Poi raggiungimi sui bastioni: ti aspetterò là.

IAGO   Va bene, mio signore.

OTELLO   Signori, vogliamo andare a ispezionare le fortificazioni?

GENTILUOMINI   Siamo agli ordini di Vostra Signoria.
Escono

III. III.

Enter DESDEMONA, CASSIO, *and* EMILIA

DESDEMONA
Be thou assur'd, good Cassio, I will do
All my abilities in thy behalf.

EMILIA
Good madam, do: I warrant it grieves my husband,
As if the case were his.

DESDEMONA
O! that 's an honest fellow. Do not doubt, Cassio,
But I will have my lord and you again
As friendly as you were.

CASSIO   Bounteous madam,
Whatever shall become of Michael Cassio,
He 's never any thing but your true servant.

DESDEMONA
I know 't; I thank you. You do love my lord;   10
You have known him long; and be you well assur'd
He shall in strangeness stand no further off
Than in a politic distance.

CASSIO   Ay, but, lady,
That policy may either last so long,
Or feed upon such nice and waterish diet,
Or breed itself so out of circumstance,
That, I being absent and my place supplied,
My general will forget my love and service.

DESDEMONA
Do not doubt that; before Emilia here
I give thee warrant of thy place. Assure thee,   20

---

3. *warrant*: lez. F; in Q1 *know* (« so »).
10. *I know't*: lez. F; in Q1 *O Sir* (« o signore »).

III. iii.

Entrano DESDEMONA, CASSIO *ed* EMILIA

DESDEMONA
Credetemi, Cassio, farò tutto
quanto mi sarà possibile per aiutarvi.
EMILIA
Fatelo, vi supplico, mia buona signora.
Mio marito, vi giuro, soffre come se tutto ciò
fosse accaduto a lui personalmente.
DESDEMONA
Ah, sì, è un uomo giusto! Non dubitate, Cassio,
vedrete che riuscirò a far tornare fra voi
e il mio signore l'amicizia di prima.
CASSIO   Generosa signora,
qualunque cosa avvenga di Michele Cassio,
egli resterà sempre il vostro fedele servitore.
DESDEMONA
Lo so, e ve ne sono grata. Voi volete bene
al mio signore e lo conoscete da lungo tempo.
State dunque tranquillo: il suo distacco
da voi è una questione di opportunità
e non durerà al di là di questi limiti.
CASSIO
Senza dubbio, signora, ma questa
opportunità potrebbe durare a lungo
o essere alimentata da una dieta
così liquida e leggera, o, favorita dalle circostanze,
diventare abituale, tanto che
durante la mia assenza, mentre un altro
mi sostituisce nella mia carica, il generale
potrebbe dimenticare il mio affetto devoto
e i servigi che gli ho reso.
DESDEMONA
Ma non temete; qui, in presenza di Emilia,
vi giuro che riavrete la vostra carica.

If I do vow a friendship, I'll perform it
To the last article; my lord shall never rest;
I'll watch him tame, and talk him out of patience;
His bed shall seem a school, his board a shrift;
I'll intermingle every thing he does
With Cassio's suit. Therefore be merry, Cassio;
For thy solicitor shall rather die
Than give thy cause away.

Enter OTHELLO, *and* IAGO

EMILIA
Madam, here comes my lord.
CASSIO
Madam, I'll take my leave. 30
DESDEMONA
Why, stay, and hear me speak.
CASSIO
Madam, not now; I am very ill at ease,
Unfit for mine own purposes.
DESDEMONA
Well, do your discretion. *Exit* CASSIO
IAGO
Ha! I like not that.
OTHELLO What dost thou say?
IAGO
Nothing, my lord: or if – I know not what.
OTHELLO
Was not that Cassio parted from my wife?
IAGO
Cassio, my lord? No, sure, I cannot think it,
That he would steal away so guilty-like,
Seeing you coming.
OTHELLO I do believe 'twas he. 40

Quando faccio una promessa a un amico
vuol dire che so di poterla mantenere.
Non darò più pace al mio signore; lo terrò sveglio
come un falco finché non l'avrò addomesticato,
gli parlerò tanto che perderà la pazienza.
Il letto diventerà per lui un catechismo,
la mensa un confessionale, in ogni discorso
farò entrare la difesa di Cassio. E state certo
che il vostro avvocato preferirà morire piuttosto
che rinunciare a difendere la vostra causa.

Entrano OTELLO *e* IAGO

EMILIA
Ecco il mio signore.
CASSIO
Signora, io me ne vado.
DESDEMONA
Perché? Rimanete a sentire quello che gli dirò.
CASSIO
Non adesso, signora. Mi sento troppo a disagio,
e ciò andrebbe contro i miei interessi.
DESDEMONA
Come volete.   CASSIO *esce*
IAGO
Ah, questo non mi piace!
OTELLO   Che cosa dici?
IAGO
Nulla, mio signore: cioè, non so...
OTELLO
Non era Cassio quello che salutava mia moglie?
IAGO
Cassio, signore? No, non posso credere
che sarebbe filato via come un colpevole
vedendovi arrivare.
OTELLO   Mi sembrava proprio Cassio.

DESDEMONA
  How now, my lord!
  I have been talking with a suitor here,
  A man that languishes in your displeasure.
OTHELLO
  Who is 't you mean?
DESDEMONA
  Why, your lieutenant, Cassio, good my lord,
  If I have any grace or power to move you,
  His present reconciliation take;
  For if he be not one that truly loves you,
  That errs in ignorance and not in cunning,
  I have no judgment in an honest face.   50
  I prithee call him back.
OTHELLO   Went he hence now?
DESDEMONA
  Ay, sooth; so humbled,
  That he hath left part of his grief with me,
  To suffer with him. Good love, call him back.
OTHELLO
  Not now, sweet Desdemona; some other time.
DESDEMONA
  But shall 't be shortly?
OTHELLO   The sooner, sweet, for you.
DESDEMONA
  Shall 't be to-night at supper?
OTHELLO   No, not to-night.
DESDEMONA
  To-morrow dinner, then?
OTHELLO   I shall not dine at home;
  I meet the captains at the citadel.
DESDEMONA
  Why, then, to-morrow night; or Tuesday morn;   60
  Or Tuesday noon, or night; or Wednesday morn:
  I prithee name the time, but let it not
  Exceed three days: in faith, he 's penitent;

DESDEMONA
 Mio signore, stavo appunto parlando
 con uno che era venuto per supplicarvi,
 disperato di non avere più la vostra benevolenza.
OTELLO
 Di chi parli?
DESDEMONA
 Di Cassio, il vostro luogotenente, mio buon signore.
 E se io godo di qualche grazia o potere
 capace di commuovervi, vi prego di riconciliarvi
 subito con lui. Se egli non vi ama fedelmente,
 e non ha sbagliato per ignoranza ma per malvagità,
 allora vuol dire che non so più giudicare
 dal viso un uomo onesto. Fatelo chiamare, vi prego.
OTELLO
 È andato via poco fa?
DESDEMONA   Sì, ed era così avvilito
 che m'ha comunicato un po' del suo dolore;
 e ora soffro con lui. Su, amore, fatelo chiamare!
OTELLO
 Non subito, mia dolce Desdemona; lo farò,
 ma in un altro momento.
DESDEMONA Fra poco?
OTELLO   Mia dolcezza,
 lo farò al più presto per farti piacere.
DESDEMONA
 Questa sera a cena?
OTELLO   No, questa sera no.
DESDEMONA
 Allora domani a pranzo?
OTELLO   Domani non pranzerò a casa;
 devo trovarmi nella fortezza con i miei ufficiali.
DESDEMONA
 Allora domani sera; o la mattina
 o il pomeriggio o la sera di martedì;
 o mercoledì mattina. Ma dimmi tu quando,
 ti prego; però al più tardi fra tre giorni.

And yet his trespass, in our common reason,
Save that they say, the wars must make examples
Out of their best, is not almost a fault
To incur a private check. When shall he come?
Tell me, Othello: I wonder in my soul,
What you could ask me, that I should deny,
Or stand so mammering on. What! Michael Cassio, 70
That came a wooing with you, and so many a time,
When I have spoke of you dispraisingly,
Hath ta'en your part; to have so much to do
To bring him in! Trust me, I could do much –

OTHELLO
Prithee, no more; let him come when he will;
I will deny thee nothing.

DESDEMONA   Why, this is not a boon;
'Tis as I should entreat you wear your gloves,
Or feed on nourishing dishes, or keep you warm,
Or sue to you to do a peculiar profit
To your own person: nay, when I have a suit 80
Wherein I mean to touch your love indeed,
It shall be full of poise and difficult weight,
And fearful to be granted.

OTHELLO   I will deny thee nothing:
Whereon, I do beseech thee, grant me this,
To leave me but a little to myself.

DESDEMONA
Shall I deny you? no: farewell, my lord.

OTHELLO
Farewell, my Desdemona: I 'll come to thee straight.

DESDEMONA
Emilia, come. Be as your fancies teach you;
Whate'er you be, I am obedient.
                    Exeunt DESDEMONA *and* EMILIA

---

74. *Trust me*: lez. F; in Q1 *By'r Lady* (« Madonna santa »).

Cassio è proprio pentito. Va bene che in guerra
– così almeno si dice – l'esempio deve venire dall'alto,
ma secondo il nostro semplice modo di vedere,
la sua è una colpa che merita solo
una buona sfuriata. Dimmi, Otello, quando
potrà venire da te? Senti: direi forse di no o esiterei,
qualunque cosa tu mi chiedessi? Ma come?
Proprio per Michele Cassio, che ti accompagnava
quando mi facevi la corte, che tante volte ha preso
le tue difese quando ti rimproveravo,
devo insistere tanto perché tu lo riceva?
Ascoltami: potrei ancora continuare...

OTELLO

Basta, ti prego; venga pure quando vuole.
A te non posso negare nulla.

DESDEMONA

Non è una grazia quella che vi chiedo.
È come se vi avessi pregato di mettervi i guanti,
di nutrirvi bene, di ripararvi dal freddo,
di stare, insomma, molto attento
alla vostra salute. Se mai dovessi chiedervi
qualche cosa che mi desse veramente la prova
del vostro amore, essa sarebbe difficile,
grave e pericolosa.

OTELLO

Non voglio negarti nulla, ma ti supplico,
lasciami solo un momento.

DESDEMONA

Come posso dirvi di no? Allora, addio, mio signore!

OTELLO

Addio, mia Desdemona, fra poco sarò da te.

DESDEMONA

Vieni, Emilia. E voi seguite
ciò che vi suggerisce il cuore; io, comunque, vi obbe-
                                                    [dirò.
          Escono DESDEMONA *ed* EMILIA

OTHELLO
Excellent wretch! Perdition catch my soul, 90
But I do love thee! and when I love thee not,
Chaos is come again.
IAGO   My noble lord, —
OTHELLO
What dost thou say, Iago?
IAGO   Did Michael Cassio,
When you woo'd my lady, know of your love?
OTHELLO
He did, from first to last: why dost thou ask?
IAGO
But for a satisfaction of my thought;
No further harm.
OTHELLO   Why of thy thought, Iago?
IAGO
I did not think he had been acquainted with her.
OTHELLO
O yes; and went between us very oft.
IAGO Indeed! 100
OTHELLO
Indeed! ay, indeed; discern'st thou aught in that?
Is he not honest?
IAGO   Honest, my lord?
OTHELLO   Honest! ay, honest.
IAGO
My lord, for aught I know.
OTHELLO   What dost thou think?
IAGO
Think, my lord?
OTHELLO
Think, my lord! By heaven, he echoes me,
As if there were some monster in his thought
Too hideous to be shown. Thou dost mean something:
I heard thee say but now, thou lik'dst not that,

---

105. *By heaven*: lez. Q1; in F *Alas* (« perbacco »).

OTELLO
Creatura esemplare! La mia anima sia dannata
se il mio amore dovesse finire!
Quando non l'amerò più, per me ritornerà il caos.

IAGO
Mio nobile signore...

OTELLO   Che vuoi, Iago?

IAGO
Quando facevate la corte alla signora,
Michele Cassio sapeva dei vostri incontri?

OTELLO
Certo; ha sempre saputo tutto
fin dal primo giorno; perché me lo domandi?

IAGO
Solo per chiarire un mio pensiero.
Nulla di male.

OTELLO   Quale pensiero, Iago?

IAGO
Non credevo che l'avesse conosciuta prima.

OTELLO
Sicuro; e spesso ci faceva da intermediario.

IAGO   Davvero?

OTELLO
Davvero, sì, davvero! Che c'è di male? Non lo credi
un uomo leale?

IAGO   Leale, mio signore?

OTELLO   Leale, sì, leale.

IAGO
Per quello che ne so, mio signore...

OTELLO   Ma che cosa pensi?

IAGO
Che cosa penso, signore?

OTELLO
"Che cosa penso, signore?" Perdio, mi fa l'eco!
Temporeggia come se avesse nella mente un'idea
mostruosa, troppo orribile per farmela conoscere.
Tu mi nascondi qualcosa. Poco fa, mentre Cassio

When Cassio left my wife; what didst not like?
And when I told thee he was of my counsel
In my whole course of wooing, thou criedst, "In-
[deed!"
And didst contract and purse thy brow together,
As if thou then hadst shut up in thy brain
Some horrible conceit. If thou dost love me,
Show me thy thought.

IAGO
My lord, you know I love you.

OTHELLO   I think thou dost;
And, for I know thou art full of love and honesty,
And weigh'st thy words before thou givest them
[breath,
Therefore these stops of thine fright me the more;
For such things in a false disloyal knave
Are tricks of custom, but in a man that's just
They are close dilations, working from the heart
That passion cannot rule.

IAGO   For Michael Cassio,
I dare be sworn I think that he is honest.

OTHELLO
I think so too.

IAGO   Men should be what they seem;
Or those that be not, would they might seem none!

OTHELLO
Certain, men should be what they seem.

IAGO
Why then, I think Cassio 's an honest man.

OTHELLO
Nay, yet there 's more in this.
I pray thee, speak to me as to thy thinkings,
As thou dost ruminate, and give thy worst of
The worst of words.   [thoughts

---

122. *dilations*: lez. F; in Q1 *denotements* (« indicazioni »).
124. *be sworn*: lez. F; in Q1 *presume* (« presumere »).

si congedava da mia moglie, ti ho sentito dire:
"Questo non mi piace!" Che cosa non ti piaceva?
E quando ti ho detto che Cassio ha sempre saputo
tutto del mio amore, fin dal primo giorno,
tu hai esclamato: "Davvero?" e hai corrugato la
[fronte
come se avessi chiuso nella mente un pensiero tre-
Se mi vuoi bene, dimmi che cosa pensi.   [mendo.

IAGO
Mio signore, voi sapete quanto vi voglio bene...

OTELLO
Lo so, e proprio perché ti conosco leale
e affezionato, e so che pesi le parole
prima di pronunciarle, queste tue reticenze
mi fanno ancora più paura. In un furfante
potrei considerarlo un espediente normale,
ma in un uomo giusto, sono avvertimenti segreti
di un cuore che non riesce a dominare
il proprio turbamento.

IAGO
In quanto a Michele Cassio, potrei giurare
che è onesto.

OTELLO   Anch'io, credo.

IAGO
Gli uomini dovrebbero essere come sembrano;
potessero invece non sembrare
nemmeno uomini quelli che non sono
come sembrano!

OTELLO
Già, gli uomini dovrebbero essere come sembrano.

IAGO
Dunque, io credo che Cassio sia un uomo leale.

OTELLO
Però c'è qualche altra cosa che non dici.
Ti prego, parlami come parli con te stesso
durante le tue riflessioni. Rivelami
anche i tuoi peggiori pensieri con le peggiori parole.

IAGO   Good my lord, pardon me.
  Though I am bound to every act of duty,
  I am not bound to that all slaves are free to.
  Utter my thoughts? Why, say they are vile and false;
  As where's that palace whereinto foul things
  Sometimes intrude not? who has a breast so pure
  But some uncleanly apprehensions
  Keep leets and law-days, and in session sit
  With meditations lawful?   14

OTHELLO
  Thou dost conspire against thy friend, Iago,
  If thou but think'st him wrong'd, and mak'st his ear
  A stranger to thy thoughts.

IAGO   I do beseech you,
  Though I perchance am vicious in my guess
  (As, I confess, it is my nature's plague
  To spy into abuses, and oft my jealousy
  Shapes faults that are not), that your wisdom yet,
  From one that so imperfectly conceits,
  Would take no notice, nor build yourself a trouble
  Out of his scattering and unsure observance.   15
  It were not for your quiet nor your good,
  Nor for my manhood, honesty, and wisdom,
  To let you know my thoughts.

OTHELLO   What dost thou mean?

IAGO
  Good name in man and woman, dear my lord,
  Is the immediate jewel of their souls:
  Who steals my purse steals trash; 'tis something,
                                               [nothing;
  'Twas mine, 'tis his, and has been slave to thousands:
  But he that filches from me my good name
  Robs me of that which not enriches him,
  And makes me poor indeed.   16

---

148. *conceits*: lez. F; in Q1 *conjects* (« fa congetture »).
153. *What dost thou mean?*: lez. F; in Q1 *Zounds* (« perdìo »).

IAGO
   Mio buon signore, perdonatemi. Benché io vi debba
   assoluta obbedienza, non sono però obbligato
   a fare ciò che non si pretende nemmeno dagli schiavi.
   Rivelare i miei pensieri? Ammettiamo pure
   che siano vili e malvagi; ebbene, esiste forse
   una casa dove non si possano insinuare
   degli esseri immondi? Chi può essere tanto puro
   di cuore da non avere qualche indegno sospetto
   che possa sedere in tribunale e tenere udienza
   insieme con dei pensieri giusti?

OTELLO
   Iago, tu congiuri contro il tuo amico! Pensi
   che gli abbiano fatto un torto, ma non gli riveli
   il tuo pensiero.

IAGO   Ma vi prego: può darsi
   che il mio giudizio sia sbagliato. Lo confesso:
   vedere dovunque il male è il vero tormento
   della mia natura, e, spesso, immagino colpe
   inesistenti. Vi prego, dunque, di essere così saggio
   da non dare ascolto a uno che dà dei giudizi
   superficiali, e di non turbare il vostro animo
   per le sue strane e incerte supposizioni.
   Per la vostra serenità, per il vostro bene,
   e per la mia dignità, lealtà e saggezza,
   è meglio che non vi riveli i miei pensieri.

OTELLO
   Ma che cosa stai dicendo?

IAGO
   Il buon nome, mio caro signore, sia per l'uomo
   che per la donna, è la gemma più preziosa dell'anima.
   Se uno mi ruba la borsa, mi ruba una cosa
   che ha sì un certo valore, ma in fondo senza grande
   importanza: il denaro era mio, ora è suo,
   come prima era stato di mille altri. Chi invece
   ruba il mio buon nome, mi porta via una cosa
   che non fa ricco lui e impoverisce me.

OTHELLO
⟨By heaven,⟩ I'll know thy thoughts.

IAGO
You cannot, if my heart were in your hand;
Nor shall not, whilst 'tis in my custody.

OTHELLO
Ha!

IAGO
O! beware, my lord, of jealousy;
It is the green-ey'd monster which doth mock
The meat it feeds on; that cuckold lives in bliss
Who, certain of his fate, loves not his wronger;
But, O! what damnèd minutes tells he o'er
Who dotes, yet doubts; suspects, yet soundly loves! 170

OTHELLO
O misery!

IAGO
Poor and content is rich, and rich enough,
But riches fineless is as poor as winter
To him that ever fears he shall be poor.
Good God, the souls of all my tribe defend
From jealousy!

OTHELLO   Why, why is this?
Think'st thou I'd make a life of jealousy,
To follow still the changes of the moon
With fresh suspicions? No; to be once in doubt
Is ⟨once⟩ to be resolved. Exchange me for a goat 180
When I shall turn the business of my soul
To such exsufflicate and blown surmises,
Matching thy inference. 'Tis not to make me jealous
To say my wife is fair, feeds well, loves company,
Is free of speech, sings, plays, and dances ⟨well⟩;
Where virtue is, these are more virtuous:

164-165. Q1 omette l'esclamazione di Othello e la battuta di
Iago prosegue con *O, beware of jealousy*.
175. *God*: lez. Q1; in F *heaven*.

OTELLO
Dio mio, dimmi che cosa pensi!
IAGO
Non riuscirete a saperlo nemmeno se foste
padrone del mio cuore; e non ve lo dirò
finché sarò io a comandarlo.
OTELLO
Ah!
IAGO
Guardatevi dalla gelosia, signore.
È un mostro dagli occhi verdi, che prima si diverte
a giocare col cibo di cui si nutre. Beato quel becco
che sa di esserlo e non ama colei che lo tradisce!
Ma che vita dannata quella di chi ama
e cova il dubbio, di chi sospetta e spasima d'amore!
OTELLO
Che angoscia!
IAGO
Chi è povero e contento è ricco, anzi ricchissimo.
Ma chi è molto ricco e ha paura
di diventare povero è povero come l'inverno.
Buon Dio, salva dalla gelosia
tutti quelli che mi sono cari!
OTELLO
Ma perché, perché dici questo? Credi tu che potrei
ridurmi a vivere tormentato dalla gelosia,
inseguendo i mutamenti della luna,
sempre con nuovi sospetti? No: sospettare appena
vuol dire essere già convinti. Dammi del caprone
se crederò alle tue allusioni e mi tormenterò
con dei sospetti gravi e infondati. Certo non divento
se mi vengono a dire che mia moglie è bella,   [geloso
che è un'ospite cordiale a tavola, che ama la compa-
che è affabile nel parlare, che sa cantare,   [gnia,
danzare e suonare bene. Se una donna è virtuosa,
queste doti sono ancora più apprezzabili.

Nor from mine own weak merits will I draw
The smallest fear, or doubt of her revolt;
For she had eyes, and chose me. No, Iago;
I 'll see before I doubt; when I doubt, prove;
And, on the proof, there is no more but this,
Away at once with love or jealousy!

IAGO

I am glad of it; for now I shall have reason
To show the love and duty that I bear you
With franker spirit; therefore, as I am bound,
Receive it from me; I speak not yet of proof.
Look to your wife; observe her well with Cassio;
Wear your eye thus, not jealous nor secure:
I would not have your free and noble nature
Out of self-bounty be abus'd; look to't:
I know our country disposition well;
In Venice they do let heaven see the pranks
They dare not show their husbands; their best con-
                                                              [science
Is not to leave't undone, but keep't unknown.

OTHELLO

Dost thou say so?

IAGO

She did deceive her father, marrying you;
And when she seem'd to shake and fear your looks,
She lov'd them most.

OTHELLO   And so she did.

IAGO   Why, go to, then;

She that so young could give out such a seeming,
To seel her father's eyes up close as oak,
He thought 'twas witchcraft – but I am much to
I humbly do beseech you of your pardon   [blame;

---

202. *heaven*: lez. F; in Q1 *God*.

Otello III. III.

E sebbene i miei meriti siano pochi, non per questo
io potrò sospettare o temere della sua fedeltà.
Infatti, essa aveva occhi per vedere, eppure ha scelto [me.
No, Iago, prima di avere un dubbio,
voglio convincermi, e, avendolo, voglio le prove,
e, dopo le prove, addio amore e gelosia.

IAGO
Così va bene, perché ora potrò dimostrarvi
apertamente il mio affetto e la mia fedeltà.
Dunque, prendetelo come ve lo do: è un semplice [avvertimento.
Non ho ancora delle prove. State attento
a vostra moglie, osservatela bene
quando si trova con Cassio. Ma con cautela,
senza lasciarvi influenzare né dalla gelosia,
né da troppa fiducia. Non vorrei che voi,
così leale e generoso, foste ingannato
dalla vostra bontà. Conosco troppo bene
i costumi del nostro paese: a Venezia le donne
fanno vedere soltanto al cielo
i peccati che nascondono ai loro mariti.
Commettere il peccato e non dirlo: ecco la loro onestà.

OTELLO
Nei sei proprio convinto?

IAGO
Riuscì a sposarvi ingannando suo padre;
e quando sembrava timida e tremante
sotto i vostri sguardi, essa li desiderava di più.

OTELLO
Proprio così.

IAGO
Eh, se pur essendo molto giovane ha saputo
fingere così bene da cucire
stretti gli occhi del padre come quelli di un falco...
Tanto che egli finì col credere a un'opera di magia...
Ma io faccio male a dirvi queste cose:
e vi supplico umilmente di perdonarmi: se parlo,

For too much loving you.
OTHELLO   I am bound to thee for ever.
IAGO
I see, this hath a little dash'd your spirits.
OTHELLO
Not a jot, not a jot.
IAGO   I' faith, I fear it has.
I hope you will consider what is spoke
Comes from my love. But I do see you're mov'd;
I am to pray you not to strain my speech
To grosser issues nor to larger reach
Than to suspicion.   220
OTHELLO
I will not.
IAGO   Should you do so, my lord,
My speech should fall into such vile success
As my thoughts aim not at. Cassio's my worthy
My lord, I see you're mov'd.   [friend –
OTHELLO   No, not much mov'd:
I do not think but Desdemona's honest.
IAGO
Long live she so! and long live you to think so!
OTHELLO
And yet, how nature erring from itself, –
IAGO
Ay, there 's the point: as, to be bold with you,
Not to affect many proposèd matches
Of her own clime, complexion, and degree,   230
Whereto, we see, in all things nature tends;

---

215. *I'faith*: lez. Q1; in F *Trust me*; il senso non cambia.
223. *worthy*: lez. F; in Q1 *trusty* (« fidato »).

lo faccio per il grande affetto che ho per voi.
OTELLO
Te ne sarò sempre grato.
IAGO
Vedo che le mie parole vi hanno piuttosto sconvolto.
OTELLO
Ma no, ti assicuro.
IAGO   Temo di sì.
Non dimenticherete, spero, che quanto vi ho detto
fu suggerito dalla devozione che ho per voi.
Ma vi vedo agitato. Vi prego, non attribuite
alle mie parole un significato più grave
e un'importanza maggiore di quella che non hanno.
Si tratta di un semplice sospetto.
OTELLO
No, non lo farò.
IAGO
Altrimenti, mio signore, le mie parole
avrebbero un risultato veramente ignobile;
e ciò non era nelle mie intenzioni.
Cassio è un mio caro amico. Ma vedo
che siete turbato, signore.
OTELLO
Sì, ma non troppo; sono comunque certo
della fedeltà di Desdemona.
IAGO
E fedele possa esservi a lungo! E voi possiate
a lungo averne la certezza!
OTELLO
Eppure, come la natura sviata dalle sue leggi...
IAGO
Già, ecco il punto. Come spiegate il suo ardire
nei vostri confronti, e intanto, il suo rifiuto
alle proposte di matrimonio di molti giovani
della sua città, della sua razza e della sua stessa
condizione sociale? Questo suo deviare
dalle tendenze naturali? Bah! Si potrebbe

Foh! one may smell in such a will most rank,
Foul disproportion, thoughts unnatural.
But pardon me; I do not in position
Distinctly speak of her, though I may fear
Her will, recoiling to her better judgment,
May fall to match you with her country forms
And happily repent.

OTHELLO   Farewell, farewell:
If more thou dost perceive, let me know more;
Set on thy wife to observe. Leave me, Iago.   240

IAGO
My lord, I take my leave.

OTHELLO
Why did I marry? This honest creature, doubtless,
Sees and knows more, much more, than he unfolds.

IAGO
My lord, I would I might entreat your honour
To scan this thing no further; leave it to time.
Although 'tis fit that Cassio have his place,
For sure he fills it up with great ability,
Yet, if you please to hold him off awhile,
You shall by that perceive him and his means:
Note if your lady strain his entertainment   250
With any strong or vehement importunity;
Much will be seen in that. In the mean time,
Let me be thought too busy in my fears,
As worthy cause I have to fear I am,
And hold her free, I do beseech your honour.

OTHELLO
Fear not my government.

fiutare in tutto ciò la corruzione
dei sensi, un'immonda depravazione, un modo
di pensare contro natura. Ma, perdonatemi,
dicendo questo non intendevo alludere a lei
in modo particolare, tuttavia temo, se mi permettete
di dirvelo, che domani, a mente serena,
essa potrebbe paragonarvi agli uomini della sua pa-
e magari pentirsi della sua scelta.   [tria,

OTELLO
Addio, addio! Se scopri qualche altra cosa,
fammelo sapere. E incarica tua moglie
di tenerla d'occhio. Ora lasciami, Iago.

IAGO
I miei omaggi, signore.

OTELLO
Perché mi sono sposato? Senza dubbio, questo amico
                                                [fedele
ha visto e ne sa di più, molto di più di quanto non
IAGO   [dica.
Vorrei scongiurare Vostra Signoria
di non tentare di approfondire queste cose.
Il tempo deciderà. Volevo dirvi, poi,
che sebbene sia giusto che Cassio riprenda il suo posto
– senza dubbio lo occupa con grande capacità –
tuttavia sarebbe opportuno tenerlo ancora lontano
per qualche tempo. Così avrete modo di conoscerlo
meglio e di osservare il suo modo di agire.
E state bene attento se vostra moglie vi supplica
con insistenza, decisa a ottenere
quello che lui desidera. Da ciò
potrete dedurre molte cose. Ma per il momento
giudicate le mie paure veramente esagerate,
come ho buone ragioni di pensare. E supplico ancora
Vostra Grazia di credere alla sua innocenza.

OTELLO
Non temere, saprò dominarmi.

IAGO   I once more take my leave.
Exit

OTHELLO
  This fellow's of exceeding honesty,
  And knows all qualities, with a learnèd spirit,
  Of human dealings; if I do prove her haggard,
  Though that her jesses were my dear heart-strings,   260
  I'd whistle her off and let her down the wind,
  To prey at fortune. Haply, for I am black,
  And have not those soft parts of conversation
  That chamberers have, or, for I am declin'd
  Into the vale of years (yet that's not much)
  She's gone, I am abus'd; and my relief
  Must be to loathe her. O curse of marriage!
  That we can call these delicate creatures ours,
  And not their appetites. I had rather be a toad,
  And live upon the vapour of a dungeon,   270
  Than keep a corner in the thing I love
  For others' uses. Yet, 'tis the plague of great ones;
  Prerogativ'd are they less than the base;
  'Tis destiny unshunnable, like death:
  Even then this forkèd plague is fated to us
  When we do quicken. Look where she comes.

Enter DESDEMONA *and* EMILIA

  If she be false, O! then heaven mocks itself.
  I'll not believe it.
DESDEMONA   How now, my dear Othello!
  Your dinner and the generous islanders
  By you invited, do attend your presence.   280
OTHELLO
  I am to blame.
DESDEMONA   Why do you speak so faintly?
  Are you not well?

---

276. *Look where she comes*: lez. F; in Q1 *Desdemona comes*.

IAGO
  Ancora una volta i miei omaggi.   *Esce*
OTELLO
  Iago è di un'onestà esemplare e conosce
  profondamente l'anima umana. Ma se dovessi avere
  le prove che essa è un falco selvaggio, benché i suoi
                                                    [lacci
  siano le corde più care al mio cuore, come un falco-
  la caccerò lontano da me con un fischio,   [niere
  in balìa del vento, alla ventura. Forse perché sono
  nero e non so parlare mollemente
  come un damerino, o perché già scendo
  per la valle degli anni – ma anche questo
  non conta molto – io l'ho perduta. Mi ha tradito,
  e d'ora in poi la mia unica consolazione
  sarà quella di odiarla. Maledetto il matrimonio
  che ci fa chiamare nostre queste tenere creature,
  ma non le loro voglie! Meglio essere un rospo
  e vivere nell'umidità d'un sotterraneo,
  piuttosto che dividere con altri la donna amata.
  Questo è il tormento degli uomini superiori;
  la gente semplice ne soffre meno. Destino inevitabile
  come la morte: la piaga delle corna
  ci è data in sorte fin dalla nascita. Ecco, sta arrivando.

  Entrano DESDEMONA *ed* EMILIA

  Se mi tradisce, allora il Cielo si fa gioco di se stesso!
  Non posso crederlo.
DESDEMONA   E allora, mio caro Otello?
  La cena è pronta e i nobili isolani
  da voi invitati vi attendono.
OTELLO
  Sono davvero imperdonabile.
DESDEMONA
  Perché parlate con voce così stanca?
  Non state bene?

OTHELLO
I have a pain upon my forehead here.
DESDEMONA
Faith, that's with watching; 'twill away again:
Let me but bind it hard, within this hour
It will be well.
OTHELLO   Your napkin is too little:
                    [*She drops her handkerchief*]
Let it alone. Come, I'll go in with you.
DESDEMONA
I am very sorry that you are not well.
                    Exeunt OTHELLO *and* DESDEMONA

EMILIA
I am glad I have found this napkin;
This was her first remembrance from the Moor; 290
My wayward husband hath a hundred times
Woo'd me to steal it, but she so loves the token,
For he conjur'd her she should ever keep it,
That she reserves it evermore about her
To kiss and talk to. I'll have the work ta'en out,
And give 't Iago:
What he will do with it heaven knows, not I;
I nothing, but to please his fantasy.

Enter IAGO

IAGO
How now! what do you here alone?
EMILIA
Do not you chide; I have a thing for you. 300
IAGO
A thing for me? It is a common thing –
EMILIA
Ha?

OTELLO
Mi fa male la testa, qui sulla fronte.
DESDEMONA
Sarà colpa della lunga veglia. Vi passerà.
Lasciate che vi fasci stretta la testa
e fra un'ora starete bene.
OTELLO
Il vostro fazzoletto è troppo piccolo,
      [DESDEMONA *lascia cadere a terra il fazzoletto*]
lasciate stare. Andiamo, vengo via con voi.
DESDEMONA
Mi dispiace che non stiate bene.
                    Escono OTELLO *e* DESDEMONA
EMILIA
Sono contenta di aver trovato questo fazzoletto.
È il primo regalo che il Moro fece a Desdemona.
Il mio stravagante marito mi aveva incitato
a rubarglielo non so quante volte; ma essa è molto
affezionata a questo ricordo; Otello
le ha raccomandato di conservarlo e lei lo porta sem-
                                                            [pre
con sé, lo bacia e gli parla. Ne farò fare uno uguale
per regalarlo a Iago. Dio solo sa che cosa vuol farne.
Io non so nulla; ma voglio accontentare
questo suo capriccio.

Entra IAGO

IAGO
Che cosa fate qui sola?
EMILIA
Non mi rimproverate: ho una cosa per voi.
IAGO
Una cosa per me? Ma è una cosa comune...
EMILIA
E quale?

IAGO

To have a foolish wife.

EMILIA

O! is that all? What will you give me now
For that same handkerchief?

IAGO   What handkerchief?

EMILIA

What handkerchief!
Why, that the Moor first gave to Desdemona:
That which so often you did bid me steal.

IAGO

Hast stol'n it from her?

EMILIA

No, faith; she let it drop by negligence,   310
And, to the advantage, I, being here, took't up.
Look, here it is.

IAGO   A good wench; give it me.

EMILIA

What will you do with't, that you have been so
To have me filch it?   [earnest

IAGO   Why, what's that to you?
                               [*Snatches it*]

EMILIA

If it be not for some purpose of import
Give 't me again; poor lady! she 'll run mad
When she shall lack it.

IAGO

Be not acknown on 't; I have use for it.
Go, leave me.   *Exit* EMILIA
I will in Cassio's lodging lose this napkin,   320
And let him find it; trifles light as air
Are to the jealous confirmations strong

---

310. *No, faith; she*: lez. Q1; in F *No, but she* («no, ma lei»).

IAGO
Avere una moglie stupida.
EMILIA
È tutto qui? E ora che cosa mi dareste
per quel famoso fazzoletto?
IAGO   Che fazzoletto?
EMILIA
Che fazzoletto? Ma quello che il Moro
regalò a Desdemona e che tante volte
m'avete chiesto di rubarle.
IAGO
Glielo hai dunque rubato?
EMILIA
No, veramente, no. Desdemona
lo lasciò cadere distrattamente; io ho avuto la fortuna
di essere lì in quel momento e l'ho raccolto.
Guardate, eccolo.
IAGO
Sei proprio una brava ragazza. Su, dammelo.
EMILIA
Che cosa ne volete fare? Mi avete chiesto
con tanta insistenza di rubarlo!
IAGO
E che t'importa di saperlo? [*Glielo strappa di mano*]
EMILIA
Se il motivo non è importante, datemelo indietro.
Povera signora! Sarà disperata quando s'accorgerà
d'averlo perduto.
IAGO
Tu fingi di non sapere nulla; io so che cosa farne.
E ora va', lasciami.   EMILIA *esce*
Lascerò cadere questo fazzoletto in casa di Cassio,
e lui lo troverà. Inezie leggere come l'aria
diventano per gli uomini gelosi prove indiscutibili
come testimonianze delle Sacre Scritture.

As proofs of holy writ; this may do something.
The Moor already changes with my poison:
Dangerous conceits are in their natures poisons,
Which at the first are scarce found to distaste,
But with a little act upon the blood,
Burn like the mines of sulphur. I did say so:

Enter OTHELLO

Look! where he comes! Not poppy, nor mandragora,
Nor all the drowsy syrups of the world,
Shall ever medicine thee to that sweet sleep
Which thou owedst yesterday.
OTHELLO   Ha! ha! false to me?
IAGO
  Why, how now, general! no more of that.
OTHELLO
  Avaunt! be gone! thou hast set me on the rack;
  I swear 'tis better to be much abus'd
  Than but to know't a little.
IAGO   How now, my lord!
OTHELLO
  What sense had I of her stol'n hours of lust?
  I saw't not, thought it not, it harm'd not me;
  I slept the next night well, was free and merry;
  I found not Cassio's kisses on her lips;
  He that is robb'd, not wanting what is stol'n,
  Let him not know't, and he's not robb'd at all.
IAGO
  I am sorry to hear this.
OTHELLO
  I had been happy, if the general camp,
  Pioners and all, had tasted her sweet body,
  So I had nothing known. O! now, for ever
  Farewell the tranquil mind; farewell content!

---

324. Questo verso manca in Q1.

Certo questo servirà. Il Moro sta già cambiando co-
il mio veleno agisce. I sospetti sono   [lore:
per loro stessa natura come veleni: in un primo mo-
si prova appena un senso di disgusto,   [mento
ma, quando cominciano ad agire sul sangue,
bruciano come zolfo.
L'avevo detto, io: eccolo qua.

Entra OTELLO

Né il papavero, né la mandragora,
né tutti i sonniferi del mondo ti potranno ridare
il dolce sonno che fino a ieri era tuo.
OTELLO   Mi ha tradito?
IAGO
Su, su, generale, basta con questi pensieri!
OTELLO
Vattene! Mi hai messo alla tortura!
Ti giuro che è meglio essere davvero ingannato,
che avere soltanto un dubbio.
IAGO   Ma che dite, signore!
OTELLO
Che importanza avevano per me le sue ore furtive di
                                         [piacere?
Non vedevo niente, non sapevo niente, non mi tor-
La notte dormivo bene; ero libero, felice.   [mentavo.
E non trovavo i baci di Cassio sulle sue labbra.
Chi viene derubato e non s'accorge
di quello che gli rubano è come se non fosse derubato.
IAGO
Mi dispiace di sentire queste cose.
OTELLO
Anche se tutto il mio esercito, fino all'ultimo
zappatore, avesse goduto il suo dolce corpo,
sarei stato felice, non sapendolo. Ma ora, addio
pensieri sereni, addio felicità,

Farewell the plumèd troop and the big wars
That make ambition virtue! O, farewell!
Farewell the neighing steed, and the shrill trump, 350
The spirit-stirring drum, the ear-piercing fife,
The royal banner, and all quality,
Pride, pomp, and circumstance of glorious war!
And, O you mortal engines, whose rude throats
The immortal Jove's dread clamours counterfeit,
Farewell! Othello's occupation 's gone!

IAGO
Is it possible, my lord?

OTHELLO
Villain, be sure thou prove my love a whore,
Be sure of it; give me the ocular proof;
Or, by the worth of mine eternal soul, 360
Thou hadst been better have been born a dog
Than answer my wak'd wrath.

IAGO   Is 't come to this?

OTHELLO
Make me to see 't; or, at the least, so prove it,
That the probation bear no hinge nor loop
To hang a doubt on; or woe upon thy life!

IAGO
My noble lord, –

OTHELLO
If thou dost slander her and torture me,
Never pray more; abandon all remorse;
On horror's head horrors accumulate;
Do deeds to make heaven weep, all earth amaz'd; 370
For nothing canst thou to damnation add
Greater than that.

IAGO   O grace! O heaven defend me!

---

360. *mine*: lez. F; in Q1 *man's* («dell'uomo»).
372. *defend*: lez. Q1; in F *forgive* («perdoni»).

addio schiere di guerrieri piumati, addio eroiche bat-
che fanno diventare virtù l'ambizione, addio!   [taglie
Addio, addio nitrire di destrieri, addio squilli di
                                              [trombe,
tamburi incitanti, pifferi assordanti, stendardi regali,
addio orgoglio, addio parate e tutto
ciò che era la gloria della guerra!
Addio, o voi, strumenti di morte che con le orride
imitate il terribile fragore di Giove immortale!   [gole
Addio! La missione di Otello è finita!

IAGO

Ma è possibile, mio signore?

OTELLO

Farabutto, provami che il mio amore è una sgual-
dammene una prova tangibile,   [drina;
o, per la salvezza dell'anima mia,
sarebbe stato meglio che tu fossi nato cane
piuttosto di dover affrontare la mia collera.

IAGO

Siamo già a questo punto?

OTELLO

Fammi vedere con i miei occhi o dammi una prova
tale che non abbia nemmeno un gancio o un anello
a cui attaccare il minimo dubbio, o guai a te!

IAGO

Mio nobile signore...

OTELLO

Se la tua è una calunnia, che mi ha messo
alla tortura, rinnega pure la tua fede,
soffoca ogni scrupolo e accumula sul capo dell'orrore
altri orrori, compi pure azioni che facciano
piangere il cielo e spaventare la terra;
nulla di più tremendo di quello che mi hai fatto
potrai aggiungere per la tua dannazione.

IAGO

Misericordia! Che il Cielo mi protegga!

Are you a man? have you a soul or sense?
God be wi' you; take mine office. O wretched fool!
That liv'st to make thine honesty a vice.
O monstrous world! Take note, take note, O world!
To be direct and honest is not safe.
I thank you for this profit, and, from hence
I 'll love no friend, sith love breeds such offence.

OTHELLO
Nay, stay; thou shouldst be honest. 380

IAGO
I should be wise; for honesty 's a fool,
And loses that it works for.

OTHELLO   By the world,
I think my wife be honest and think she is not;
I think that thou art just and think thou art not.
I 'll have some proof. My name, that was as fresh
As Dian's visage, is now begrim'd and black
As mine own face. If there be cords or knives,
Poison or fire or suffocating streams,
I 'll not endure it. Would I were satisfied!

IAGO
I see, sir, you are eaten up with passion. 390
I do repent me that I put it to you.
You would be satisfied?

OTHELLO   Would! nay, I will.

IAGO
And may; but how? how satisfied, my lord?
Would you, the supervisor, grossly gape on;
Behold her tupp'd?

OTHELLO   Death and damnation! O!

---

375. *liv'st*: lez. Q1; in F *lovest* (« ami »).
382-389. L'intera lunga battuta di Othello manca in Q1.
385. *My*: lez. F; molti curatori moderni accettano però la lez.
Q2 (1630): *Her* (« il suo [di Desdemona] »).

E siete un uomo, voi? Avete anima e intelligenza?
Dio sia con voi. Riprendete pure la carica
che mi avete affidato. Povero sciocco che non sono
[altro!
Buono solo a far sembrare colpa la mia onestà!
O mondo infame! Prendi nota, prendi nota, o mondo,
che è pericoloso essere onesti e leali.
Vi ringrazio di questo insegnamento;
e d'ora in poi non voglio avere più amici,
se dall'amicizia nascono simili pericoli.

OTELLO

No, rimani. Tu devi essere onesto.

IAGO

E dovrei invece essere scaltro: l'onestà
è una pazzia, e chi vive onestamente cade in rovina.

OTELLO

Mondo cane!
Credo che mia moglie sia fedele e nello stesso tempo
credo che non lo sia. Credo che tu sia onesto
e non lo credo. Voglio delle prove.
Il mio nome era puro come il viso di Diana,
e ora è sporco e nero come la mia faccia.
Se esistono ancora corde, coltelli, veleni,
fuoco, fiumi che travolgono, io non sopporterò
tutto questo. Ma devo averne la certezza.

IAGO

Vedo, signore, che la gelosia vi divora,
e mi pento di essere stato io a provocarla.
Vorreste averne la certezza?

OTELLO   Vorrei? Lo voglio.

IAGO

E potete averla. Ma quale certezza volete, signore?
Vorreste forse assistere a bocca aperta,
come un volgare spione, mentre lui la monta?

OTELLO

Morte e dannazione!

IAGO
It were a tedious difficulty, I think,
To bring them to that prospect; damn them then,
If ever mortal eyes do see them bolster
More than their own! What then? how then?
What shall I say? Where's satisfaction?
It is impossible you should see this,
Were they as prime as goats, as hot as monkeys,
As salt as wolves in pride, and fools as gross
As ignorance made drunk; but yet, I say,
If imputation, and strong circumstances,
Which lead directly to the door of truth,
Will give you satisfaction, you may have it.

OTHELLO
Give me a living reason she's disloyal.

IAGO
I do not like the office;
But, sith I am enter'd in this cause so far,
Prick'd to't by foolish honesty and love,
I will go on. I lay with Cassio lately;
And, being troubled with a raging tooth,
I could not sleep.
There are a kind of men so loose of soul
That in their sleeps will mutter their affairs;
One of this kind is Cassio.
In sleep I heard him say, "Sweet Desdemona,
Let us be wary, let us hide our loves!"
And then, sir, would he gripe and wring my hand,
Cry, "O, sweet creature!" and then kiss me hard,
As if he pluck'd up kisses by the roots,
That grew upon my lips; ⟨then⟩ laid his leg
Over my thigh, and sigh'd, and kiss'd; and then
Cried, "Cursèd fate, that gave thee to the Moor!"

OTHELLO
O monstrous! monstrous!

IAGO
                    Nay, this was but his dream

IAGO
    Sarebbe molto penoso e difficile riuscire
a farveli vedere in una situazione simile. Maledetti
gli occhi di chi li vedesse uniti nel letto.
E allora, come si fa? Che vi posso dire?
Come darvene la certezza? È da escludere, intanto,
la prima ipotesi: anche se fossero
lascivi come capre, focosi come scimmie,
osceni come lupi in amore, brutali come
due volgari villani ubriachi, non riuscireste mai a
Eppure vi dico che se certi gravi indizi   [vederli.
che avvalorano l'accusa e che portano alle soglie della
vi possono bastare, io ve li farò conoscere.   [verità

OTELLO
    Voglio una prova concreta della sua infedeltà.

IAGO
    L'incarico mi piace poco: ma ormai sono così dentro
in questa storia, che, spinto dalla mia stupida onestà
e dall'affetto che ho per voi, andrò fino in fondo.
Qualche sera fa, ho dormito con Cassio,
ma un terribile mal di denti mi impediva
di prendere sonno. Certuni hanno l'anima proprio
sulle labbra e nel sonno balbettano i loro affari.
E Cassio è uno di questi. Nel sonno lo sentivo
dire: "Dolce Desdemona, bisogna essere prudenti,
nascondere il nostro amore". Poi mi afferrava
una mano e stringendola gridava: "Soave creatura!".
E mi baciava con violenza, come se avesse dovuto
strappare i baci con tutte le radici dalle mie labbra.
Poi mi premeva una gamba sulla coscia,
e sospirando mi baciava ancora e gridava:
"Maledetto destino che ti ha data al Moro!".

OTELLO
    Orribile! Orribile!

IAGO   Non era che un sogno.

OTHELLO
  But this denoted a foregone conclusion:
  'Tis a shrewd doubt, though it be but a dream.
IAGO
  And this may help to thicken other proofs
  That do demonstrate thinly.
OTHELLO   I 'll tear her all to pieces.   430
IAGO
  Nay, but be wise; yet we see nothing done;
  She may be honest yet. Tell me but this:
  Have you not sometimes seen a handkerchief
  Spotted with strawberries in your wife's hand?
OTHELLO
  I gave her such a one; 'twas my first gift.
IAGO
  I know not that; but such a handkerchief –
  I am sure it was your wife's – did I to-day
  See Cassio wipe his beard with.
OTHELLO   If it be that –
IAGO
  If it be that, or any that was hers,
  It speaks against her with the other proofs.   440
OTHELLO
  Oh! that the slave had forty thousand lives;
  One is too poor, too weak for my revenge.
  Now do I see 'tis true. Look here, Iago;
  All my fond love thus do I blow to heaven:
  'Tis gone.
  Arise, black vengeance, from thy hollow cell!
  Yield up, O love! thy crown and hearted throne
  To tyrannous hate. Swell, bosom, with thy fraught,

---

428. Q1 assegna questo verso a Iago, come inizio della battuta seguente.
443. *true*: lez. F; in Q1 *time* (« è ora »).
446. *thy hollow cell*: lez. Q1; in F *the hollow hell* (« il cavo inferno »).

OTELLO
Ma ricordava un fatto già avvenuto.
Sebbene oggetto di un sogno, è un indizio sicuro.

IAGO
E che può consolidare altre prove più deboli.

OTELLO
La farò a pezzi!

IAGO
Via, siate ragionevole: non sappiamo ancora
nulla di certo, e può darsi che sia innocente.
Ma ditemi una cosa: avete mai visto in mano a vostra
un fazzoletto con delle fragole ricamate?   [moglie

OTELLO
Gliene ho dato io uno così: fu il mio primo regalo.

IAGO
Non lo sapevo. Ma oggi ho visto Cassio
che si asciugava la barba con un fazzoletto simile,
e sono certo che era di vostra moglie.

OTELLO   Se fosse quello...

IAGO
Quello o un altro, purché suo,
sarebbe un'altra prova contro di lei.

OTELLO
Ah, vorrei che quella schiava avesse migliaia di vite!
Una è troppo poco, è troppo breve per la mia ven-
Ora mi rendo conto della realtà. Ecco, Iago: [detta.
in un soffio, io disperdo nell'aria il mio folle amore.
Così... è svanito!
E ora, nera vendetta, esci dalla tua oscura tana.
E tu, amore, cedi all'odio tiranno la corona
e il trono che avevi nel mio cuore!

Othello III. III.

For 'tis of aspics' tongues! *He kneels*
IAGO   Yet be content.
OTHELLO
   O! blood, blood, blood!
IAGO
   Patience, I say; your mind, ⟨perhaps,⟩ may change.
OTHELLO
   Never, Iago. Like to the Pontic sea,
   Whose icy current and compulsive course
   Ne'er feels retiring ebb, but keeps due on
   To the Propontic and the Hellespont,
   Even so my bloody thoughts, with violent pace,
   Shall ne'er look back, ne'er ebb to humble love,
   Till that a capable and wide revenge
   Swallow them up. Now, by yond marble heaven,
   In the due reverence of a sacred vow
   I here engage my words.
IAGO   Do not rise yet. *Kneels*
   Witness, you ever-burning lights above!
   You elements that clip us round about!
   Witness, that here Iago doth give up
   The excellency of his wit, hands, heart,
   To wrong'd Othello's service! Let him command,
   And to obey shall be in me remorse,
   What bloody business ever.   [*They rise*]
OTHELLO   I greet thy love,
   Not with vain thanks, but with acceptance bounte-
   And will upon the instant put thee to 't: [ous,
   Within these three days let me hear thee say
   That Cassio 's not alive.
IAGO   My friend is dead;
   'Tis done at your request. But let her live.

452-459. In Q1 questa lunga battuta di Othello è ridotta alla parola *Never* e agli ultimi due versi (460-461). Il resto manca.
465. *excellency*: lez. Q1; in F *execution* (« esecuzione »).
467. *in me*: manca in Q1.

Gonfiati, petto, delle lingue di serpenti di cui sei
IAGO [pieno! *S'inginocchia*
   Calmatevi.
OTELLO   Sangue, sangue, sangue!
IAGO
   Un po' di pazienza, dico. Il vostro animo
   potrebbe ancora mutare.
OTELLO   Mai, Iago.
   Come la corrente gelata e il corso impetuoso
   del mar Pontico non sentono l'influsso
   della bassa marea e invece di ritirarsi
   corrono dritti verso la Propontide
   e l'Ellesponto, così i miei pensieri di sangue
   non torneranno mai indietro, e nel loro corso furioso
   non si abbasseranno mai verso un sentimento di viltà.
   Soltanto una giusta, piena vendetta
   li potrà inghiottire. E ora, con la stessa devozione
   con cui si pronuncia un sacro voto, giurando sul cielo
   la mia parola.   [lucente, impegno
IAGO   Non alzatevi ancora.   *S'inginocchia*
   Astri che splendete eterni nel cielo, siate testimoni;
   elementi che ci circondate, siate testimoni
   che Iago dedica la forza del suo ingegno,
   delle sue mani, del suo cuore,
   al servizio di Otello, ingiustamente tradito!
   Obbedirò con scrupolo a ogni suo comando,
   anche se fossi costretto a spargere del sangue.
OTELLO   [*Si alzano*]
   Riconosco la tua fedeltà, e senza vani ringraziamenti
   l'accetto di tutto cuore: e fin da questo momento
   ti metto alla prova. Fa' che entro tre giorni
   tu mi possa dire: "Cassio è morto".
IAGO
   Sarà fatto come volete: considerate già morto
   il mio amico. Ma non toccate Desdemona.

OTHELLO
> Damn her, lewd minx! Oh, damn her, damn her!
> Come, go with me apart; I will withdraw
> To furnish me with some swift means of death
> For the fair devil. Now art thou my lieutenant.

IAGO
> I am your own for ever. *Exeunt*

III. iv.

Enter DESDEMONA, EMILIA, *and the* CLOWN

DESDEMONA Do you know, sirrah, where Lieutenant Cassio lies?

CLOWN I dare not say he lies any where.

DESDEMONA Why, man?

CLOWN He is a soldier; and for one to say a soldier lies, is stabbing.

DESDEMONA Go to; where lodges he?

CLOWN To tell you where he lodges is to tell you where I lie.

DESDEMONA Can anything be made of this?

CLOWN I know not where he lodges, and for me to devise a lodging, and say he lies here or he lies there, were to lie in mine own throat.

DESDEMONA Can you inquire him out, and be edified by report?

CLOWN I will catechize the world for him; that is, make questions, and by them answer.

DESDEMONA Seek him, bid him come hither; tell him I have moved my lord in his behalf, and hope all will be well.

CLOWN To do this is within the compass of man's wit,

8-10. In Q1 mancano queste due battute del Clown e di Desdemona.

OTELLO
Lurida sgualdrina! Maledetta, maledetta!
Andiamo, vieni con me. Voglio cercare
un rapido mezzo di morte per quel demonio
così amabile. Ora sei tu il mio luogotenente.

IAGO
Vostro per sempre.   *Escono*

III. IV.

Entrano DESDEMONA, EMILIA *e il* BUFFONE

DESDEMONA Sapete, signore, dove dorme il luogotenente Cassio?
BUFFONE Non oserei dire che egli dorma[1] in qualche luogo.
DESDEMONA Perché?
BUFFONE Cassio non è un soldato? E se si dice che un soldato dorme, c'è da rischiare una pugnalata.
DESDEMONA Su, via, dove sta?
BUFFONE Se vi dicessi dov'è stabile, mentirei.
DESDEMONA Ma che vuoi dire?
BUFFONE Se per dirvi dov'è la sua abitazione vi dicessi che lì è stabile, sarebbe come dire che altrove è un uomo instabile.
DESDEMONA Non potete chiedere se l'hanno visto o hanno sue notizie?
BUFFONE Catechizzerò il mondo intero per lui; cioè farò delle domande e, se avrò risposta, vi risponderò.
DESDEMONA Cercatelo e diteglì di venire qui. Diteglì che l'ho raccomandato al mio signore e che spero che tutto vada bene.
BUFFONE Questo incarico fa parte delle possibilità

and therefore I will attempt the doing it. *Exit*

DESDEMONA
Where should I lose that handkerchief, Emilia?

EMILIA
I know not, madam.

DESDEMONA
Believe me, I had rather lose my purse
Full of cruzadoes; and, but my noble Moor
Is true of mind, and made of no such baseness
As jealous creatures are, it were enough
To put him to ill thinking.

EMILIA   Is he not jealous?

DESDEMONA
Who! he? I think the sun where he was born   30
Drew all such humours from him.

EMILIA   Look! where he comes.

Enter OTHELLO

DESDEMONA
I will not leave him now till Cassio
Be call'd to him. – How is 't with you my lord?

OTHELLO
Well, my good lady. [*Aside*] O! hardness to dissem-
How do you, Desdemona?   [ble.

DESDEMONA   Well, my good lord.

OTHELLO
Give me your hand. This hand is moist, my lady.

DESDEMONA
It ⟨yet⟩ has felt no age nor known no sorrow.

OTHELLO
This argues fruitfulness and liberal heart;
Hot, hot, and moist; this hand of yours requires
A sequester from liberty, fasting and prayer,   40
Much castigation, exercise devout;

Otello III. iv.

umane e quindi cercherò di scaricarmene.   *Esce*

DESDEMONA
Dove avrò perduto il mio fazzoletto, Emilia?

EMILIA
Non lo so, signora.

DESDEMONA
Credimi, avrei preferito perdere una borsa
piena di scudi: e se il nobile Moro
non fosse puro di cuore e privo di sciocche gelosie,
basterebbe questo a fargli nascere dei sospetti.

EMILIA
Perché, non è geloso?

DESDEMONA   Chi, Otello? Credo
che il sole della terra dove è nato
abbia prosciugato in lui questi umori.

EMILIA
Eccolo, è arrivato.

Entra OTELLO

DESDEMONA
Non lo lascerò finché non avrà ricevuto Cassio
Come state, mio signore?

OTELLO   Bene, mia cara signora.
[*A parte*] Ah, come è difficile fingere!
Come state, Desdemona?

DESDEMONA   Bene, mio signore.

OTELLO
Datemi la mano. Com'è morbida!

DESDEMONA
Non ha ancora sentito il peso degli anni e ignora il

OTELLO   [dolore.
È segno di fecondità e di cuore generoso.
Come è calda, calda e morbida! È una mano
che dovrebbe essere privata della libertà, che ha biso-
di digiuni, di preghiere, di mortificazioni,   [gno

For here's a young and sweating devil here,
That commonly rebels. 'Tis a good hand,
A frank one.
DESDEMONA   You may, indeed, say so;
For 'twas that hand that gave away my heart.
OTHELLO
A liberal hand; the hearts of old gave hands,
But our new heraldry is hands not hearts.
DESDEMONA
I cannot speak of this. Come now, your promise.
OTHELLO
What promise, chuck?
DESDEMONA
I have sent to bid Cassio come speak with you.   50
OTHELLO
I have a salt and sorry rheum offends me.
Lend me thy handkerchief.
DESDEMONA   Here, my lord.
OTHELLO
That which I gave you.
DESDEMONA   I have it not about me.
OTHELLO
Not?
DESDEMONA   No, indeed, my lord.
OTHELLO   That is a fault.
That handkerchief
Did an Egyptian to my mother give;
She was a charmer, and could almost read
The thoughts of people; she told her, while she kept [it,
'Twould make her amiable and subdue my father
Entirely to her love, but if she lost it   60
Or made a gift of it, my father's eye

54; 75. *indeed*: lez. F; in Q1 *i'faith* («in fede mia»).

di devoti esercizi, perché nasconde un diavoletto fo-
facile alle ribellioni. È una mano buona, [coso,
insomma, e leale.

DESDEMONA   Potete giurarlo: tanto è vero
che fu questa mano a dare il mio cuore.

OTELLO
Una mano generosa. Un tempo era il cuore
a concedere la mano, ora, invece,
nella nuova araldica ci sono solo le mani e non i cuori.

DESDEMONA
Non me ne intendo di queste cose.
Ora volevo ricordarvi la vostra promessa.

OTELLO
Quale promessa, amor mio?

DESDEMONA
Ho fatto avvertire Cassio di venire qui a parlarvi.

OTELLO
Ho un forte raffreddore; un vero tormento: prestami
il tuo fazzoletto.

DESDEMONA   Eccolo, mio signore.

OTELLO
No, dammi quello che ti ho regalato.

DESDEMONA
Non ce l'ho qui.

OTELLO   No?

DESDEMONA
No, non ce l'ho davvero, mio signore.

OTELLO
Molto male. Mia madre ebbe quel fazzoletto
da una zingara egiziana, una maga che sapeva
leggere nel pensiero. Nel darglielo, la maga
le aveva detto che finché lo avesse portato
con sé, quel fazzoletto l'avrebbe fatta apparire
sempre desiderabile e che mio padre
sarebbe rimasto fedele al suo amore.
Ma se lo avesse perduto o regalato
sarebbe divenuta odiosa agli occhi di mio padre,

Should hold her loathèd, and his spirits should hunt
After new fancies. She dying gave it me;
And bid me, when my fate would have me wive,
To give it her. I did so: and take heed on't;
Make it a darling like your precious eye;
To lose't or give't away, were such perdition
As nothing else could match.

DESDEMONA   Is 't possible?

OTHELLO
'Tis true; there 's magic in the web of it;
A sibyl, that had number'd in the world
The sun to course two hundred compasses,
In her prophetic fury sew'd the work;
The worms were hallow'd that did breed the silk,
And it was dy'd in mummy which the skilful
Conserv'd of maidens' hearts.

DESDEMONA   Indeed! is 't true?

OTHELLO
Most veritable; therefore look to 't well.

DESDEMONA
Then would to God that I had never seen it!

OTHELLO
Ha! wherefore?

DESDEMONA
Why do you speak so startingly and rash?

OTHELLO
Is 't lost? is 't gone? speak, is it out o' the way?

DESDEMONA
⟨Heaven⟩ bless us!

OTHELLO   Say you?

DESDEMONA   It is not lost:
But what an if it were?

OTHELLO   How!

DESDEMONA
I say, it is not lost.

---

77. *God*: lez. Q1; in F *heaven*.

e il suo cuore sarebbe andato a caccia di altri amori.
Mia madre, morendo, lo diede a me, e mi fece pro-
[mettere
che, se mi fossi sposato, l'avrei dato a mia moglie.
Così ho fatto. Abbiatene cura e tenetelo caro
come i vostri occhi. Perderlo o regalarlo
sarebbe causa di grandi sventure.

DESDEMONA   Possibile?
OTELLO
Proprio. Nel suo tessuto c'è una virtù magica:
una sibilla che aveva contato sulla terra
duecento volte il corso annuo del sole,
lo ha ricamato durante un'estasi profetica. E i bachi
che ne avevano fatto la seta erano sacri.
Ed esso fu tinto con i colori che esperti dell'arte
ricavavano da cuori mummificati di vergini.

DESDEMONA   Davvero?
OTELLO
Verissimo. Tenetelo, dunque, con molta cura.

DESDEMONA
Dio volesse allora che non l'avessi mai veduto!

OTELLO
Ah! E perché?

DESDEMONA
Perché mi parlate in modo così concitato e duro?

OTELLO
Non l'hai più? È scomparso? Parla: l'hai perduto?

DESDEMONA
Pietà, mio Dio!

OTELLO   Che dici?

DESDEMONA
Non è perduto; ma se anche lo fosse?

OTELLO
Come?

DESDEMONA   Vi dico che non l'ho perduto.

OTHELLO Fetch't, let me see't!

DESDEMONA
Why, so I can, ⟨sir,⟩ but I will not now.
This is a trick to put me from my suit:
Pray you let Cassio be receiv'd again.

OTHELLO
Fetch me the handkerchief; my mind misgives.

DESDEMONA
Come, come;
You'll never meet a more sufficient man.

⟨**OTHELLO**
The handkerchief!

DESDEMONA I pray, talk me of Cassio.⟩

OTHELLO
The handkerchief!

DESDEMONA A man that all his time
Hath founded his good fortunes on your love,
Shar'd dangers with you, –

OTHELLO
The handkerchief!

DESDEMONA In sooth, you are to blame.

OTHELLO
Away! *Exit*

EMILIA
Is not this man jealous?

DESDEMONA I ne'er saw this before.
Sure, there's some wonder in this handkerchief;
I am most unhappy in the loss of it.

EMILIA
'Tis not a year or two shows us a man;
They are all but stomachs, and we all but food;
They eat us hungerly, and when they are full
They belch us. Look you! Cassio and my husband.

94-95. *In sooth... Away!* lez. F; in Q1 *I'faith... Zounds!* («In fede mia... Perdìo»).

OTELLO
Andatelo a prendere, lo voglio vedere.
DESDEMONA
Andrò, ma non subito. Questa è una scusa
per sviare la mia domanda. Vi prego,
ridate a Cassio il suo grado.
OTELLO
Andate a prendere il fazzoletto! Ormai comincio a
DESDEMONA   [diffidare.
Ma no, via! Non troverete mai un uomo più capace
OTELLO   [di lui.
Il fazzoletto!
DESDEMONA   Vi prego, parliamo di Cassio.
OTELLO
Il fazzoletto!
DESDEMONA
Un uomo che vi ha dedicato
tutto il suo affetto,
che ha diviso con voi molti pericoli...
OTELLO
Il fazzoletto!
DESDEMONA
Meritereste proprio un rimprovero.
OTELLO
Basta!   *Esce*
EMILIA
E avevate detto che non è geloso!
DESDEMONA
Non l'ho mai visto in questo stato.
Quel fazzoletto deve avere qualche virtù magica.
È una vera disgrazia averlo perduto.
EMILIA
Uno o due anni non bastano per conoscere un uomo.
Gli uomini sono soltanto stomaco e noi donne,
per loro, siamo solo cibo. Ci mangiano avidamente
e quando sono sazi ci rigettano. Ma ecco Cassio e mio
                                              [marito.

Enter IAGO *and* CASSIO

IAGO
 There is no other way; 'tis she must do 't:
 And, lo! the happiness: go and importune her.

DESDEMONA
 How now, good Cassio! what's the news with you?

CASSIO
 Madam, my former suit: I do beseech you
 That by your virtuous means I may again
 Exist, and be a member of his love
 Whom I with all the office of my heart
 Entirely honour; I would not be delay'd.
 If my offence be of such mortal kind
 That nor my service past, nor present sorrows,
 Nor purpos'd merit in futurity,
 Can ransom me into his love again,
 But to know so must be my benefit;
 So shall I clothe me in a forc'd content,
 And shut myself up in some other course
 To fortune's alms.

DESDEMONA   Alas! thrice-gentle Cassio!
 My advocation is not now in tune;
 My lord is not my lord; nor should I know him,
 Were he in favour as in humour alter'd.
 So help me every spirit sanctified,
 As I have spoken for you all my best
 And stood within the blank of his displeasure
 For my free speech. You must awhile be patient;
 What I can do I will, and more I will
 Than for myself I dare: let that suffice you.

IAGO
 Is my lord angry?

EMILIA   He went hence but now,
 And certainly in strange unquietness.

IAGO
 Can he be angry? I have seen the cannon,

Entrano IAGO *e* CASSIO

IAGO
Non c'è altro mezzo: lei sola può aiutarvi.
Ma eccola, siete proprio fortunato. Andate a pregarla.
DESDEMONA
Ebbene, Cassio, c'è qualche novità?
CASSIO
Devo farvi sempre la stessa preghiera,
signora. Vi supplico, aiutatemi.
Soltanto col vostro prezioso aiuto potrò tornare
a vivere e riconquistare l'affetto di Otello,
che io stimo con tutto il cuore. Non posso rimanere
in questa incertezza. Se la mia colpa è tanto grave
che né i servigi resi nel passato, né la mia
sofferenza presente, né le mie migliori intenzioni
per il futuro non bastano a farmi riavere
il suo affetto, chiedo almeno la grazia di saperlo.
Farò così buon viso a cattivo gioco
e cercherò fortuna altrove.
DESDEMONA   Ahimè, gentile Cassio!
La mia difesa non trova un'atmosfera favorevole
in questo momento. Il mio signore
non sembra più lo stesso e, se fosse mutato
nel volto come lo è nell'umore, non lo riconoscerei
Così le anime sante mi difendano,   [più.
come io ho insistito per difendervi. La mia aperta di-
ha suscitato la sua collera. Abbiate ancora   [fesa
un po' di pazienza: tutto quello che potrò fare
per voi, lo farò. Più di quanto non oserei fare
per me stessa. Vi basti questo, per ora.
IAGO
Il mio signore è in collera?
EMILIA   È andato via
in questo momento, ed era molto agitato.
IAGO
Lui in collera? Ma come è possibile?

When it hath blown his ranks into the air,
And, like the devil, from his very arm
Puff'd his own brother; and can he be angry?
Something of moment then; I will go meet him;
There's matter in't indeed, if he be angry. *Exit*

DESDEMONA

I prithee, do so. Something, sure, of state,
Either from Venice, or some unhatch'd practice
Made demonstrable here in Cyprus to him,
Hath puddled his clear spirit; and, in such cases
Men's natures wrangle with inferior things,
Though great ones are their object. 'Tis even so;
For let our finger ache, and it indues
Our other healthful members even to that sense
Of pain. Nay, we must think men are not gods,
Nor of them look for such observancy
As fits the bridal. Beshrew me much, Emilia,
I was (unhandsome warrior as I am)
Arraigning his unkindness with my soul;
But now I find I had suborn'd the witness,
And he's indicted falsely.

EMILIA

Pray heaven it be state matters, as you think,
And no conception, nor no jealous toy
Concerning you.

DESDEMONA

Alas the day! I never gave him cause.

EMILIA

But jealous souls will not be answer'd so;
They are not ever jealous for the cause,
But jealous for they are jealous; 'tis a monster
Begot upon itself, born on itself.

Ho visto il cannone polverizzare le sue schiere
e come un demonio, in un soffio, strappargli dalle
il proprio fratello. E può ancora adirarsi?   [braccia
C'è qualche cosa di grave, allora. Andrò a cercarlo.
Se è inquieto, avrà le sue buone ragioni.   *Esce*

DESDEMONA
Andate da lui, vi prego. Se c'è un'ombra
nella sua mente chiara, certo si tratta di un affare di
o una notizia giunta da Venezia,   [Stato:
o un oscuro intrigo scoperto qui a Cipro.
Quando gli uomini sono preoccupati
da gravi ragioni, s'inquietano per cose
di poca importanza. È proprio così. Infatti
se ci fa male un dito, sembra che anche
le altre membra provino lo stesso dolore.
Bisogna poi pensare che gli uomini
non sono degli dèi e che non ci si può sempre
aspettare da loro quelle attenzioni che hanno per noi
il giorno delle nozze. Merito il tuo disprezzo,
Emilia! Che guerriera sleale io sono! Mi sono per-
                                              [messa
di accusare Otello col mio cuore, per la sua scortesia;
ma ora mi accorgo di avere subornato
il mio testimonio e che egli è accusato ingiustamente.

EMILIA
Pregate il Cielo che si tratti di un affare di Stato,
come voi pensate, e non di un sospetto,
d'un'ombra di gelosia nei vostri confronti.

DESDEMONA
Che cosa dici! Non gli ho mai dato motivo
per il più piccolo sospetto.

EMILIA
Ma agli uomini gelosi non bastano simili risposte.
Essi non sono mai gelosi per un motivo:
sono gelosi perché sono gelosi. La gelosia è un mostro
che si concepisce e nasce da se stesso.

DESDEMONA
  Heaven keep that monster from Othello's mind!
EMILIA
  Lady, amen.
DESDEMONA
  I will go seek him. Cassio, walk hereabout;
  If I do find him fit, I'll move your suit
  And seek to effect it to my uttermost.
CASSIO
  I humbly thank your ladyship.
                    Exeunt DESDEMONA *and* EMILIA

Enter BIANCA

BIANCA
  Save you, friend Cassio!
CASSIO   What make you from home?
  How is it with you, my most fair Bianca?
  I' faith, sweet love, I was coming to your house.
BIANCA
  And I was going to your lodging, Cassio.
  What! keep a week away? seven days and nights?
  Eight score eight hours? and lovers' absent hours
  More tedious than the dial eight score times?
  O weary reckoning!
CASSIO   Pardon me, Bianca,
  I have this while with leaden thoughts been press'd;
  But I shall, in a more continuate time,
  Strike off this score of absence. Sweet Bianca,
            [*Giving her Desdemona's handkerchief*]
  Take me this work out.
BIANCA   O Cassio! whence came this?

---

167. *I' faith*: lez. Q1; in F *Indeed* («davvero»).

DESDEMONA
 Dio tenga lontano questo mostro dall'anima di Otello!
EMILIA
 Così sia, signora.
DESDEMONA
 Andrò a cercarlo. E voi, Cassio, intanto,
 aspettatemi. Passeggiate qui intorno.
 Se lo trovo di umore favorevole
 riprenderò la vostra difesa con tutte le mie forze
 e cercherò di concluderla bene.
CASSIO
 Ringrazio umilmente Vostra Signoria.
                    Escono DESDEMONA *e* EMILIA

Entra BIANCA

BIANCA
 Salute, amico mio!
CASSIO   Come mai siete qui?
 E come state, mia bellissima Bianca?
 Venivo proprio a casa vostra, amore mio.
BIANCA
 E io venivo da voi, Cassio! Ma come!
 Sei stato lontano da me una settimana!
 Sette giorni e sette notti! Centosessantotto ore!
 E per gli amanti le ore di solitudine sono
 centosessanta volte più lunghe di quelle dell'orologio.
 Che calcolo doloroso!
CASSIO   Perdonatemi, Bianca.
 In questi giorni sono stato angosciato
 da gravi pensieri; ma cancellerò il mio debito d'as-
                                        [senze
 venendo da voi più assiduamente. Mia cara Bianca,
          [*Le dà il fazzoletto di Desdemona*]
 copiatemi questo ricamo.
BIANCA
 Di dove viene questo fazzoletto, Cassio?

This is some token from a newer friend;
To the felt absence now I feel a cause;
Is 't come to this? Well, well.

CASSIO   Go to, woman!
Throw your vile guesses in the devil's teeth,
From whence you have them. You are jealous now
That this is from some mistress, some remembrance:
No, in good troth, Bianca.

BIANCA   Why, whose is it?

CASSIO

I know not, sweet; I found it in my chamber.
I like the work well; ere it be demanded,
As like enough it will, I 'd have it copied;
Take it and do 't; and leave me for this time.

BIANCA

Leave you! Wherefore?

CASSIO

I do attend here on the general,
And think it no addition, nor my wish,
To have him see me woman'd.

BIANCA   Why, I pray you?

CASSIO

Not that I love you not.

BIANCA   But that you do not love me.
I pray you, bring me on the way a little
And say if I shall see you soon at night.

CASSIO

'Tis but a little way that I can bring you,
For I attend here; but I'll see you soon.

BIANCA

'Tis very good; I must be circumstanc'd.   *Exeunt*

---

179. *Well, well*: manca in Q1.
183. *in good troth*: lez. F; in Q1 *by my faith* (« in fede mia »).
191-192. Le due brevi battute di Bianca e Cassio mancano in Q1.

È il ricordo di una nuova amica? Ora capisco
il perché della tua assenza! E io che soffrivo!
Siamo già a questo punto? Andiamo bene.

CASSIO

Ma su, ragazza mia! Gettate in faccia al diavolo
che ve li ha suggeriti i vostri meschini sospetti.
Adesso vi mettete in mente che questo fazzoletto
sia il regalo di un'amante. No, Bianca, non è così,
sulla mia parola.

BIANCA   E allora di chi è?

CASSIO

Non lo so: l'ho trovato nella mia camera.
Mi piace molto il disegno del ricamo, e prima che,
come è probabile, me lo vengano a chiedere,
vorrei farlo copiare. Prendetelo, su,
e copiatelo voi. E ora lasciatemi solo.

BIANCA

Lasciarvi? E perché?

CASSIO

Aspetto il generale e non credo sia opportuno
che mi veda in compagnia d'una donna.

BIANCA

Ma perché, scusate?

CASSIO

Non certo perché non vi ami.

BIANCA

Certo, proprio perché non mi amate.
Accompagnatemi per un po' di strada,
vi prego, e ditemi se stasera vi vedrò.

CASSIO

Posso accompagnarvi solo per qualche passo,
perché devo aspettare qui; ma ci vedremo presto.

BIANCA

E va bene. Non mi resta che rassegnarmi   *Escono*

IV. 1.

Enter OTHELLO *and* IAGO

IAGO
  Will you think so?
OTHELLO   Think so, Iago!
IAGO   What!
  To kiss in private?
OTHELLO   An unauthoriz'd kiss.
IAGO
  Or to be naked with her friend a-bed
  An hour or more, not meaning any harm?
OTHELLO
  Naked a-bed, Iago, and not mean harm?
  It is hypocrisy against the devil:
  They that mean virtuously, and yet do so,
  The devil their virtue tempts, and they tempt heaven.
IAGO
  If they do nothing, 'tis a venial slip;
  But if I give my wife a handkerchief –   10
OTHELLO
  What then?
IAGO
  Why, then, 'tis hers, my lord: and, being hers,
  She may, I think, bestow 't on any man.
OTHELLO
  She is protectress of her honour too;
  May she give that?
IAGO
  Her honour is an essence that 's not seen;
  They have it very oft that have it not:
  But for the handkerchief –
OTHELLO
  By heaven, I would most gladly have forgot it:
  Thou said'st – O! it comes o'er my memory,   20

IV. 1.

Entrano OTELLO *e* IAGO

IAGO
  E voi lo credereste?
OTELLO   E perché no, Iago?
IAGO
  E un bacio di nascosto?
OTELLO   È sempre un bacio colpevole!
IAGO
  E stare a letto nuda con un amico,
  un'ora o più, con intenzioni innocenti?
OTELLO
  A letto nuda, Iago, con intenzioni innocenti?
  Eh, no, sarebbe come volerla fare al diavolo.
  Coloro che hanno pensieri puri, e fanno queste cose,
  sfidano il cielo: e mettono la loro virtù nelle mani del
IAGO   [diavolo.
  Se non fanno proprio nulla, commettono solo un pec-
                                                  [cato
  veniale. Ma se io do a mia moglie un fazzoletto...
OTELLO
  Allora?
IAGO
  Allora, diventa suo, mio signore; ed essendo suo,
  credo che possa regalarlo a chi vuole.
OTELLO
  Ma è suo anche l'onore; può dunque disporne
  liberamente?
IAGO
  L'onore è per sua natura invisibile;
  spesso, proprio chi non l'ha
  pretende di averlo. In quanto al fazzoletto...
OTELLO
  Perdio, sarei stato felice di dimenticarlo!
  Tu m'hai detto – è un pensiero che continua a girarmi

As doth the raven o'er the infected house,
Boding to all – he had my handkerchief.

IAGO
  Ay, what of that?
OTHELLO   That 's not so good now.
IAGO   What,
  If I had said I had seen him do you wrong?
  Or heard him say, as knaves be such abroad,
  Who having, by their own importunate suit,
  Or voluntary dotage of some mistress,
  Convincèd or supplied them, cannot choose
  But they must blab.
OTHELLO   Hath he said any thing?
IAGO
  He hath, my lord; but be you well assur'd,
  No more than he 'll unswear.
OTHELLO   What hath he said?
IAGO
  Faith, that he did – I know not what he did.
OTHELLO
  What? what?
IAGO
  Lie –
OTHELLO With her?
IAGO With her, on her; what you will.
OTHELLO Lie with her! lie on her! We say, lie on her, when they belie her. Lie with her! that's fulsome. Handkerchief, – confessions, – handkerchief! To confess, and be hanged for his labour. First, to be hanged, and then to confess: I tremble at it. Nature

---

37. Prima di *that's fulsome* Q1 aveva l'esclamazione *Zounds!* («perdìo»).
38-44. Il resto della battuta, da *To confess* in poi, manca in Q1.

nella mente, come il corvo sulla casa dell'appestato,
malaugurio per tutti – che egli aveva il mio fazzoletto.
IAGO
Sì, e con questo?
OTELLO   Non è una cosa da niente, ora.
IAGO
E che cosa sarebbe accaduto, allora,
se vi avessi detto di avere visto Cassio
mentre vi tradiva? O che gli ho sentito raccontare –
ci sono dei farabutti
tali che, dopo aver insistito tanto per riuscire
a possedere una donna, o dopo aver ceduto
alla follia amorosa d'un'altra, non pensano
che ad andare in giro a raccontare...
OTELLO
Allora ha parlato?
IAGO
Sì, mio signore, ha detto qualcosa;
ma, credetemi, non più di quanto
negherebbe giurando sul suo onore.
OTELLO
Che cosa ha detto?
IAGO
Che è stato... non so dove.
OTELLO
Dove? Parla!
IAGO
A letto.
OTELLO
Con lei?
IAGO
Sì, a giacere con lei, su di lei... come volete.
OTELLO Giacere con lei! Giacere su di lei! Noi diciamo "giace"[1] anche di chi è immobile per sempre. Giacere con lei! Che schifo! Il fazzoletto – confessione – il fazzoletto! Farlo confessare e poi impiccarlo per quello che ha fatto. No, prima la forca, poi la

would not invest herself in such shadowing passion
without some instruction. It is not words that shake
me thus. Pish! Noses, ears, and lips. Is it possible? —
Confess! — Handkerchief! — O devil!

Falls in a trance

IAGO
Work on,
My medicine, work! Thus credulous fools are caught;
And many worthy and chaste dames even thus,
All guiltless, meet reproach. What, ho! my lord!
My lord! I say! Othello!

Enter CASSIO

      How now, Cassio!
CASSIO What 's the matter?
IAGO
My lord is fallen into an epilepsy;
This is his second fit; he had one yesterday.
CASSIO
Rub him about the temples.
IAGO   ⟨No, forbear;⟩
The lethargy must have his quiet course,
If not, he foams at mouth, and by and by
Breaks out to savage madness. Look! he stirs;
Do you withdraw yourself a little while,
He will recover straight; when he is gone,
I would on great occasion speak with you.
         [*Exit* CASSIO]
How is it, general? have you not hurt your head?
OTHELLO
Dost thou mock me?
IAGO   I mock you! no, by heaven.
Would you would bear your fortune like a man!

confessione. Tremo a questo pensiero! Una passione
così torbida non sarebbe nata senza una precisa volontà. Non sono le parole che mi fanno paura. Ah,
che schifo! Nasi, orecchie, labbra...! possibile? Ha
parlato? Il fazzoletto! Che demonio!   *Sviene*

IAGO

Agisci, mio veleno, agisci! Gli sciocchi si prendono in
e così molte virtuose e caste donne,   [trappola così,
proprio così, vengono condannate
anche se innocenti.
Ehi! Mio signore! Mio signore, dico!
Otello!

Entra CASSIO

       Ah, Cassio!

CASSIO   Che succede?

IAGO

Il mio signore ha avuto un attacco epilettico;
è già il secondo, da ieri.

CASSIO

Bisognerebbe strofinargli le tempie.

IAGO

No, è meglio di no. Lasciamo che l'assopimento
segua il suo corso regolare, altrimenti egli comincia
a perdere bava dalla bocca e si scatena
con furia selvaggia. Ecco, guardate, si muove.
Allontanatevi un momento: tornerà subito in sé.
Quando sarà andato via, vorrei parlarvi
di una cosa molto importante.   [*Esce* CASSIO]
Come vi sentite, generale? Avete forse battuto la te-

OTELLO   [sta?

Ti prendi gioco di me?

IAGO

Prendermi gioco di voi? Ma no, per carità!
Piuttosto cercate di essere forte nella sventura!

OTHELLO
A horned man 's a monster and a beast.

IAGO
There's many a beast then, in a populous city,
And many a civil monster.

OTHELLO
Did he confess it?

IAGO   Good sir, be a man;
Think every bearded fellow that's but yok'd
May draw with you; there's millions now alive
That nightly lie in those unproper beds
Which they dare swear peculiar; your case is better.   70
O! 'tis the spite of hell, the fiend's arch-mock,
To lip a wanton in a secure couch,
And to suppose her chaste. No, let me know;
And knowing what I am, I know what she shall be.

OTHELLO
O! thou art wise; 'tis certain.

IAGO   Stand you awhile apart;
Confine yourself but in a patient list.
Whilst you were here o'erwhelmèd with your grief,
A passion most unsuiting such a man,
Cassio came hither; I shifted him away,
And laid good 'scuse upon your ecstasy;   80
Bade him anon return and here speak with me;
The which he promis'd. Do but encave yourself,
And mark the fleers, the gibes, and notable scorns,
That dwell in every region of his face;
For I will make him tell the tale anew,
Where, how, how oft, how long ago, and when
He hath, and is again to cope your wife:
I say, but mark his gesture. Marry, patience;
Or I shall say you are all in all in spleen,
And nothing of a man.

---

77. *o'erwhelmed*: lez. F; in Q1 *erewhile. mad* (« poco fa, pazzo »).

OTELLO
 Un cornuto è un mostro, una bestia!
IAGO
 Allora una grande città
 rigurgita di bestie e di mostri civili.
OTELLO
 Ah, lo ammette?
IAGO   Mio buon signore, siate uomo.
 Pensate quanti uomini con tanto di barba
 portano e tirano il giogo come voi. Sono milioni,
 e ogni notte entrano nel loro letto insudiciato da altri,
 convinti di esserne i soli padroni. Ma la vostra situa-
                          [zione è diversa.
 Il vero tiro infernale, la suprema beffa
 del demonio ci è giocata quando abbracciamo una
 nel letto domestico, credendola pura.   [sgualdrina
 No, io, per esempio, vorrei conoscere tutta la verità.
 E poi, sapendo ciò che sono, saprei quello che devo
OTELLO   [fare di lei.
 Tu sei saggio, certamente.
IAGO
 Ora nascondetevi in qualche angolo
 e aspettate con pazienza. Mentre eravate svenuto,
 vinto dalla disperazione – una debolezza indegna
 di un uomo come voi – è venuto Cassio.
 Io l'ho mandato subito via: il vostro malessere
 vi scusava pienamente. Gli ho detto però
 di tornare qui fra poco a parlare con me.
 Mi ha promesso che verrà. Nascondetevi dunque
 e osservate i sorrisi ironici, i segni di disprezzo
 che appariranno sul suo viso, mentre gli farò ripetere
 quello che ci interessa. Cioè dove, come, quante volte,
 quanto tempo fa e quando egli ha avuto e deve
 ancora avere dei rapporti intimi con vostra moglie.
 Vi ripeto, basterà osservare i suoi gesti.
 Ma calmatevi, mi raccomando! O dovrò ammettere
 che siete tutto collera e niente intelligenza.

OTHELLO   Dost thou hear, Iago?
  I will be found most cunning in my patience;
  But – dost thou hear? – most bloody.
IAGO   That's not amiss;
  But yet keep time in all. Will you withdraw?
                    [OTHELLO *withdraws*]
  Now will I question Cassio of Bianca,
  A housewife that by selling her desires
  Buys herself bread and clothes; it is a creature
  That dotes on Cassio; as 'tis the strumpet's plague
  To beguile many and be beguil'd by one.
  He, when he hears of her, cannot refrain
  From the excess of laughter. Here he comes:

Enter CASSIO

  As he shall smile, Othello shall go mad;
  And his unbookish jealousy must construe
  Poor Cassio's smiles, gestures, and light behaviour
  Quite in the wrong. How do you ⟨now⟩, lieutenant?
CASSIO
  The worser that you give me the addition
  Whose want even kills me.
IAGO
  Ply Desdemona well, and you are sure on 't.
  Now, if this suit lay in Bianca's power,
  How quickly should you speed!
CASSIO   Alas! poor caitiff!
OTHELLO
  Look! how he laughs already!
IAGO
  I never knew ⟨a⟩ woman love man so.
CASSIO
  Alas! poor rogue, I think, i' faith, she loves me.

---

112. *i'faith*: lez. Q1; in F *indeed*.

OTELLO
   Ascoltami bene, Iago. Dimostrerò di essere
   l'uomo più cauto e paziente che ci sia,
   ma anche – ascoltami bene – il più sanguinario.
IAGO
   Giusto! Ma ogni cosa a suo tempo.
   Volete nascondervi, ora?   [OTELLO *si nasconde*]
   Dirò a Cassio che mi parli di Bianca, una brava mas-
                                                [saia,
   che si vende per comprarsi da mangiare e da vestire.
   Va pazza per Cassio. Sempre questo il destino
   delle prostitute: ingannare molti
   ed essere ingannate da uno.
   Egli, quando sente parlare di Bianca,
   non può trattenere una gran risata. Ecco che arriva.

Entra CASSIO

   Appena lo vedrà sorridere, Otello perderà la testa,
   e la sua balorda gelosia gli farà interpretare
   falsamente i sorrisi, i gesti e la spregiudicatezza
   del povero Cassio. Come state, luogotenente?
CASSIO
   Molto male, se mi date il titolo che non ho più,
   e senza il quale mi manca la vita.
IAGO
   Insistete presso Desdemona e state tranquillo.
   Lo riavrete. Certo se tutto fosse
   nelle mani di Bianca, sarebbe presto fatto.
CASSIO
   Ahimè, povera ragazza!
OTELLO
   Ecco, ha cominciato a ridere!
IAGO
   Non ho mai visto una donna così innamorata.
CASSIO
   Poverina! Credo che mi ami veramente.

OTHELLO
Now he denies it faintly, and laughs it out.

IAGO
Do you hear, Cassio?

OTHELLO   Now he importunes him
To tell it o'er: go to; well said, well said.

IAGO
She gives it out that you shall marry her;
Do you intend it?

CASSIO
Ha, ha, ha!

OTHELLO
Do you triumph, Roman? do you triumph?

CASSIO   I marry ⟨her⟩! what? a customer! I prithee, bear some charity to my wit; do not think it so unwholesome. Ha, ha, ha!

OTHELLO   So, so, so, so. They laugh that win.

IAGO   Faith, the cry goes that you shall marry her.

CASSIO   Prithee, say true.

IAGO   I am a very villain else.

OTHELLO   Have you scored me? Well.

CASSIO   This is the monkey's own giving out: she is persuaded I will marry her, out of her own love and flattery, not out of my promise.

OTHELLO   Iago beckons me; now he begins the story.

CASSIO   She was here even now; she haunts me in every place. I was the other day talking on the sea-bank with certain Venetians, and thither comes this bauble, and, ⟨by this hand,⟩ she falls me thus about my neck –

OTHELLO   Crying, "O dear Cassio!" as it were; his gesture imports it.

CASSIO   So hangs and lolls and weeps upon me; so hales and pulls me; ha, ha, ha!

---

120. Le espressioni *what? a customer!* mancano in Q1.

OTELLO
Tenta di negare appena, ma il suo riso è una confes-
IAGO   [sione.
Ascoltatemi, Cassio.
OTELLO   Ora cerca di convincerlo
a ripetere la storia. Avanti, bene, benissimo!
IAGO
Essa va dicendo che la volete sposare. È vero?
CASSIO
Ah, ah, ah!
OTELLO
Hai vinto, romano? È il tuo trionfo?
CASSIO Io, sposarla? Una prostituta! Vi prego, cercate di essere più indulgente col mio cervello: non lo giudicate così squilibrato. Ah, ah, ah!
OTELLO Così, così, così, così! È il riso del vincitore.
IAGO Comunque, si mormora qua e là che la sposerete.
CASSIO Ma parlate sul serio?
IAGO Mi credete un impostore?
OTELLO Mi avete messo il marchio? Bene!
CASSIO È un'idea che s'è messa in testa quella scimmia. S'è convinta che la sposerò, non perché io glielo abbia promesso, ma per l'illusione che porta con sé l'amore.
OTELLO Iago mi fa dei segni. Sarà il momento del racconto.
CASSIO Era qui anche adesso. Mi dà la caccia in ogni luogo: l'altro giorno stavo parlando con alcuni veneziani, sulla riva del mare, quando spunta quella stupidella e, potessi perdere una mano se non è vero, mi butta le braccia al collo, così...
OTELLO Gridando naturalmente: "Mio caro Cassio!". Il suo gesto non significa altro.
CASSIO E si aggrappa a me, e mi stringe, si mette a piangere e cerca di trascinarmi via con sé. Ah, ah, ah!

OTHELLO Now he tells how she plucked him to my chamber. O! I see that nose of yours, but not the dog I shall throw it to.

CASSIO Well, I must leave her company.

Enter BIANCA

IAGO Before me! look, where she comes.

CASSIO 'Tis such another fitchew! marry, a perfumed one. What do you mean by this haunting of me?

BIANCA Let the devil and his dam haunt you! What did you mean by that same handkerchief you gave me even now? I was a fine fool to take it. I must take out the work! A likely piece of work, that you should find it in your chamber, and not know who left it there! This is some minx's token, and I must take out the work! There, give it your hobby-horse; wheresoever you had it I 'll take out no work on 't.

CASSIO How now, my sweet Bianca! how now, how now!

OTHELLO By heaven, that should be my handkerchief!

BIANCA An you 'll come to supper to-night, you may; an you will not, come when you are next prepared for. *Exit*

IAGO After her, after her.

CASSIO ⟨Faith,⟩ I must; she 'll rail in the street else.

IAGO Will you sup there?

CASSIO ⟨Faith,⟩ I intend so.

IAGO Well, I may chance to see you, for I would very fain speak with you.

CASSIO Prithee come; will you?

IAGO Go to; say no more. *Exit* CASSIO

OTHELLO How shall I murder him, Iago?

IAGO Did you perceive how he laughed at his vice?

OTHELLO O! Iago!

IAGO And did you see the handkerchief?

OTELLO Ora racconta come se lo trascinò nella mia camera. Oh, io vedo il tuo naso, ma non il cane a cui lo getterò.
CASSIO Certo, è necessario che io la pianti.

Entra BIANCA

IAGO Accidenti, eccola qui un'altra volta.
CASSIO È una puzzola, perdio! Ma profumata. – Ma che volete? È una vera e propria persecuzione!
BIANCA Il diavolo e sua madre dovrebbero perseguitarti! E tu che volevi con quel fazzoletto che m'hai dato poco fa? Sono stata una bella stupida a prenderlo. E dovrei copiarne il disegno? E dovrei credere che l'hai trovato nella tua camera senza sapere chi ce l'ha lasciato! Sarà il regalo di qualche schifosa! Io copiarne il disegno? Tieni! Dallo alla tua nuova cavallina a dondolo. E poi, chiunque te l'abbia dato, io non copierò niente.
CASSIO Ma che dite, mia cara Bianca, che dite! Avanti, su...
OTELLO Perdio, non sarà il mio fazzoletto?
BIANCA Se vuoi venire a cena con me stasera, ti aspetto; altrimenti vieni quando vuoi. *Esce*
IAGO Seguitela, seguitela!
CASSIO Per forza, se non voglio che m'insulti per la strada.
IAGO Cenerete da lei?
CASSIO Penso di sì.
IAGO Bene, può darsi che vi venga a trovare. Dovrei proprio parlarvi.
CASSIO Vi prego, venite! Vi aspetto?
IAGO Senz'altro. Andate, ora. *Esce* CASSIO
OTELLO Come devo ucciderlo, Iago?
IAGO Avete visto come rideva della sua tresca?
OTELLO Oh, Iago!
IAGO E avete visto il fazzoletto?

OTHELLO Was that mine?

IAGO Yours, by this hand; and to see how he prizes the foolish woman your wife! she gave it him, and he hath given it his whore.

OTHELLO I would have him nine years a-killing. A fine woman! a fair woman! a sweet woman!

IAGO Nay, you must forget that.

OTHELLO Ay, let her rot, and perish, and be damned to-night; for she shall not live. No, my heart is turned to stone; I strike it, and it hurts my hand. O! the world hath not a sweeter creature; she might lie by an emperor's side and command him tasks.

IAGO Nay, that's not your way.

OTHELLO Hang her! I do but say what she is. So delicate with her needle! An admirable musician! O, she will sing the savageness out of a bear. Of so high and plenteous wit and invention!

IAGO She's the worse for all this.

OTHELLO O! a thousand, a thousand times. And then, of so gentle a condition!

IAGO Ay, too gentle.

OTHELLO Nay, that's certain; — but yet the pity of it, Iago! O! Iago, the pity of it, Iago!

IAGO If you are so fond over her iniquity, give her patent to offend; for, if it touch not you, it comes near nobody.

OTHELLO I will chop her into messes. Cuckold me!

IAGO O! 'tis foul in her.

OTHELLO With mine officer!

IAGO That's fouler.

OTHELLO Get me some poison, Iago; this night: I'll not expostulate with her, lest her body and beauty unprovide my mind again. This night, Iago.

175-177. Questa battuta di Iago manca in Q1.

OTELLO Era il mio?
IAGO Certo, ve lo giuro. E che razza di riguardi ha per vostra moglie! Quella sciocca gli regala il fazzoletto, e lui lo dà alla sua puttana.
OTELLO Vorrei impiegare nove anni nell'ucciderlo. Una donna così gentile; così bella; così dolce!
IAGO Sì, ma ora non vi resta che dimenticarla
OTELLO Sì, che muoia e marcisca e sia dannata stanotte! Non deve più vivere, no. Il mio cuore è diventato di pietra. Se lo batto mi faccio male alla mano. Oh, il mondo non ha una creatura più dolce di lei! Essa è degna di stare al fianco di un imperatore, e di comandarlo.
IAGO No, non mi pare questa la via da seguire.
OTELLO Svergognatela pure! Ma io posso almeno dire com'è. È così delicata nei lavori di ricamo! E che musicista mirabile! Col suo canto farebbe mansueto anche un orso! E che nobile e grande intelligenza, che fantasia!
IAGO Appunto per questo è ancora più colpevole.
OTELLO Oh, mille, mille volte più colpevole. Un'anima così tenera!
IAGO Sì, troppo tenera.
OTELLO Già, è vero. Però, che peccato, Iago! Oh! Iago, che peccato, Iago!
IAGO Se le sue colpe vi commuovono tanto, allora lasciatela fare... Se non offende voi... Chi si contenta gode.
OTELLO La farò a pezzi! Ha fatto becco proprio me!
IAGO Oh, è odioso da parte sua.
OTELLO E con un mio ufficiale!
IAGO Ancora più odioso.
OTELLO Procurami un veleno, Iago. Sarà per questa notte. Non scenderò a spiegazioni con lei, per paura che il mio cuore non sia pronto e s'intenerisca ancora davanti al suo corpo e alla sua bellezza. Questa notte, Iago!

IAGO Do it not with poison, strangle her in her bed, even the bed she hath contaminated.
OTHELLO Good, good; the justice of it pleases; very good.
IAGO And for Cassio, let me be his undertaker; you shall hear more by midnight. *A trumpet within*
OTHELLO
Excellent good. What trumpet is that same?

Enter LODOVICO, DESDEMONA, *and attendants*

IAGO
Something from Venice, sure. 'Tis Lodovico,
Come from the duke; and see, your wife is with him.
LODOVICO
⟨God⟩ save you, worthy general!
OTHELLO   With all my heart, sir.
LODOVICO
The duke and senators of Venice greet you.
                              [*Gives a letter*]
OTHELLO
I kiss the instrument of their pleasures.
                              [*Opens the letter, and reads*]
DESDEMONA
And what's the news, good cousin Lodovico?
IAGO
I am very glad to see you, signior;
Welcome to Cyprus.
LODOVICO
I thank you. How does Lieutenant Cassio?
IAGO
Lives, sir.
DESDEMONA
Cousin, there's fall'n between him and my lord

IAGO No, niente veleno. Strangolatela nel suo letto, nello stesso letto che ha profanato.

OTELLO Buona, buona la tua idea... Secondo giustizia; mi piace.

IAGO In quanto a Cassio, lasciate fare a me. Avrete notizie più precise prima di mezzanotte.

Squilli di tromba dietro le scene

OTELLO
Benissimo. Che segnale è questo?

Entrano LODOVICO, DESDEMONA *e il seguito*

IAGO
Notizie da Venezia, certamente. Sarà Lodovico
che arriva, inviato dal Doge. Eccolo. È insieme
con vostra moglie.

LODOVICO
Dio vi protegga, valoroso generale!

OTELLO
Vi ringrazio con tutto il cuore, signore.

LODOVICO
Vi porto il saluto del Doge e dei senatori di Venezia.
   [*Gli porge una lettera*]

OTELLO
Bacio la lettera che reca i loro ordini.
   [*Apre la lettera e legge*]

DESDEMONA
Ci sono novità, caro cugino Lodovico?

IAGO
Sono veramente lieto di vedervi, signore.
Siate il benvenuto a Cipro!

LODOVICO
Vi ringrazio. Come sta il luogotenente Cassio?

IAGO
Vive, signore.

DESDEMONA
Caro cugino, i rapporti fra Cassio e mio marito

An unkind breach; but you shall make all well.
OTHELLO
Are you sure of that?
DESDEMONA
My lord?
OTHELLO
[*Reads*] "This fail you not to do, as you will..."
LODOVICO
He did not call; he 's busy in the paper.
Is there division 'twixt my lord and Cassio?
DESDEMONA
A most unhappy one; I would do much
To atone them, for the love I bear to Cassio.
OTHELLO
Fire and brimstone!
DESDEMONA   My lord?
OTHELLO   Are you wise?
DESDEMONA
What! is he angry?
LODOVICO   May be the letter mov'd him;
For, as I think, they do command him home,
Deputing Cassio in his government.
DESDEMONA
Trust me, I am glad on 't.
OTHELLO   Indeed!
DESDEMONA   My lord?
OTHELLO
I am glad to see you mad.
DESDEMONA   Why, sweet Othello?
OTHELLO
Devil.   [*Striking her*]
DESDEMONA   I have not deserved this.

sono stati interrotti bruscamente;
ma sono certa che voi riuscirete
a farli riconciliare.

OTELLO   Ne siete convinta?

DESDEMONA
  Mio signore?

OTELLO
  [*Leggendo*] "Non tralasciate di fare questo, come
LODOVICO   [voi..."
  No, non s'è rivolto a noi: è intento a leggere
  la lettera. Dicevate che il generale e Cassio
  hanno avuto dei contrasti.

DESDEMONA
  È doloroso, ma è così. Farei qualunque cosa
  pur di vederli riconciliati: sapete che sono affezionata
  a Cassio.

OTELLO   Fuoco e zolfo!

DESDEMONA   Mio signore?

OTELLO
  Non siete impazzita?

DESDEMONA   È in collera?

LODOVICO
  Può darsi che quella lettera lo abbia turbato.
  Penso che sia l'ordine del suo richiamo a Venezia
  e della nomina a governatore di Cassio.

DESDEMONA
  Ne sono proprio contenta.

OTELLO   Davvero?

DESDEMONA   Mio signore?

OTELLO
  E io sono contento di vedervi pazza.

DESDEMONA
  Ma che dite, mio dolce Otello?

OTELLO
  Demonio!   [*La schiaffeggia*]

DESDEMONA   Io non lo meritavo.

LODOVICO
  My lord, this would not be believ'd in Venice, 240
  Though I should swear I saw 't: 'tis very much;
  Make her amends, she weeps.
OTHELLO   O devil, devil!
  If that the earth could teem with woman's tears,
  Each drop she falls would prove a crocodile.
  Out of my sight!
DESDEMONA   I will not stay to offend you.
LODOVICO
  Truly, an obedient lady;
  I do beseech your lordship, call her back.
OTHELLO
  Mistress!
DESDEMONA My lord?
OTHELLO   What would you with her, sir?
LODOVICO
  Who, I, my lord?
OTHELLO
  Ay; you did wish that I would make her turn: 250
  Sir, she can turn, and turn, and yet go on,
  And turn again; and she can weep, sir, weep;
  And she 's obedient, as you say, obedient,
  Very obedient. Proceed you in your tears.
  Concerning this, sir, – O well-painted passion! –
  I am commanded home. – Get you away;
  I 'll send for you anon. – Sir, I obey the mandate,
  And will return to Venice. Hence! avaunt!
                    [*Exit* DESDEMONA]
  Cassio shall have my place. And, sir, to-night,
  I do entreat that we may sup together; 260

LODOVICO
   Mio signore, nessuno crederebbe vera
   una cosa simile a Venezia, nemmeno se lo giurassi.
   Questo è troppo: chiedetele scusa. Piange, non ve-
OTELLO   [dete?
   O demonio, demonio! Se la terra potesse
   essere fecondata da lacrime di donna,
   da ogni loro lacrima nascerebbe un coccodrillo.
   Via di qui!
DESDEMONA
   Certo, me ne andrò, se la mia presenza vi offende.
LODOVICO
   Che donna obbediente! Supplico Vostra Signoria
   di richiamarla.
OTELLO
   Signora!
DESDEMONA   Mio signore?
OTELLO   Che volete da lei, signore?
LODOVICO
   Chi, io, mio signore?
OTELLO
   Sì, voi. Non mi avete chiesto di farla tornare?
   Certo, signore, si può farla tornare e tornare,
   e andar via e tornare ancora, si può farla piangere,
                                               [signore,
   e continuare a farla piangere! Essa è obbediente,
   come voi dite, obbediente, molto obbediente.
   Voi, continuate pure a piangere.
   In quanto a questa lettera, signore...
   – che finta commozione! – Mi si ordina di tornare
   a Venezia. – Andate via, voi! Vi farò chiamare tra
                                                [poco.
   – Signore, io obbedisco agli ordini, e torno a Venezia.
   – Via di qui! Avete capito?   [DESDEMONA *esce*]
   Cassio assumerà il mio posto. E questa sera, signore,
   vi prego, venite a cena da me.

You are welcome, sir, to Cyprus. Goats and monkeys!
Exit

LODOVICO
Is this the noble Moor whom our full senate
Call all-in-all sufficient? is this the noble nature
Whom passion could not shake? whose solid virtue
The shot of accident nor dart of chance
Could neither graze nor pierce?

IAGO   He is much chang'd.

LODOVICO
Are his wits safe? is he not light of brain?

IAGO
He 's that he is; I may not breathe my censure
What he might be; if, what he might, he is not,
I would to heaven he were!

LODOVICO   What! strike his wife!

IAGO
Faith, that was not so well; yet would I knew
That stroke would prove the worst!

LODOVICO   Is it his use?
Or did the letters work upon his blood,
And new-create this fault?

IAGO   Alas, alas!
It is not honesty in me to speak
What I have seen and known. You shall observe him,
And his own courses will denote him so
That I may save my speech. Do but go after
And mark how he continues.

LODOVICO
I am sorry that I am deceiv'd in him.   *Exeunt*

Siate il benvenuto a Cipro... Capre!... Scimmie!...

Esce

LODOVICO

E questo sarebbe il valoroso Moro, che il nostro
Senato considera un uomo straordinario?
E incrollabile davanti alle passioni? E dove sono
le salde virtù che non si lasciano scalfire
dai dardi della sorte o scuotere dai colpi della sven-

IAGO   [tura?

Ora è molto cambiato.

LODOVICO

Ma è sano o è un po' debole di mente?

IAGO

È quello che è. Io non posso dare un giudizio
su come dovrebbe essere. E se non è
come dovrebbe essere, voglia il cielo che lo divenga.

LODOVICO

Ma come? Battere sua moglie!

IAGO

Veramente non è stata una scena molto bella.
Mi auguro però che il seguito non sia peggiore.

LODOVICO

Ma fa sempre così? O sarà stata la lettera
giunta da Venezia a sconvolgerlo fino al punto
da fargli compiere un gesto così incredibile?

IAGO

Ahi, ahi! Non è onesto da parte mia
dire ciò che ho visto e che sono venuto a sapere.
Osservatelo bene! Il suo modo d'agire
ve lo farà conoscere meglio di quanto non possano
le mie parole. Risparmiatemi la fatica di parlare.
Non perdetelo d'occhio. Attenzione:
che non continui come ha cominciato.

LODOVICO

Mi dispiace d'essermi sbagliato sul suo conto.

Escono

IV. ii.

Enter OTHELLO *and* EMILIA

OTHELLO
You have seen nothing, then?
EMILIA
Nor ever heard, nor ever did suspect.
OTHELLO
Yes, you have seen Cassio and she together.
EMILIA
But then I saw no harm, and then I heard
Each syllable that breath made up between them.
OTHELLO
What! did they never whisper?
EMILIA   Never, my lord.
OTHELLO
Nor send you out o' the way?
EMILIA   Never.
OTHELLO
To fetch her fan, her gloves, her mask, nor nothing?
EMILIA
Never, my lord.
OTHELLO
That 's strange.   10
EMILIA
I durst, my lord, to wager she is honest,
Lay down my soul at stake: if you think other,
Remove your thought; it doth abuse your bosom.
If any wretch have put this in your head,
Let heaven requite it with the serpent's curse!

IV. II.

Entrano OTELLO *ed* EMILIA

OTELLO
Dunque, non avete visto niente?
EMILIA
No. E non ho sentito, né sospettato niente.
OTELLO
Però avete visto Desdemona insieme con Cassio.
EMILIA
Sì, ma non c'era niente di male, e, vi assicuro,
che non ho perduto neanche una sillaba dei loro di-
OTELLO [scorsi.
E non parlavano mai a bassa voce?
EMILIA
Mai, mio signore.
OTELLO
E non vi hanno mai pregato di allontanarvi?
EMILIA
Mai.
OTELLO
Nemmeno con una scusa qualsiasi, che so io,
di andare a prendere il ventaglio o i guanti
o la maschera o qualche altra cosa?
EMILIA
Mai, mio signore.
OTELLO
Strano.
EMILIA
Sarei pronta a giocarmi l'anima, a scommettere
che Desdemona è innocente. Se voi la pensate
diversamente, allontanate questo pensiero
perché inganna il vostro cuore. Se poi qualche fara-
[butto
vi ha messo in testa dei sospetti, che Dio lo ricom-
[pensi

For, if she be not honest, chaste, and true,
There 's no man happy; the purest of their wives
Is foul as slander.
OTHELLO   Bid her come hither; go.

Exit EMILIA

She says enough; yet she 's a simple bawd
That cannot say as much. This is a subtle whore,   20
A closet lock and key of villanous secrets;
And yet she 'll kneel and pray; I have seen her do 't.

Enter EMILIA *with* DESDEMONA

DESDEMONA
  My lord, what is your will?
OTHELLO   Pray, chuck, come hither.
DESDEMONA
  What is your pleasure?
OTHELLO   Let me see your eyes;
  Look in my face.
DESDEMONA   What horrible fancy 's this?
OTHELLO
  [*To* EMILIA] Some of your function, mistress;
  Leave procreants alone and shut the door;
  Cough or cry "hem" if any body come;
  Your mystery, your mystery; nay, dispatch.

Exit EMILIA

DESDEMONA
  Upon my knees, what doth your speech import?   30
  I understand a fury in your words,
  ⟨But not the words.⟩

---

17 *their wives*. lez. F; in Q1 *her sex* («il suo sesso»).

con la maledizione del serpente! Se non è onesta,
pura e fedele, allora non esiste alcun marito felice.
La più pura delle mogli, al suo confronto,
è sporca come la calunnia.

OTELLO   Andate a chiamarla.

                                         EMILIA *esce*

Quella donna parla anche troppo;
ma sarebbe una ruffiana da poco
se non conoscesse il suo mestiere.
È una puttana furbissima, una latrina
chiusa a chiave, piena di schifosi segreti.
Eppure, talvolta, l'ho vista io stesso in ginocchio
mentre pregava.

Entrano EMILIA *e* DESDEMONA

DESDEMONA
Che cosa volete, mio signore?
OTELLO
Su, venite qui, cara bambina mia.
DESDEMONA
Che cosa desiderate?
OTELLO
Voglio guardarvi negli occhi: fissatemi bene in faccia.
DESDEMONA
Ma perché questa strana idea?
OTELLO
[*A* EMILIA] Su, signora, fate il vostro mestiere. La-
                                        [sciate soli
questi due peccatori e chiudete bene la porta.
Se venisse qualcuno, tossite o fate "ehm, ehm".
È il vostro mestiere, no? Il vostro mestiere! Su, sbri-
                              [gatevi!   EMILIA *esce*
DESDEMONA
Che significano le vostre parole? Ve lo chiedo
in ginocchio, rispondetemi, vi prego.
Sento un'ira terribile nelle vostre parole,
anche se non riesco a capirle.

OTHELLO
Why, what art thou?
DESDEMONA Your wife, my lord; your true
And loyal wife.
OTHELLO Come, swear it, damn thyself;
Lest, being like one of heaven, the devils themselves
Should fear to seize thee; therefore be double-
Swear thou art honest. [damn'd;
DESDEMONA Heaven doth truly know it.
OTHELLO
Heaven truly knows that thou art false as hell.
DESDEMONA
To whom, my lord? with whom? how am I false?
OTHELLO
Ah! Desdemona; away, away, away! 40
DESDEMONA
Alas, the heavy day! Why do you weep?
Am I the motive of these tears, my lord?
If haply you my father do suspect
An instrument of this your calling back,
Lay not your blame on me; if you have lost him,
⟨Why,⟩ I have lost him too.
OTHELLO Had it pleas'd heaven
To try me with affliction, had he rain'd
All kinds of sores and shames on my bare head,
Steep'd me in poverty to the very lips,
Given to captivity me and my utmost hopes, 50
I should have found in some part of my soul
A drop of patience; but, alas! to make me
The fixèd figure for the time of scorn
To point his slow unmoving finger at;
Yet could I bear that too; well, very well:
But there, where I have garner'd up my heart,

---

42. *motive*: lez. F; in Q1 *occasion*; il senso non cambia
51. *part*: lez. Q1; in F *place* (« posto »).
54. *unmoving*: lez. Q1; in F *and moving* (« e mobile »).

OTELLO
Dimmi, che cosa sei tu?
DESDEMONA
Vostra moglie, mio signore! Una moglie onesta e
OTELLO [leale!
Su, giuralo! E così ti dannerai!
Ma siccome i diavoli, credendoti un angelo,
avranno paura di afferrarti: dànnati due volte!
Giura ancora che sei onesta!
DESDEMONA Il cielo, senza dubbio, lo sa.
OTELLO
Il cielo, senza dubbio, sa che sei falsa come l'in-
DESDEMONA [ferno.
Falsa! Mio signore! E con chi? E come?
OTELLO
Ah, Desdemona! Basta; basta, basta!
DESDEMONA
Che giorno tremendo, ahimè! Perché piangete?
Per colpa mia, signore? Ma se credete
che sia stato mio padre a farvi richiamare
a Venezia, non prendetevela con me.
Se per voi egli non esiste più,
non esiste nemmeno per me.
OTELLO
Fosse piaciuto al cielo di mettermi alla prova
con ogni sorta di sventure, di lasciar cadere
sul mio povero capo tutto il male e la vergogna,
di immergermi nella miseria fino al collo,
o di gettarmi in prigione con le mie ultime speranze,
avrei certo saputo trovare in un angolo del mio cuore
un'ombra di pazienza! Ma voi avete fatto di me
l'immagine ideale su cui il nostro tempo di scherno
punta il suo dito continuamente.
Ma avrei sopportato bene anche questo, molto bene.
Ma essere strappato dagli affetti
di cui aveva fatto tesoro il mio cuore,

Where either I must live or bear no life,
The fountain from the which my current runs
Or else dries up; to be discarded thence!
Or keep it as a cistern for foul toads   60
To knot and gender in! Turn thy complexion there,
Patience, thou young and rose-lipp'd cherubin;
Ay, there, look grim as hell!

DESDEMONA
  I hope my noble lord esteems me honest.

OTHELLO
  O! ay; as summer flies are in the shambles,
That quicken even with blowing. O thou weed!
Who art so lovely fair and smell'st so sweet
That the sense aches at thee, would thou hadst ne'er
DESDEMONA   [been born.
  Alas! what ignorant sin have I committed?

OTHELLO
  Was this fair paper, this most goodly book,   70
Made to write "whore" upon? What committed!
Committed! O thou public commoner!
I should make very forges of my cheeks,
That would to cinders burn up modesty,
Did I but speak thy deeds. What committed!
Heaven stops the nose at it and the moon winks,
The bawdy wind that kisses all it meets
Is hush'd within the hollow mine of earth,
And will not hear it. What committed!
⟨Impudent strumpet!⟩
DESDEMONA   By heaven, you do me wrong.   80
OTHELLO
  Are not you a strumpet?

---

66. *thou weed!* lez. F; in Q1 *thou black weed* («erbaccia nera»).
72-75. Questi quattro versi mancano in Q1.

da ciò per cui vale la pena di vivere o di morire,
la sorgente stessa dalla quale deve scorrere
la mia vita per non inaridirsi,
esserne allontanato o doverla considerare
un pantano in cui s'accoppiano e nascono luridi rospi!
Muta colore, o Pazienza, o giovane cherubino
dalle labbra di rosa! Sì, prendi un aspetto
pauroso come l'inferno.

DESDEMONA
Spero che il mio nobile signore mi creda onesta.

OTELLO
Ma certamente, come le mosche d'estate nei macelli,
che nascono fitte, rapide, ronzando,
dalla stessa putrefazione. Oh, fiore selvatico,
così amabilmente bello, così soavemente profumato,
che tormenti i sensi! Che tu non fossi mai nato!

DESDEMONA
Ahimè! Qual peccato involontario ho commesso?

OTELLO
Questa bella carta, questo magnifico libro d'amore
fu fatto per scriverci su la parola "puttana"?
Quale peccato hai commesso? E me lo domandi?
Tu, donnaccia pubblica! Se dovessi parlare
dei tuoi peccati, le mie guance diventerebbero roventi
come fucine e ridurrebbero in cenere
ogni pudore. Che peccato hai commesso?
Enumerando le tue colpe, il cielo si tura il naso,
la luna abbassa le palpebre e il vento osceno,
che bacia qualunque cosa al suo passaggio,
se ne sta rintanato nelle viscere della terra
per non sentirne parlare. Che cosa hai commesso?
Puttana spudorata!

DESDEMONA
Mio Dio! Come siete ingiusto con me!

OTELLO
Non siete una sgualdrina?

DESDEMONA　　　　　　　No, as I am a Christian.
  If to preserve this vessel for my lord
  From any other foul unlawful touch
  Be not to be a strumpet, I am none.
OTHELLO
  What! not a whore?
DESDEMONA　　　　　No, as I shall be sav'd.

Enter EMILIA

OTHELLO
  Is it possible?
DESDEMONA
  O! heaven forgive us.
OTHELLO　　　　　　I cry you mercy, then;
  I took you for that cunning whore of Venice
  That married with Othello. – You, mistress, 90
  That have the office opposite to Saint Peter,
  And keep the gate of hell! You, you, ay, you!
  We have done our course; there 's money for your
　　　　　　　　　　　　　　　　　　　　　　[pains.
  I pray you, turn the key and keep our counsel.　*Exit*
EMILIA
  Alas! what does this gentleman conceive?
  How do you, madam? how do you, my good lady?
DESDEMONA
  Faith, half asleep.
EMILIA
  Good madam, what 's the matter with my lord?
DESDEMONA
  With who?

---

83. *other*: lez. F; in Q1 *hated* (« odiato »).

DESDEMONA
No, come è vero che sono cristiana. Se aver difeso
per il mio signore questo corpo da ogni impuro
e illecito contatto, significa non essere una sgualdrina,
io non sono una sgualdrina.

OTELLO
Non sei una sgualdrina?

DESDEMONA
No, vi giuro sulla mia salvezza eterna.

Entra EMILIA

OTELLO
Incredibile!

DESDEMONA
Dio abbia pietà di noi.

OTELLO
Allora vi devo chiedere perdono! Vi avevo scambiato
con quella scaltra puttana di Venezia
che ha sposato Otello. [*A* EMILIA] E ora a voi, si-
che, al contrario di San Pietro, custodite   [gnora
la porta dell'inferno... Dico a voi, a voi, sì, proprio a
                                                              [voi!
Abbiamo finito: eccovi la ricompensa per le vostre
                                                              [fatiche:
vi prego, chiudete ora a chiave la porta e silenzio.

Esce

EMILIA
Ahimè, che cosa passa per la mente di quell'uomo?
E voi come state, signora?

DESDEMONA
Credimi, sono mezza morta.

EMILIA
Mia cara padrona, che cosa è successo al mio signore?

DESDEMONA
A chi?

EMILIA
  Why, with my lord, madam.
DESDEMONA
  Who is thy lord?
EMILIA   He that is yours, sweet lady.
DESDEMONA
  I have none; do not talk to me, Emilia;
  I cannot weep, nor answer have I none,
  But what should go by water. Prithee, to-night
  Lay on my bed my wedding sheets: remember:
  And call thy husband hither.
EMILIA   Here is a change indeed!   *Exit*
DESDEMONA
  'Tis meet I should be us'd so, very meet.
  How have I been behav'd, that he might stick
  The small'st opinion on my least misuse?

Enter IAGO *and* EMILIA

IAGO
  What is your pleasure, madam? How is it with you?
DESDEMONA
  I cannot tell. Those that do teach young babes
  Do it with gentle means and easy tasks;
  He might have chid me so; for, in good faith,
  I am a child to chiding.
IAGO   What's the matter, lady?
EMILIA
  Alas; Iago, my lord hath so bewhor'd her,
  Thrown such despite and heavy terms upon her,
  As true hearts cannot bear.

---

100. Le due battute di Desdemona ed Emilia mancano in Q1.

EMILIA
  Al mio signore, dico.
DESDEMONA
  E chi è il tuo signore?
EMILIA
  Ma il vostro, mia buona signora.
DESDEMONA
  Io non ho più alcun signore. Non chiedetemi nulla,
  Emilia. Non riesco a piangere, e non potrei
  risponderti che con le lacrime. Ti prego, stasera
  preparami il letto con le lenzuola delle nozze.
  Non dimenticartene! E avverti tuo marito di venire
EMILIA   [qui.
  Che cosa sono queste novità?   *Esce*
DESDEMONA
  Forse è giusto che egli mi tratti così, giustissimo.
  Ma che cosa avrò mai fatto? Non meriterei
  da Otello nemmeno il più lieve rimprovero
  per una colpa anche minima.

  Entrano IAGO *e* EMILIA

IAGO
  Che cosa comandate, signora? Come state?
DESDEMONA
  Non so dirvelo. Quelli che insegnano ai bambini,
  usano le buone maniere e non li caricano
  di compiti difficili. Egli avrebbe dovuto rimproverare
  anche me con indulgenza, perché io non merito
  che rimproveri da bambina.
IAGO   Ma che cosa è successo, signora?
EMILIA
  Ah, Iago, il mio signore l'ha coperta
  d'insulti chiamandola sgualdrina,
  e con tale disprezzo che nessuna
  creatura onesta avrebbe potuto sopportarlo.

DESDEMONA
　Am I that name, Iago?

IAGO　　　　　　　　　What name, fair lady?

DESDEMONA
　Such as she says my lord did say I was.

EMILIA
　He call'd her whore; a beggar in his drink
　Could not have laid such terms upon his callat.　　　120

IAGO
　Why did he so?

DESDEMONA
　I do not know; I am sure I am none such.

IAGO
　Do not weep, do not weep. Alas the day!

EMILIA
　Has she forsook so many noble matches,
　Her father and her country and her friends,
　To be call'd whore? would it not make one weep?

DESDEMONA
　It is my wretched fortune.

IAGO　　　　　　　　　　Beshrew him for it!
　How comes this trick upon him?

DESDEMONA　　　　　　　　Nay, heaven doth know.

EMILIA
　I will be hang'd, if some eternal villain,
　Some busy and insinuating rogue,　　　130
　Some cogging cozening slave, to get some office,
　Have not devis'd this slander; I'll be hang'd else.

IAGO
　Fie! there is no such man; it is impossible.

DESDEMONA
　If any such there be, heaven pardon him!

EMILIA
　A halter pardon him, and hell gnaw his bones!
　Why should he call her whore? who keeps her com-
　　　　　　　　　　　　　　　　　　　　[pany?

DESDEMONA
Io merito quel nome, Iago?
IAGO Quale nome, bella signora?
DESDEMONA
Quello che Emilia vi ha detto e che Otello ha dato a
EMILIA [me.
L'ha chiamata sgualdrina. Nemmeno un mendicante
[ubriaco
userebbe tali parole con la sua donna di giro.
IAGO
E perché si è comportato così?
DESDEMONA
Non lo so, ma sono certa di non essere una di quelle.
IAGO
Non piangete! Non piangete! Che razza di giornata!
EMILIA
Come non piangere? Ha forse rinunciato
a tanti splendidi partiti, al padre, alla patria,
agli amici, per sentirsi dare della puttana?
DESDEMONA
È la mia cattiva stella.
IAGO Ne renderà conto. Ma come
gli è venuta questa strana idea?
DESDEMONA Dio solo lo sa.
EMILIA
Ch'io possa essere impiccata se chi ha inventato
questa calunnia non è un diabolico farabutto,
un mercenario intrigante, un servo ipocrita,
allo scopo di ottenerne qualche favore.
Che m'impicchino se non è così.
IAGO
Ma non esistono uomini simili. È impossibile.
DESDEMONA
E se esistono, che Dio li perdoni.
EMILIA
Li perdoni la forca, e l'inferno roda le loro ossa!
Perché chiamarla sgualdrina? E chi sarebbero

What place? what time? what form? what likeli-
[hood?
The Moor 's abus'd by some most villanous knave,
Some base notorious knave, some scurvy fellow.
O heaven! that such companions thou'dst unfold, 140
And put in every honest hand a whip
To lash the rascals naked through the world,
Even from the east to the west!

IAGO   Speak within door.

EMILIA
O! fie upon them. Some such squire he was
That turn'd your wit the seamy side without,
And made you to suspect me with the Moor.

IAGO
You are a fool; go to.

DESDEMONA   O good Iago,
What shall I do to win my lord again?
Good friend, go to him; for, by this light of heaven,
I know not how I lost him. Here I kneel: 150
If e'er my will did trespass 'gainst his love,
Either in discourse of thought or actual deed,
Or that mine eyes, mine ears, or any sense,
Delighted them in any other form;
Or that I do not yet, and ever did,
And ever will, though he do shake me off
To beggarly divorcement, love him dearly,
Comfort forswear me! Unkindness may do much;
And his unkindness may defeat my life,
But never taint my love. I cannot say "whore": 160
It does abhor me now I speak the word;
To do the act that might the addition earn
Not the world's mass of vanity could make me.

150-163. In Q1 la battuta di Desdemona è ridotta ai primi tre
versi; manca tutto il resto, da *Here I kneel*.

i suoi amanti? Ma dove, ma quando, ma come?
Ci fosse almeno qualcosa di verosimile!
No, il Moro è stato ingannato da una canaglia,
da qualche vile e gran farabutto, da un volgare ma-
[scalzone.
O Dio, fa' che simili delinquenti siano scoperti:
metti una frusta nelle mani della gente onesta
perché siano sferzati nudi, dovunque, e inseguiti
da oriente a occidente.

IAGO   Parlate sottovoce.

EMILIA
Svergognati! E fu uno di essi, scommetto,
a rivoltarvi il cervello e a farvi sospettare
che ci fosse qualcosa fra me e il Moro.

IAGO
Ma vattene via, sei proprio una sciocca!

DESDEMONA
Mio caro Iago, che cosa devo fare
per riconquistare il mio signore? Mio buon amico,
andate da lui. Ve lo giuro sulla luce del cielo:
io non so proprio come abbia potuto perderlo.
Ecco, m'inginocchio e dico: che io non abbia più pace
se la mia volontà, con parole, pensieri e azioni
ha offeso il suo amore; se gli occhi, le orecchie
e tutti i miei sensi provarono piacere
vedendo un altro uomo; se non amo più Otello,
come sempre l'ho amato e sempre l'amerò
con tutta la mia tenerezza, anche se ora
egli mi scaccia da sé come una mendicante.
La crudeltà può fare molto, ma la sua crudeltà
può solo distruggermi la vita, non diminuire
il mio amore. Io non posso neppure dire
"sgualdrina": provo orrore
solo a pronunciare questa parola.
E nemmeno per tutte le ricchezze del mondo
agirei in modo da meritare questo nome.

IAGO
I pray you be content, 'tis but his humour;
The business of the state does him offence,
⟨And he does chide with you.⟩
DESDEMONA   If 'twere no other, –
IAGO
'Tis but so, I warrant.
Hark! how these instruments summon to supper;
The messengers of Venice stay the meat:
Go in, and weep not; all things shall be well.

Exeunt DESDEMONA *and* EMILIA

Enter RODERIGO

How now, Roderigo!
RODERIGO I do not find that thou dealest justly with me.
IAGO What in the contrary?
RODERIGO Every day thou daffest me with some device, Iago; and rather, as it seems to me now, keepest from me all conveniency, than suppliest me with the least advantage of hope. I will indeed no longer endure it, nor am I yet persuaded to put up in peace what already I have foolishly suffered.
IAGO Will you hear me, Roderigo?
RODERIGO ⟨Faith,⟩ I have heard too much, for your words and performances are no kin together.
IAGO You charge me most unjustly.
RODERIGO With nought but truth. I have wasted myself out of my means. The jewels you have had from me to deliver to Desdemona would half have corrupted a votarist; you have told me she has received them, and returned me expectations and comforts of sudden respect and acquaintance, but I find none.

---
185. *With nought but truth*: manca in Q1.

IAGO
   Calmatevi, vi prego. Tutto dipende
   dal suo stato d'animo. Ora se la prende con voi,
   solo perché è preoccupato dagli affari di Stato.
DESDEMONA
   Fosse solo per questo...
IAGO   Ma non c'è altro, ve lo giuro.
   Questi segnali annunciano la cena,
   alla quale partecipano i messaggeri venuti da Venezia.
   Andate, e basta con le lacrime! Tutto andrà bene.
                            Escono DESDEMONA *e* EMILIA

Entra RODERIGO

Oh, Roderigo!
RODERIGO   Non mi pare che tu abbia agito lealmente con me.
IAGO   C'è qualcosa in contrario?
RODERIGO   Ogni giorno mi rimandi con qualche nuovo pretesto, Iago. Pare che tu voglia allontanare da me ogni occasione favorevole, invece di darmi anche una minima possibilità di speranza. Non intendo sopportare più a lungo questo stato di cose; non solo, ma voglio che tu mi renda conto di ciò che finora ho subìto stupidamente.
IAGO   Mi volete ascoltare, Roderigo?
RODERIGO   Veramente ti ho ascoltato anche troppo. Le tue parole, però, non corrispondono ai fatti.
IAGO   Mi accusate ingiustamente.
RODERIGO   Ma non dico che la verità. Ho consumato tutte le mie ricchezze. Con la metà dei gioielli che ti ho dato perché tu li offrissi a nome mio a Desdemona, si sarebbe potuto corrompere una monaca. Mi hai detto che li ha accettati, facendomi sperare fra non molto i suoi favori. Io però non vedo niente.

IAGO Well; go to; very well.

RODERIGO Very well! go to! I cannot go to, man; nor 'tis not very well: ⟨by this hand,⟩ I say, it is scurvy, and begin to find myself fopped in it.

IAGO Very well.

RODERIGO I tell you 'tis not very well. I will make myself known to Desdemona; if she will return me my jewels, I will give over my suit and repent my unlawful solicitation; if not, assure yourself I will seek satisfaction of you.

IAGO You have said now.

RODERIGO Ay, and said nothing, but what I protest intendment of doing.

IAGO Why, now I see there's mettle in thee, and even from this instant do build on thee a better opinion than ever before. Give me thy hand, Roderigo; thou hast taken against me a most just exception; but yet, I protest, I have dealt most directly in thy affair.

RODERIGO It hath not appeared.

IAGO I grant indeed it hath not appeared, and your suspicion is not without wit and judgment. But, Roderigo, if thou hast that in thee indeed, which I have greater reason to believe now than ever, I mean purpose, courage, and valour, this night show it: if thou the next night following enjoy not Desdemona, take me from this world with treachery and devise engines for my life.

RODERIGO Well, what is it? is it within reason and compass?

IAGO Sir, there is especial commission come from Venice to depute Cassio in Othello's place.

RODERIGO Is that true? why, then Othello and Desdemona return again to Venice.

IAGO O, no! he goes into Mauritania, and takes away with him the fair Desdemona, unless his abode be

IAGO Continuate pure! Ma bene! Benissimo!

RODERIGO Benissimo! Continuate pure! Ma così ve l'ho già detto non posso più continuare. Non va bene per niente. Ti giuro che questo tuo modo di agire è ambiguo, e comincio a credere di essere stato truffato.

IAGO Ma benissimo!

RODERIGO Ti ripeto che non va né bene né benissimo. Cercherò di parlare a Desdemona. Se mi restituirà i gioielli, smetterò di farle la corte e mi scuserò con lei di averla importunata, altrimenti chiederò soddisfazione a te, puoi stare sicuro.

IAGO Avete finito?

RODERIGO Sì, ma non ho detto altro che quello che ho intenzione di fare.

IAGO Finalmente vedo che avete del coraggio, e da questo momento avrò di voi un'opinione migliore. Qua la mano, Roderigo; per quanto abbiate delle buone ragioni di lamentarvi di me, tuttavia vi assicuro di aver agito lealmente nei vostri riguardi.

RODERIGO Non sembra.

IAGO Ne convengo, non sembra; e il vostro dubbio non è campato in aria. Però se voi, Roderigo, avete veramente la fermezza, il coraggio e il valore che ora più che mai ho ragione di credere che abbiate, datene la prova questa notte. E, se la notte dopo, Desdemona non sarà vostra, toglietemi pure da questo mondo a tradimento o inventate ogni genere di tortura per uccidermi.

RODERIGO E che cosa dovrei fare? È una cosa ragionevole e possibile?

IAGO Sono giunte speciali disposizioni da Venezia perché venga affidata a Cassio la carica di Otello.

RODERIGO Ne sei certo? Allora Otello e Desdemona tornano a Venezia!

IAGO Oh, no; Otello va in Mauritania insieme con la sua bella Desdemona. Naturalmente se non sarà trattenuto qui da qualche avvenimento imprevisto. In

lingered here by some accident; wherein none can be so determinate as the removing of Cassio.

RODERIGO How do you mean, removing of him?

IAGO Why, by making him uncapable of Othello's place; knocking out his brains.

RODERIGO And that you would have me do?

IAGO Ay; if you dare do yourself a profit and a right. He sups to-night with a harlotry, and thither will I go to him; he knows not yet of his honourable fortune. If you will watch his going thence, — which I will fashion to fall out between twelve and one, — you may take him at your pleasure; I will be near to second your attempt, and he shall fall between us. Come, stand not amazed at it, but go along with me; I will show you such a necessity in his death that you shall think yourself bound to put it on him. It is now high supper-time, and the night grows to waste; about it.

RODERIGO I will hear further reason for this.

IAGO And you shall be satisfied. *Exeunt*

IV. III.

Enter OTHELLO, LODOVICO, DESDEMONA, EMILIA, *and attendants*

LODOVICO
I do beseech you, sir, trouble yourself no further.

OTHELLO
O! pardon me; 'twill do me good to walk.

LODOVICO
Madam, good-night; I humbly thank your ladyship.

questo caso, credo che nulla vi sarebbe di più decisivo che togliere di mezzo Cassio.

RODERIGO Che cosa intendi dire con quel "togliere di mezzo"?

IAGO Rendergli materialmente impossibile di occupare la carica del Moro facendogli schizzar via il cervello.

RODERIGO E io dovrei far questo?

IAGO Sì, se ne avrete il coraggio. È un vostro diritto: vi porterà grandi vantaggi. Cassio cenerà stasera con una puttanella, e ci sarò anch'io. Egli non sa ancora nulla della sua enorme fortuna. Voi potrete aspettarlo, stando in agguato, quando uscirà – farò in modo che ciò avvenga tra la mezzanotte e l'una. Potrete colpirlo come vi piacerà. Io vi starò vicino e vi aiuterò. Vedrete, saremo in due a liquidarlo. Ma su, perché quell'aria sbalordita! Venite: andiamo! Vi dimostrerò le ragioni per cui la morte di Cassio è indispensabile. Quando le saprete, ucciderlo sarà per voi un dovere. Ma è già ora di cena. E la notte avanza rapidamente. Non perdiamo tempo, dunque.

RODERIGO Però voglio maggiori spiegazioni su quest'affare.

IAGO Ma certamente: le avrete. *Escono*

IV. III.

Entrano OTELLO, LODOVICO, DESDEMONA, EMILIA *e il seguito*

LODOVICO
No, vi prego, signore, vi siete disturbato già abba-
OTELLO   [stanza.
Ma che dite; anzi, una passeggiata mi farà bene.
LODOVICO
Signora, buona notte! Umilmente ringrazio Vostra Si-
                                          [gnoria.

DESDEMONA
  Your honour is most welcome.
OTHELLO   Will you walk, sir?
  O! Desdemona, —
DESDEMONA My lord?
OTHELLO Get you to bed on the istant; I will be returned forth-with; dismiss your attendant there; look it be done.
DESDEMONA   I will, my lord.   10
             Exeunt OTHELLO, LODOVICO, *and attendants*
EMILIA
  How goes it now? He looks gentler than he did.
DESDEMONA
  He says he will return incontinent;
  He hath commanded me to go to bed,
  And bade me to dismiss you.
EMILIA   Dismiss me!
DESDEMONA
  It was his bidding; therefore, good Emilia,
  Give me my nightly wearing, and adieu:
  We must not now displease him.
EMILIA
  I would you had never seen him.
DESDEMONA
  So would not I; my love doth so approve him,
  That even his stubbornness, his checks and frowns, — 20
  Prithee, unpin me, — have grace and favour ⟨in
EMILIA   [them.⟩
  I have laid those sheets you bade me on the bed.
DESDEMONA
  All 's one. Good faith! how foolish are our minds!
  If I do die before thee, prithee, shroud me
  In one of those same sheets.
EMILIA   Come, come, you talk.
DESDEMONA
  My mother had a maid call'd Barbara;
  She was in love, and he she lov'd prov'd mad

DESDEMONA
Vostro Onore sarà sempre il benvenuto.
OTELLO
Vogliamo andare, signore? Ah, sentite, Desdemona!
DESDEMONA   Mio signore!
OTELLO   Andate subito a letto. Io tornerò molto presto. Lasciate libera la cameriera. Mi raccomando, fate come vi ho detto.
DESDEMONA   Va bene, mio signore.
            Escono OTELLO, LODOVICO *e il seguito*

EMILIA   Come va, ora? Mi pare più sereno.
DESDEMONA   Ha detto che tornerà presto; e m'ha dato l'ordine di andare a letto e di lasciarvi libera.
EMILIA   Lasciarmi libera?
DESDEMONA   Questi sono i suoi ordini. Perciò, cara Emilia, dammi la mia camicia da notte, e addio! Non bisogna contrariarlo.
EMILIA   Vorrei che non lo aveste mai conosciuto.
DESDEMONA   Ma io no. Di lui amo tutto, e anche l'asprezza, i rimproveri, il malumore – ti prego, slacciami – sono per me segni di attenzione e di benevolenza.
EMILIA   Ho messo nel letto le lenzuola che desideravate.
DESDEMONA
Ah, già! Ma non ha importanza. Mio Dio, che strani ci vengono talvolta! Se dovessi morire   [pensieri
prima di te, avvolgimi, ti scongiuro,
in uno di quei lenzuoli.
EMILIA
Su, su! Ma che discorsi!
DESDEMONA
Mia madre aveva una cameriera che si chiamava Bar-
                                                    [bara.
Questa Barbara era innamorata, ma l'uomo che essa
un giorno, commise la follia di abbandonarla.   [amava,

And did forsake her; she had a song of "willow";
An old thing 'twas, but it express'd her fortune,
And she died singing it; that song to-night 30
Will not go from my mind; I have much to do
But to go hang my head all at one side,
And sing it like poor Barbara. Prithee, dispatch.
EMILIA
Shall I go fetch your night-gown?
DESDEMONA   No, unpin me here.
This Lodovico is a proper man.
EMILIA   A very handsome man.
DESDEMONA   He speaks well.
EMILIA   I know a lady in Venice would have walked barefoot to Palestine for a touch of his nether lip.
DESDEMONA   (*sings*)

    The poor soul sat sighing by a sycamore tree,   40
        Sing all a green willow;
    Her hand on her bosom, her head on her knee,
        Sing willow, willow, willow:
    The fresh streams ran by her, and murmur'd her
        Sing willow, willow, willow: [moans;
    Her salt tears fell from her, and soften'd the
Lay by these: –   [stone; –
        Sing willow, willow, willow:
Prithee, hie thee; he 'll come anon. –
        Sing all a green willow must be my garland.   50
        Let nobody blame him, his scorn I approve, –
Nay, that 's not next. Hark! who is it that knocks?
EMILIA   It is the wind.
DESDEMONA

    I call'd my love false love; but what said he then?
        Sing willow, willow, willow:
    If I court moe women, you'll couch with moe men.

31-52. In Q1 mancano oltre venti versi: dalle parole *I have much to do* fino a *Nay, that's not next*, escludendo così la canzone del salice.

Otello IV. III.

Barbara cantava spesso "La canzone del salice",
una vecchia canzone, ma che esprimeva bene
un destino simile al suo. E morì cantandola.
Quella canzone, stasera, non vuole uscirmi dalla men-
A stento riesco a non piegare la testa   [te.
tutta da un lato e a non cantarla
come faceva la povera Barbara.
Sbrigati, per favore!

EMILIA
Devo andare a prendervi la camicia da notte?

DESDEMONA
No, slacciami qui. — Lodovico è un bell'uomo.

EMILIA   È proprio bello.

DESDEMONA   E parla molto bene.

EMILIA   Conosco a Venezia una signora che sarebbe andata a piedi nudi fino in Palestina, pur di essere sfiorata dalle sue labbra.

DESDEMONA   (*canta*)
   Piangeva l'infelice — sotto un sicomoro;
   — Cantate: il salice, il salice, il salice! —
   con le mani sul cuore — la testa sui ginocchi.
   — Cantate: il salice, il salice, il salice! —
   Dolcemente un ruscello — modulava il lamento,
   — Cantate: il salice, il salice, il salice! —
   e quell'amaro pianto — le pietre inteneriva. —
Metti via queste cose.
   — Cantate: il salice, il salice, il salice! —
Sbrigati, su, fra poco Otello sarà qui.
   — Cantate: un verde salice — sarà la mia ghirlanda.
   Nessuno lo rimproveri — accetto il suo disprezzo.
No, mi pare che questo verso venga dopo. Ascolta!
Chi bussa?

EMILIA   Sarà il vento.

DESDEMONA
   Dissi: "Sei falso, amore!". Ma egli mi rispose:
   — Cantate: il salice, il salice, il salice! —
   "Se vado con altre donne — tradiscimi tu pure."

So, get thee gone; good-night. Mine eyes do itch;
Doth that bode weeping?

EMILIA   'Tis neither here nor there.

DESDEMONA
I have heard it said so. O! these men, these men!
Dost thou in conscience think, tell me, Emilia,   60
That there be women do abuse their husbands
In such gross kind?

EMILIA   There be some such, no question.

DESDEMONA
Wouldst thou do such a deed for all the world?

EMILIA
Why, would not you?

DESDEMONA   No, by this heavenly light!

EMILIA
Nor I neither by this heavenly light;
I might do 't as well i' the dark.

DESDEMONA
Wouldst thou do such a deed for all the world?

EMILIA
The world is a huge thing: 'tis a great price
For a small vice.

DESDEMONA   In troth, I think thou wouldst not.

EMILIA   In troth, I think I should, and undo 't when I   70
had done. Marry, I would not do such a thing for a
joint-ring, nor measures of lawn, nor for gowns,
petticoats, nor caps, nor any petty exhibition; but for
the whole world, who would not make her husband
a cuckold to make him a monarch? I should venture
purgatory for 't.

DESDEMONA   Beshrew me, if I would do such a wrong
for the whole world.

EMILIA   Why, the wrong is but a wrong i' the world;
and having the world for your labour, 'tis a wrong in   80

59-62. Queste due battute di Desdemona ed Emilia mancano in Q1.

E ora vattene; buona notte. Mi bruciano gli occhi.
Forse significa che dovrò piangere.
EMILIA   Non vuol dir niente.
DESDEMONA
  L'ho sentito dire. Oh, questi uomini, questi uomini.
  Dimmi, Emilia, credi tu, in coscienza,
  che esistano delle donne capaci di ingannare
  i loro mariti?
EMILIA Altro che!
DESDEMONA E tu faresti una cosa simile, pur di diventare padrona del mondo?
EMILIA E voi non la fareste?
DESDEMONA Io no, lo giuro alla luce del sole.
EMILIA Alla luce del sole nemmeno io; se mai, meglio al buio.
DESDEMONA Dunque, faresti una cosa simile, pur di diventare padrona del mondo?
EMILIA Il mondo è una cosa enorme. È un grande compenso per un piccolo peccato.
DESDEMONA E io credo che tu non la faresti.
EMILIA Invece io credo che la farei. E poi, una volta fatta, sarei capace di disfarla. Per la Vergine, certo non farei una cosa simile per un anello di poco prezzo o qualche pezza di lino o dei vestiti, delle gonne, dei cappelli o altri miseri regali. Ma per essere padrona del mondo! Eh... Chi non farebbe cornuto il proprio marito per farlo diventare re? Io andrei anche al Purgatorio!
DESDEMONA Ch'io sia maledetta se commettessi un simile peccato in cambio del mondo intero.
EMILIA Eh, via, il peccato degli uomini è peccato del mondo, il vostro sarebbe un peccato del mondo, che

your own world, and you might quickly make it right.
DESDEMONA   I do not think there is any such woman.
EMILIA   Yes, a dozen; and as many to the vantage, as
would store the world they played for.
But I do think it is their husbands' faults
If wives do fall. Say that they slack their duties,
And pour our treasures into foreign laps,
Or else break out in peevish jealousies,
Throwing restraint upon us; or say they strike us,
Or scant our former having in despite;   90
Why, we have galls, and though we have some grace,
Yet have we some revenge. Let husbands know
Their wives have sense like them; they see and smell,
And have their palates both for sweet and sour,
As husbands have. What is it that they do
When they change us for others? Is it sport?
I think it is; and doth affection breed it?
I think it doth; is 't frailty that thus errs?
It is so too; and have not we affections,
Desires for sport, and frailty, as men have?   100
Then, let them use us well; else let them know,
The ills we do, their ills instruct us so.

DESDEMONA

Good-night, good-night; God me such usage send,
Not to pick bad from bad, but by bad mend!

Exeunt

85-102. Tutta la parte in versi della battuta di Emilia, da *But
I do think* alla fine, manca in Q1.
103. *God*: lez. Q1; in F *heaven*.

ormai vi appartiene, e quindi da voi stessa facilmente
perdonabile.

DESDEMONA No, non posso credere che esistano donne
simili.

EMILIA Ce ne sono a dozzine! Tante, anzi, da riempire
tutto il mondo, per il quale hanno tradito.
Ma io credo che se le mogli tradiscono,
la colpa è dei loro mariti. Essi, infatti,
spengono i loro slanci e versano i tesori che ci spet-
in altri grembi, o smaniano per la gelosia   [tano
e ci tengono prigioniere, o ci picchiano e, per dispetto,
ci riducono il denaro che ci davano prima.
Anche noi abbiamo il fiele; e benché non ci manchi
qualche virtù, siamo capaci di vendicarci.
Sappiano i mariti che le loro mogli hanno,
esattamente come loro, tutti i sensi:
vedono, sentono, hanno il palato per distinguere
il dolce dall'amaro, proprio come
i loro mariti. Perché allora vanno
con altre donne? Per passatempo?
Credo di sì. O spinti dalla passione?
Credo anche questo. O li fa peccare
la debolezza umana? Anche questo deve essere vero.
E non abbiamo anche noi, come gli uomini,
passioni, desideri di passatempi e debolezze?
Dunque, cerchino di trattarci bene. Altrimenti
sappiano che sono i loro peccati che ci insegnano
a commettere uguali peccati.

DESDEMONA
Buona notte, buona notte! Che Dio m'aiuti a non
                                          [imparare
il male dal male, ma a ricavarne buoni insegnamenti.

Escono

V. I.

Enter IAGO *and* RODERIGO

IAGO
  Here, stand behind this bulk; straight will he come:
  Wear thy good rapier bare, and put it home.
  Quick, quick; fear nothing; I'll be at thy elbow.
  It makes us, or it mars us; think on that,
  And fix most firm thy resolution.
RODERIGO
  Be near at hand; I may miscarry in 't.
IAGO
  Here, at thy hand: be bold, and take thy stand.
RODERIGO
  I have no great devotion to the deed;
  And yet he has given me satisfying reasons:
  'Tis but a man gone: forth, my sword; he dies.   10
IAGO
  I have rubb'd this young quat almost to the sense,
  And he grows angry. Now, whether he kill Cassio,
  Or Cassio him, or each do kill the other,
  Every way makes my gain: live Roderigo,
  He calls me to a restitution large
  Of gold and jewels that I bobb'd from him,
  As gifts to Desdemona;
  It must not be: if Cassio do remain,
  He hath a daily beauty in his life
  That makes me ugly: and, besides, the Moor   20
  May unfold me to him; there stand I in much peril.
  No, he must die. Be't so; I hear him coming.

Enter CASSIO

---

22. *Be't so*: lez. Q1; in F *But so*, che editori moderni leggono *But soft* (« ma, silenzio »).

V. 1.

Entrano IAGO *e* RODERIGO

IAGO
Mettiti qui, dietro a questo muro. Fra poco verrà.
Tieni pronta la spada e allunga un colpo preciso.
Presto, presto. Non avere paura di nulla. Io sarò al
                                              [tuo fianco.
Qui si deciderà la nostra fortuna o la nostra rovina.
Pensa a questo, e non avere più incertezze.
RODERIGO
Stammi vicino: potrei sbagliare il colpo.
IAGO
Starò qui: vicinissimo. Coraggio, ora mettiti là.
RODERIGO
Quest'affare mi piace poco; tuttavia le ragioni di Iago
sono convincenti. E poi, è solo un uomo di più che se
                                              [ne va.
Avanti, fuori, spada mia! Ah, è bell'e spacciato!
IAGO
Ho continuato a punzecchiare questo piccolo bubbone
fino a irritarlo. E ora s'è infiammato.
Che egli uccida Cassio, che Cassio uccida lui,
o che si ammazzino tutti e due, io
ne avrò sempre un vantaggio. Se Roderigo
resta vivo, vorrà che gli restituisca
tutto l'oro e i gioielli che gli ho truffati
quali immaginari regali per Desdemona.
No, questo non deve avvenire. Se resta vivo Cassio,
con la sua bellezza e il suo valore, mi lascerà sempre
                                              [in ombra.
Inoltre il Moro potrebbe scoprirgli il mio gioco
e io correrei un grave pericolo. No, deve morire anche
E così sia. Mi pare che stia arrivando.   [lui.

Entra CASSIO

RODERIGO
I know his gait; 'tis he. Villain, thou diest!
CASSIO
That thrust had been mine enemy indeed
But that my coat is better than thou know'st;
I will make proof of thine.   [*Wounds* RODERIGO]
RODERIGO   O! I am slain.
[IAGO *from behind wounds* CASSIO *in the leg, and exit*]

CASSIO
I am maim'd for ever. Help, ho! murder! murder!
Falls

Enter OTHELLO

OTHELLO
The voice of Cassio: Iago keeps his word.
RODERIGO
O! villain that I am!
OTHELLO   It is e'en so.
CASSIO
O, help, ho! light! a surgeon!   30
OTHELLO
'Tis he: O brave Iago, honest and just,
That hast such noble sense of thy friend's wrong;
Thou teachest me. Minion, your dear lies dead,
And your fate hies apace; strumpet, I come!
Forth of my heart those charms, thine eyes, are [blotted;
Thy bed lust-stain'd shall with lust's blood be spotted.
Exit

Enter LODOVICO *and* GRATIANO

---

27. *Help*: lez. F; in Q1 *light* (« luce »).

RODERIGO
  Riconosco il suo passo. È lui! Sei morto, furfante!
CASSIO
  Il colpo poteva essere mortale, se la mia armatura
  non fosse migliore di quanto tu creda.
  Ora proverò la tua.   [*Ferisce* RODERIGO]
RODERIGO   Mi hanno ucciso!
  [IAGO, *alle spalle di* CASSIO, *lo ferisce a una gamba e fugge*]

CASSIO
  Ahimè! Resterò storpio per tutta la vita!
  Aiuto, aiuto! All'assassino! All'assassino!   *Cade*

Entra OTELLO

OTELLO
  È la voce di Cassio! Iago ha mantenuto la parola.
RODERIGO
  Ah, sono un miserabile!
OTELLO   Proprio così.
CASSIO
  Ehi, aiuto! Una torcia! Un medico!
OTELLO
  È lui... Bravo Iago! Sei leale e giusto,
  e con quale senso di nobiltà hai preso su di te
  l'offesa fatta a un amico! Tu m'insegni come devo
  Piccola mia, il tuo amato bene è morto,   [agire.
  e anche per te si avvicina la fine. Eccomi a te, sgual-
  È finito il fascino della tua bellezza,   [drina!
  dei tuoi sguardi! Il tuo letto sporco di lussuria,
  sarà presto macchiato del tuo sangue lussurioso.
                                              Esce
Entrano LODOVICO *e* GRAZIANO

CASSIO
What ho! no watch? no passage? murder! murder!
GRATIANO
'Tis some mischance; the cry is very direful.
CASSIO O, help!
LODOVICO Hark! 40
RODERIGO O wretched villain!
LODOVICO
Two or three groans: it is a heavy night;
These may be counterfeits; let 's think 't unsafe
To come in to the cry without more help.
RODERIGO
Nobody come? then shall I bleed to death.
LODOVICO Hark!

Enter IAGO, *with a light*

GRATIANO
Here 's one comes in his shirt, with light and weap-
IAGO   [ons.
Who 's there? whose noise is this that cries on mur-
LODOVICO   [der?
We do not know.
IAGO   Did not you hear a cry?
CASSIO
Here, here! for heaven's sake, help me.
IAGO   What 's the matter? 50
GRATIANO
This is Othello's ancient, as I take it.
LODOVICO
The same indeed; a very valiant fellow.
IAGO
What are you here that cry so grievously?
CASSIO
Iago? O! I am spoil'd, undone by villains!
Give me some help.

CASSIO Ehi, aiuto! Non c'è una guardia? Non c'è nessuno per la strada? All'assassino! All'assassino!
GRAZIANO Deve essere accaduta una disgrazia. Era un lamento atroce.
CASSIO Ehi, aiuto!
LODOVICO Sentite?
RODERIGO Maledetto delinquente!
LODOVICO
Sono in due o tre, mi pare, che si lamentano.
La notte è molto buia, e queste grida potrebbero
nascondere un agguato. Non credo che sia prudente
correre là senza l'aiuto di altre persone.
RODERIGO
Ma non viene nessuno? Muoio dissanguato!
LODOVICO Sentite?

Entra IAGO *con una torcia*

GRAZIANO Ecco, sta arrivando un uomo mezzo svestito.
È armato e ha una torcia.
IAGO
Chi è là? Chi ha gridato: "All'assassino!"?
LODOVICO Non lo sappiamo.
IAGO Ma non avete sentito gridare?
CASSIO Qui, qui! Per l'amor di Dio, aiutatemi!
IAGO Che cosa è successo?
GRAZIANO
Mi sbaglio o è l'alfiere di Otello?
LODOVICO
È proprio lui. È un bravissimo soldato.
IAGO
Chi siete voi che vi lamentate così?
CASSIO
Iago? Ah, degli assassini mi hanno aggredito:
mi hanno massacrato. Aiutatemi!

IAGO
O me, lieutenant! what villains have done this?

CASSIO
I think that one of them is hereabout,
And cannot make away.

IAGO   O treacherous villains!
What are you there? come in, and give some help.

RODERIGO
O! help me here.

CASSIO
That 's one of them.

IAGO   O murderous slave! O villain!
                              Stabs RODERIGO

RODERIGO
O damn'd Iago! O inhuman dog!

IAGO
Kill men i' the dark! Where be these bloody thieves?
How silent is this town! Ho! murder! murder!
What may you be? are you of good or evil?

LODOVICO
As you shall prove us, praise us.

IAGO Signior Lodovico?

LODOVICO He, sir.

IAGO
I cry you mercy. Here 's Cassio hurt by villains.

GRATIANO Cassio!

IAGO How is it, brother?

CASSIO
My leg is cut in two.

IAGO   Marry, heaven forbid.
Light, gentlemen; I 'll bind it with my shirt.

Enter BIANCA

BIANCA
What is the matter, ho? who is 't that cried?

IAGO
Ahimè, povero luogotenente! Chi è stato a colpirvi?
CASSIO
Uno di quelli non deve essere lontano da qui,
e credo che non possa fuggire.
IAGO   Vili traditori!
E voi chi siete? Venite ad aiutarci.
RODERIGO
Ahi! Qui: aiutatemi!
CASSIO
È uno di quelli là.
IAGO
Vile assassino! Farabutto!   *Pugnala* RODERIGO
RODERIGO
Maledetto Iago! Cane senza pietà!
IAGO
Assassinare la gente approfittando del buio!
Dove sono questi delinquenti? Ma che silenzio
in questa città! Ehi! Ehi! All'assassino! All'assassino!
E voi chi siete? Gente onesta o no?
LODOVICO
Appena ci avrete riconosciuti lo saprete.
IAGO   Il signor Lodovico?
LODOVICO   Appunto, signore.
IAGO   Vi chiedo scusa. C'è qui Cassio, ferito da alcuni
delinquenti.
GRAZIANO   Cassio!
IAGO   Come va, fratello mio?
CASSIO   Ho una gamba tagliata in due.
IAGO   Dio non voglia! Fate luce, signori. Lo fascerò con
la mia camicia.

Entra BIANCA

BIANCA
Che cosa è successo? Chi gridava?

IAGO
  Who is 't that cried!
BIANCA
  O my dear Cassio! my sweet Cassio!
  O Cassio, Cassio, Cassio!
IAGO
  O notable strumpet! Cassio, may you suspect
  Who they should be that have thus mangled you?
CASSIO   No.
GRATIANO
  I am sorry to find you thus; I have been to seek you.
IAGO
  Lend me a garter. So. O! for a chair,
  To bear him easily hence!
BIANCA
  Alas! he faints! O Cassio, Cassio, Cassio!
IAGO
  Gentlemen all, I do suspect this trash
  To be a party in this injury.
  Patience awhile, good Cassio. Come, come.
  Lend me a light. Know we this face, or no?
  Alas! my friend and my dear countryman,
  Roderigo? no: yes, sure, O heaven! Roderigo.
GRATIANO
  What! of Venice?
IAGO
  Even he, sir: did you know him?
GRATIANO   Know him! ay.
IAGO
  Signior Gratiano? I cry you gentle pardon;
  These bloody accidents must excuse my manners,
  That so neglected you.
GRATIANO   I am glad to see you.

82-83. Questa battuta di Iago manca in Q1.
90. *O heaven*: lez. Q1; in F *Yes, 'tis* (« Sì, è »).

IAGO
 Chi gridava?
BIANCA
 Mio caro Cassio! Mio dolce Cassio!
 Cassio! Cassio! Cassio!
IAGO
 Ecco la solita sgualdrina! Cassio, avete qualche so-
 circa i vostri aggressori?   [spetto
CASSIO   No.
GRAZIANO
 Mi dispiace di trovarvi in questo stato.
 Stavo appunto cercandovi.
IAGO   Datemi un legaccio. Sì, va bene. E cercate una
 sedia: lo trasporteremo più facilmente.
BIANCA
 Ahimè, sviene! Cassio! Cassio! Cassio!
IAGO
 Signori, ho il sospetto che questa prostituta
 abbia preso parte all'aggressione. Un po' di pazienza,
 caro Cassio. Venite, venite qui, fatemi luce.
 Dove ho visto la faccia di quest'uomo? Non è il mio
 il mio caro concittadino Roderigo?   [amico,
 No... Sì... Ma certo! Mio Dio, è proprio Roderigo.
GRAZIANO
 Quale Roderigo? Quello di Venezia?
IAGO
 Proprio lui, signore. Perché, lo conoscevate?
GRAZIANO
 Se lo conoscevo? Ma certo!
IAGO
 Vi prego di scusarmi, signor Graziano, se sconvolto
 fatti di sangue, vi ho trattato male.   [da questi
GRAZIANO
 Prego, prego; sono lieto di rivedervi.

IAGO
How do you, Cassio? O! a chair, a chair!

GRATIANO Roderigo!

IAGO
He, he, 'tis he, – O! that 's well said; the chair:
Some good men bear him carefully from hence;
I 'll fetch the general's surgeon. For you, mistress,
Save you your labour. He that lies slain here, Cassio,
Was my dear friend. What malice was between you?

CASSIO
None in the world; nor do I know that man.

IAGO
What! look you pale? O! bear him out o' the air.

CASSIO and RODERIGO are borne off

Stay you, good gentlemen. Look you pale, mistress? –
Do you perceive the gastness of her eye?
Nay, if you stare, we shall hear more anon.
Behold her well; I pray you, look upon her.
Do you see, gentlemen? nay, guiltiness will speak
Though tongues were out of use.

Enter EMILIA

EMILIA
'Las! what 's the matter? what 's the matter, hus-
[band?

IAGO
Cassio hath here been set on in the dark
By Roderigo and fellows that are 'scaped:
He 's almost slain, and Roderigo dead.

EMILIA
Alas! good gentleman; alas! good Cassio!

---

105. *gentlemen*: lez. F; in Q1 *gentlewomen* («gentildonne»).
106. *gastness*: lez. F; in Q1 *gestures* («il volgere»).
107. *if you stare, we shall hear more*: lez. F; in Q1 *an you stir – we shall have more* («guai se vi muovete... ne caveremo altro»).

IAGO
E voi, come vi sentite, Cassio? Ehi, una sedia, una
GRAZIANO   Roderigo!   [sedia!
IAGO
Lui, lui, proprio lui! Ah, ecco la sedia, finalmente.
Qualcuno di buon cuore lo porti via con molta atten-
                                                  [zione.
Intanto io andrò a cercare il medico del generale.
E voi, signora, non affannatevi inutilmente.
Ascoltatemi, Cassio: quest'uomo che hanno ucciso
era un mio caro amico. C'era qualche motivo
di rancore fra voi due?
CASSIO
Ma nessuno. Non lo conoscevo nemmeno.
IAGO
Ma voi impallidite! – Su, portatelo via, al riparo dal
    [freddo.   CASSIO *e* RODERIGO *vengono portati via*
Voi restate qui. Perché siete così pallida, signora?
Non vedete la paura nei suoi occhi?
Be', se la fissate negli occhi
verremo a sapere altre cose. Guardatela,
vi prego, guardatela! Non vedete, signori?
La colpa parla anche senza l'uso della lingua.

Entra EMILIA

EMILIA
Ahimè, che cosa è successo, che cosa è successo, Iago?
IAGO
Cassio è stato aggredito qui, nel buio,
da Roderigo e da altri, che sono fuggiti.
Roderigo è morto e Cassio è moribondo.
EMILIA
Ah, povero signore, povero Cassio!

IAGO
>This is the fruit of whoring. Prithee, Emilia,
>Go know of Cassio where he supp'd to-night.
>[*To* BIANCA] What! do you shake at that?

BIANCA
>He supp'd at my house; but I therefore shake not.

IAGO
>O! did he so? I charge you, go with me.

EMILIA
>Fie, fie upon thee, strumpet!

BIANCA
>I am no strumpet, but of life as honest
>As you that thus abuse me.

EMILIA   As I! foh! fie upon thee!

IAGO
>Kind gentlemen, let 's go see poor Cassio dress'd.
>Come, mistress, you must tell 's another tale.
>Emilia, run you to the citadel,
>And tell my lord and lady what hath happ'd.
>Will you go on afore? [*Aside*] This is the night
>That either makes me or fordoes me quite.   *Exeunt*

V. II.

Enter OTHELLO *with a light;* DESDEMONA *in her bed*

OTHELLO
>It is the cause, it is the cause, my soul;
>Let me not name it to you, you chaste stars!
>It is the cause. Yet I 'll not shed her blood,

IAGO
 Ecco che cosa si guadagna a frequentare le sgualdrine.
 Va', Emilia, ti prego, va' a domandare
 a Cassio dove ha cenato stasera.
 [*A* BIANCA] Ma voi tremate a queste parole!
BIANCA
 È venuto a cena da me; ma non tremo per questa
IAGO   [ragione.
 Ah, ha cenato da voi? Le circostanze allora
 vi accusano: vi ordino di seguirmi.
EMILIA
 Vergognati, vergognati, sgualdrina!
BIANCA
 Non sono una sgualdrina, sono una donna onesta
 come voi che m'insultate.
EMILIA
 Come me! Che schifo! Vergognati!
IAGO
 Gentili signori, andiamo a vedere se hanno medicato
 il povero Cassio. Voi, Bianca, seguiteci.
 Avete ancora altre cose da raccontarci.
 Emilia, correte alla cittadella e dite al mio signore
 e alla mia signora che cosa è accaduto.
 Andate avanti; vengo subito.
 [*A parte*] Questa è la notte che mi porterà in alto
 o mi farà precipitare.   *Escono*

V. II.

Entra OTELLO *con una lampada;* DESDEMONA *è a letto*

OTELLO
 C'è una ragione, c'è una ragione, anima mia!
 Ma a voi non la dirò, purissime stelle.
 Una ragione! Eppure, non voglio spargere il suo san-
                                                [gue,

Nor scar that whiter skin of hers than snow,
And smooth as monumental alabaster.
Yet she must die, else she 'll betray more men.
Put out the light, and then put out the light:
If I quench thee, thou flaming minister,
I can again thy former light restore,
Should I repent me; but once put out thy light, 10
Thou cunning'st pattern of excelling nature,
I know not where is that Promethean heat
That can thy light relume. When I have pluck'd thy
I cannot give it vital growth again, [rose,
It needs must wither: I 'll smell it on the tree.

Kisses her

O balmy breath, that dost almost persuade
Justice to break her sword! One more, one more.
Be thus when thou art dead, and I will kill thee,
And love thee after. One more, and this the last:
So sweet was ne'er so fatal. I must weep, 20
But they are cruel tears; this sorrow's heavenly,
It strikes where it doth love. She wakes.

DESDEMONA
  Who 's there? Othello?
OTHELLO   Ay, Desdemona.
DESDEMONA
  Will you come to bed, my lord?
OTHELLO
  Have you pray'd to-night, Desdemona?
DESDEMONA   Ay, my lord.
OTHELLO
  If you bethink yourself of any crime
  Unreconcil'd as yet to heaven and grace,
  Solicit for it straight.
DESDEMONA
  Alas! my lord, what may you mean by that?

---

17. Lez. F; in Q1 *Justice herself to break her sword once more*
(« la Giustizia stessa a spezzare la sua spada ancora una volta »).

voglio lasciare intatta la sua pelle più bianca della
e più liscia dell'alabastro. Ma deve morire,   [neve
altrimenti continuerà a peccare con altri uomini.
Prima spegnerò questa luce, e poi quest'altra.
Quando avrò spento te, portatrice di fuoco,
se mi pentissi, potrei sempre riaccenderti;
ma una volta spenta la tua luce,
magnifica opera della perfezione della natura,
non so dove potrei trovare il fuoco di Prometeo
capace di riaccenderti. Quando ti avrò colto, o rosa,
non potrò più ridarti la linfa vitale, e certamente
appassirai. Voglio sentire ancora il tuo odore sulla
                          [pianta. *La bacia*
O alito profumato, convinceresti quasi la Giustizia
a spezzare la sua spada! Un altro bacio! Ancora un
Resta così nella morte! Ti ucciderò,   [altro!
e ti amerò ancora! Un altro bacio! L'ultimo!
Mai dolcezza fu così fatale. Io piango, sì,
ma lacrime crudeli. È un dolore celeste
quello che colpisce chi è amato dal cielo.
Ora si sveglia.

DESDEMONA
  Chi c'è? Otello?
OTELLO   Sì, sono io, Desdemona.
DESDEMONA
  Venite a letto, mio signore?
OTELLO
  Avete pregato, stanotte, Desdemona?
DESDEMONA
  Sì, mio signore.
OTELLO
  Se ricordate qualche peccato
    del quale la grazia divina non vi abbia ancora assolto,
  pregate subito che vi sia perdonato.
DESDEMONA
  Ahimè, che intendete dire, mio signore?

OTHELLO
> Well, do it, and be brief; I will walk by:
> I would not kill thy unprepared spirit;
> No; heaven forfend! I would not kill thy soul.

DESDEMONA
> Talk you of killing?

OTHELLO   Ay, I do.

DESDEMONA   Then heaven
> Have mercy on me!

OTHELLO   Amen! with all my heart.

DESDEMONA
> If you say so, I hope you will not kill me.

OTHELLO
> Hum!

DESDEMONA
> And yet I fear you; for you are fatal then
> When your eyes roll so. Why I should fear I know
> [not,
> Since guiltiness I know not; but yet I feel I fear.

OTHELLO
> Think on thy sins.

DESDEMONA   They are loves I bear to you.

OTHELLO
> Ay, and for that thou diest.

DESDEMONA
> That death 's unnatural that kills for loving.
> Alas! why gnaw you so your nether lip?
> Some bloody passion shakes your very frame;
> These are portents, but yet, I hope, I hope
> They do not point on me.

OTHELLO   Peace, and be still!

DESDEMONA
> I will so. What' s the matter?

OTELLO

Fai quello che t'ho detto; e presto. Mi allontanerò un
[momento.
Non voglio ucciderti senza che la tua anima sia prepa-
[rata.
Dio me ne guardi! No, non voglio uccidere la tua ani-
DESDEMONA   [ma.

Parlate di uccidere?
OTELLO   Sì, proprio così.

DESDEMONA

Allora Dio abbia pietà di me!
OTELLO   Così sia, con tutto il cuore!

DESDEMONA

Se dite questo, spero che non mi ucciderete.

OTELLO

Uhm!

DESDEMONA

Ma ho paura lo stesso di voi. Siete terribile
quando mi guardate così. Non so per quale ragione
io abbia paura, perché non ho fatto niente di male;
ma ho paura lo stesso!

OTELLO   Pensa ai tuoi peccati.

DESDEMONA

I miei peccati sono l'amore che vi porto.

OTELLO

E per l'amore, appunto, morirai.

DESDEMONA

La morte che uccide per amore va contro
ogni legge della natura. Ma perché vi mordete così
le labbra? Ahimè! Siete irriconoscibile...
Come preso da una furia sanguinaria. Neri presagi;
tuttavia io spero... io spero che non riguardino me.

OTELLO

Taci, e non muoverti.

DESDEMONA

Come volete; ma che cosa c'è?

OTHELLO
  That handkerchief which I so lov'd and gave thee
  Thou gav'st to Cassio.
DESDEMONA   No, by my life and soul!
  Send for the man and ask him.
OTHELLO   Sweet soul, take heed,
  Take heed of perjury; thou 'rt on thy death-bed.
DESDEMONA
  Ay, but not yet to die.
OTHELLO   ⟨Yes,⟩ presently;
  Therefore confess thee freely of thy sin;
  For to deny each article with oath
  Cannot remove nor choke the strong conception
  That I do groan withal. Thou art to die.
DESDEMONA
  Then Lord have mercy on me!
OTHELLO   I say, amen.
DESDEMONA
  And have you mercy too! I never did
  Offend you in my life; never lov'd Cassio
  But with such general warranty of heaven
  As I might love; I never gave him token.
OTHELLO
  By heaven, I saw my handkerchief in 's hand.
  O perjur'd woman! thou dost stone my heart,
  And mak'st me call what I intend to do
  A murder, which I thought a sacrifice:
  I saw the handkerchief.
DESDEMONA   He found it then;
  I never gave it him. Send for him hither;
  Let him confess a truth.
OTHELLO   He hath confessed.
DESDEMONA
  What, my lord?

57. *Then Lord*: 'lez. Q1; in F   *heaven* (« o cielo »).

OTELLO
  Tu hai dato a Cassio quel fazzoletto
  che ti avevo regalato e che mi era tanto caro.
DESDEMONA
  Non è vero, lo giuro sulla mia vita e sull'anima mia.
  Mandate a chiamare Cassio e domandatelo a lui.
OTELLO
  Dolce anima, bada, bada di non giurare il falso!
  Sei sul tuo letto di morte.
DESDEMONA
  Sì, ma non ancora per morire.
OTELLO
  Invece sì, e subito.
  Confessa il tuo peccato; anche se giuri
  per negare tutto, non potrai né diminuire,
  né distruggere la crudele certezza
  che mi fa dannare. Tu devi morire.
DESDEMONA
  Che Dio abbia allora misericordia di me!
OTELLO
  Così sia, ripeto!
DESDEMONA
  E anche voi abbiate misericordia! Non vi ho tradito,
  non ho mai amato Cassio, se non di quell'affetto
  amichevole, consentito anche dal cielo. Non gli ho
OTELLO   [mai fatto un regalo.
  Ma, Dio mio, io stesso ho visto quel fazzoletto
  nelle sue mani. Spergiura! Mi hai fatto diventare
  il cuore di pietra; e ora vorresti convincermi
  che sto per compiere un delitto e non un sacro dovere.
  Ho visto io quel fazzoletto!
DESDEMONA   Forse l'avrà trovato.
  Io non gliel'ho dato. Mandatelo a chiamare
  e diteglio che vi confessi la verità.
OTELLO   Ha confessato.
DESDEMONA
  Che cosa, mio signore?

OTHELLO
That he had us'd thee.
DESDEMONA   How? unlawfully?
OTHELLO
Ay.
DESDEMONA
He will not say so.
OTHELLO   No; his mouth is stopp'd:
Honest Iago hath ta'en order for 't.
DESDEMONA
O! my fear interprets. What! is he dead?
OTHELLO
Had all his hairs been lives, my great revenge
Had stomach for them all.
DESDEMONA
Alas! he is betray'd and I undone.
OTHELLO
Out, strumpet! Weep'st thou for him to my face?
DESDEMONA
O! banish me, my lord, but kill me not!
OTHELLO
Down, strumpet!
DESDEMONA
Kill me to-morrow; let me live to-night!
OTHELLO
Nay, if you strive –
DESDEMONA
But half an hour!
OTHELLO   Being done, there is no pause.
DESDEMONA
But while I say one prayer!
OTHELLO   It is too late.
                              He smothers her

---

83. La battuta di Othello manca in Q1.
84. Dopo questa battuta in Q1 Desdemona ha ancora tempo di esclamare *O Lord, Lord, Lord!* (« O Dio, Dio, Dio »).

OTELLO   Che sei stata sua.
DESDEMONA
  Sua, come? Disonestamente?
OTELLO
  Sì.
DESDEMONA
  Ma non può affermare una cosa simile!
OTELLO
  Infatti, ormai, la sua bocca è chiusa.
  A questo ha provveduto il mio fedele Iago.
DESDEMONA
  Temo di aver capito. È morto?
OTELLO
  Se avesse avuto una vita in ogni capello,
  la mia furia di vendetta mi avrebbe dato la forza
  di toglierle tutte di mezzo.
DESDEMONA
  Ahimè! Cassio è stato tradito, e io sono perduta!
OTELLO
  Via, sgualdrina! Hai anche il coraggio
  di piangerlo davanti a me?
DESDEMONA
  Mandatemi in esilio, non uccidetemi, mio signore!
OTELLO
  Giù, sgualdrina!
DESDEMONA
  Uccidetemi domani; lasciatemi vivere ancora questa
OTELLO   [notte.
  No, e se vi ribellate...
DESDEMONA
  Mezz'ora soltanto.
OTELLO
  No, ora, e senza perdere un minuto.
DESDEMONA
  Solo per dire una preghiera!
OTELLO   È troppo tardi.   *La soffoca*

EMILIA
   (*Within*) My lord, my lord! what, ho! my lord, my
OTHELLO   [lord!
   What voice is this? Not dead? not yet quite dead?
   I that am cruel am yet merciful;
   I would not have thee linger in thy pain.
   So, so.
EMILIA
   (*Within*) What, ho! my lord, my lord!
OTHELLO   Who's there?   90
EMILIA
   (*Within*) O! good my lord, I would speak a word
OTHELLO   [with you!
   Yes; 'tis Emilia: by and by. She's dead.
   'Tis like she comes to speak of Cassio's death;
   The noise was high. Ha! no more moving?
   Still as the grave. Shall she come in? Were't good?
   I think she stirs again: no. What's best to do?
   If she come in she'll sure speak to my wife:
   My wife! my wife! what wife? I have no wife:
   O, insupportable! O heavy hour!
   Methinks it should be now a huge eclipse   100
   Of sun and moon, and that the affrighted globe
   Should yawn at alteration.
EMILIA (*within*)   I do beseech you
   That I may speak with you, O! good my lord.
OTHELLO
   I had forgot thee: O! come in, Emilia:
   Soft, by and by: let me the curtains draw.
   Where art thou? What's the matter with thee now?

   Enter EMILIA

---

86. *voice*: lez. Q1; in F *noise* (« rumore »).
94. *high*: lez. F; in Q1 *here* (« qui »).

EMILIA
  (*Dall'interno*) Mio signore, mio signore! Oh, mio si-
OTELLO   [gnore! Mio signore!
  Di chi è questa voce? Non è morta? Non è ancora
  Sono crudele, ma so anche essere pietoso;   [morta?
  non voglio che tu continui a soffrire.
  Ecco... così!
EMILIA
  (*Dall'interno*) Ehi! Mio signore! Mio signore!
OTELLO   Ma chi è?
EMILIA
  (*Dall'interno*) Sono io, mio buon signore; vorrei dir-
OTELLO   [vi una parola!
  È Emilia. – Vengo subito! – È morta. –
  Forse viene ad annunciarmi la morte di Cassio.
  Dalla voce, mi sembrava molto agitata.[1] – Ah, non si
                                              [muove più?
  È muta come una tomba. Devo far entrare Emilia?
  Faccio bene? Mi pare che si muova ancora.
  Ma no. Che cosa devo fare? Appena qui, Emilia,
  vorrà certo parlare con mia moglie. Mia moglie!
  Mia moglie! Ma che moglie? Io non ho più moglie!
  O insopportabile, terribile momento!
  Perché non viene un eclisse senza fine
  del sole e della luna e la terra tremando spaventata
  non si spalanca?
EMILIA
  (*Dall'interno*) Vi supplico, devo parlarvi, mio buon
OTELLO   [signore
  Scusa, mi ero dimenticato di te, Emilia.
  Ora ti faccio entrare: aspetta solo un momento
  e ti apro. Il tempo di tirare le cortine.
  Dove sei? Che cosa vuoi?

  Entra EMILIA

EMILIA
O! my good lord, yonder 's foul murder done.

OTHELLO
What! now?

EMILIA   But now, my lord.

OTHELLO
It is the very error of the moon;
She comes more near the earth than she was wont,
And makes men mad.

EMILIA
Cassio, my lord, has kill'd a young Venetian
Call'd Roderigo.

OTHELLO   Roderigo kill'd!
And Cassio kill'd?

EMILIA   No, Cassio is not kill'd.

OTHELLO
Not Cassio kill'd! then murder 's out of tune,
And sweet revenge grows harsh.

DESDEMONA
O! falsely, falsely murder'd.

EMILIA   Alas! what cry is that?

OTHELLO
That! what?

EMILIA
Out and alas! that was my lady's voice:
Help! Help, oh! help! O lady, speak again!
Sweet Desdemona! O! sweet mistress, speak.

DESDEMONA
A guiltless death I die.

EMILIA
O! who hath done this deed?

DESDEMONA
Nobody; I myself; farewell:

---

117. *Alas*: lez. F; in Q1 *O Lord* (« O Dio »).

EMILIA
Mio buon signore, sono stati commessi orrendi delitti.
OTELLO
Quando? Ora?
EMILIA Sì, proprio ora, mio signore.
OTELLO
È colpa della luna; quando si avvicina di più
alla terra fa impazzire tutti.
EMILIA
Mio signore, Cassio ha ucciso un certo Roderigo,
un giovane veneziano.
OTELLO Hanno ucciso Roderigo?
È stato ucciso anche Cassio?
EMILIA
No, Cassio non è stato ucciso.
OTELLO
Cassio non è stato ucciso? Ah! Un colpo fallito!
Così la dolce vendetta diventa aspra.
DESDEMONA
Ahimè, sono stata uccisa ingiustamente, ingiusta-
EMILIA [mente!
Chi ha gridato così?
OTELLO
Gridato?
EMILIA
Ahimè, era la voce della mia signora!
Aiuto! Aiuto! Aiuto! Dite ancora qualche parola, si-
O dolce Desdemona, o mia cara padrona, [gnora!
parlate, parlate ancora!
DESDEMONA
Io muoio innocente!
EMILIA
Chi ha commesso questo delitto?
DESDEMONA
Nessuno: io stessa.

Commend me to my kind lord. O! farewell!

She dies

OTHELLO

Why, how should she be murder'd?

EMILIA   Alas! who knows?

OTHELLO

You heard her say herself it was not I.

EMILIA

She said so; I must needs report the truth.

OTHELLO

She 's like a liar gone to burning hell;
'Twas I that kill'd her.

EMILIA   O! the more angel she,
And you the blacker devil.

OTHELLO

She turn'd to folly, and she was a whore.

EMILIA

Thou dost belie her, and thou art a devil.

OTHELLO

She was false as water.

EMILIA   Thou art rash as fire to say
That she was false: O! she was heavenly true.

OTHELLO

Cassio did tup her; ask thy husband else.
O! I were damn'd beneath all depth in hell
But that I did proceed upon just grounds
To this extremity. Thy husband knew it all.

EMILIA

My husband!

OTHELLO

Thy husband.

EMILIA

That she was false to wedlock?

OTHELLO

Ay. with Cassio. ⟨Nay,⟩ had she been true,
If heaven would make me such another world

Addio! Ricordami al mio adorato signore. Addio!
Muore

OTELLO
Chi ha potuto assassinarla?

EMILIA   E come si fa a saperlo?

OTELLO
Lei stessa ve l'ha detto. Non sono stato io.

EMILIA
Sì, l'ha detto, non posso negarlo.

OTELLO
Invece ha mentito e precipiterà nel fuoco dell'inferno.
L'ho uccisa io.

EMILIA   Era l'angelo più candido,
come voi siete il demonio più nero.

OTELLO
Si era data al vizio. Era una sgualdrina.

EMILIA
È una calunnia, demonio.

OTELLO
Era infida come l'acqua.

EMILIA
E tu rapido come il fuoco a condannarla.
Era fedele come un angelo.

OTELLO
È stata con Cassio: domandalo a tuo marito.
Sarei dannato nel più profondo dell'inferno,
se fossi arrivato a questa decisione estrema,
senza prove sicure. Tuo marito sapeva tutto.

EMILIA
Mio marito?

OTELLO
Sì, tuo marito.

EMILIA
Che Desdemona ti tradiva?

OTELLO
Sì, con Cassio. Se mi fosse stata fedele,
anche se Dio avesse creato un topazio perfetto

Of one entire and perfect chrysolite,
I'd not have sold her for it.

EMILIA
My husband!

OTHELLO   Ay, 'twas he that told me first:
An honest man he is, and hates the slime
That sticks on filthy deeds.

EMILIA   My husband!

OTHELLO
What needs this iterance, woman? I say thy husband.

EMILIA
O mistress! villainy hath made mocks with love.
My husband say that she was false!

OTHELLO   He, woman;
I say, thy husband: dost understand the word?
My friend, thy husband, honest, honest Iago.

EMILIA
If he say so, may his pernicious soul
Rot half a grain a day! he lies to the heart:
She was too fond of her most filthy bargain.

OTHELLO
Ha!

EMILIA
Do thy worst:
This deed of thine is no more worthy heaven
Than thou wast worthy her.

OTHELLO   Peace! you were best.

EMILIA
Thou hast not half the power to do me harm
As I have to be hurt. O gull! O dolt!
As ignorant as dirt! thou hast done a deed –
I care not for thy sword; I'll make thee known,

151-154. Queste due battute di Emilia e Othello mancano in Q1.

e grande come il mondo, e me lo avessero offerto
per avere lei in cambio, io non l'avrei ceduta.

EMILIA

Mio marito?

OTELLO

Sì, fu lui che me ne parlò per primo.
È un uomo onesto e odia il fango
che è sempre attaccato alle sporche azioni.

EMILIA   Mio marito?

OTELLO

Quante volte lo devo ripetere? Sì, tuo marito, non te

EMILIA   [l'ho già detto?
Oh, mia signora, la malvagità s'è burlata dell'amore!
Mio marito ha osato dire che essa ti era infedele!

OTELLO

Proprio lui. Tuo marito, ripeto. Le capisci o no
queste parole? Tuo marito, il mio amico, l'onesto,
onestissimo Iago!

EMILIA

Se ha detto questo, possa il suo cuore perverso
marcire lentamente a brano a brano. Egli ha mentito
dal profondo del cuore. Essa era troppo affezionata
a quello sporco acquisto che aveva fatto.

OTELLO

Ehi! Ehi!

EMILIA

Fai pure di me quello che vuoi. Ciò che hai fatto
non è più indegno del cielo di quanto tu fossi
indegno di lei.

OTELLO   Taci, è meglio per te.

EMILIA

La tua forza di farmi del male, non è nemmeno
la metà di quella che ho io di sopportarlo.
Ingenuo! Stupido! Ignorante come la merda!
Tu hai commesso un delitto... No, non ho paura
della tua spada! Farò sapere a tutti
chi sei, anche se dovessi perdere venti volte la vita.

Though I lost twenty lives. Help! help, ho! help!
The Moor has kill'd my mistress! murder! murder!

Enter MONTANO, GRATIANO, IAGO, *and others*

MONTANO
What is the matter? How now, general!

EMILIA
O! are you come, Iago? you have done well,
That men must lay their murders on your neck.   170

GRATIANO
What is the matter?

EMILIA
Disprove this villain if thou be'st a man:
He says thou told'st him that his wife was false.
I know thou didst not, thou 'rt not such a villain.
Speak, for my heart is full.

IAGO
I told him what I thought, and told no more
Than what he found himself was apt and true.

EMILIA
But did you ever tell him she was false?

IAGO
I did.

EMILIA
You told a lie, an odious damnèd lie;   180
Upon my soul, a lie, a wicked lie;
She false with Cassio! Did you say with Cassio?

IAGO
With Cassio, mistress. Go to, charm your tongue.

---

171. Così F; in Q1 la battuta è attribuita a *All* («Tutti»).

Aiuto! Aiuto! Aiuto! Il Moro ha ucciso
la mia padrona! All'assassino! All'assassino!

Entrano MONTANO, GRAZIANO, IAGO *e altri*

MONTANO
  Che cosa è successo? Che c'è, generale?
EMILIA
  Ah, sei qui anche tu, Iago? Sei stato veramente bravo,
  se la gente può buttare sulle tue spalle
  il peso dei propri delitti.
GRAZIANO
  Ma che cosa è successo?
EMILIA
  Se sei un uomo, smentisci questo farabutto.
  Egli ha detto che sei stato tu a informarlo
  dell'infedeltà di sua moglie. Sono certa, non può es-
  [sere vero!
  Non puoi essere malvagio fino a questo punto.
  Su, parla, perché mi scoppia il cuore!
IAGO
  Gli ho detto quello che pensavo: cioè, né più e né
  [meno
  di quanto egli stesso poi riconobbe come giusto e
EMILIA   [vero.
  E gli hai detto che lei lo tradiva?
IAGO
  Sì.
EMILIA
  Hai detto una menzogna, una sporca, maledetta men-
  [zogna.
  Sull'anima mia, una menzogna, un'infame menzogna!
  Lo tradiva con Cassio? Hai detto con Cassio?
IAGO
  Sì, con Cassio, signora. Su, andate via e tenete a fre-
  [no la lingua.

EMILIA
I will not charm my tongue; I am bound to speak.
My mistress here lies murder'd in her bed.

ALL
O heavens forfend!

EMILIA
And your reports have set the murder on.

OTHELLO
Nay, stare not, masters; it is true, indeed.

GRATIANO
'Tis a strange truth.

MONTANO
O monstrous act!

EMILIA   Villainy! villainy! villainy!   190
I think upon 't, I think, I smelt a villainy!
I thought so then; I'll kill myself for grief.
O! villainy, villainy!

IAGO
What! are you mad? I charge you, get you home.

EMILIA
Good gentlemen, let me have leave to speak:
'Tis proper I obey him, but not now.
Perchance, Iago, I will ne'er go home.

OTHELLO
O! O! O!   *Falls on the bed*

EMILIA   Nay, lay thee down and roar,
For thou hast kill'd the sweetest innocent
That e'er did lift up eye.

OTHELLO   O! she was foul.   200
I scarce did know you, uncle. There lies your niece,
Whose breath, indeed, these hands have newly
                             [stopp'd:

185-193. Il secondo verso della battuta di Emilia e le sei battute seguenti mancano in Q1.

EMILIA
No, non terrò a freno per niente la lingua. Devo par-
[lare:
la mia padrona è stata uccisa nel suo letto. È là...
TUTTI
Dio non lo voglia!
EMILIA
Le tue menzogne hanno istigato l'assassino.
OTELLO
No, non meravigliatevi, signori: è la verità.
GRAZIANO
Una verità terribile.
MONTANO
Un delitto mostruoso!
EMILIA
Che infamia! Che infamia! Che infamia!
Ora capisco, ora capisco! Avevo fiutato quest'infamia,
l'avevo immaginata! E ora morirò di dolore.
Che infamia! Che infamia!
IAGO
Ma siete impazzita? Via, vi ordino di andare subito a
EMILIA   [casa!
Gentili signori, lasciatemi parlare.
È giusto che obbedisca a mio marito, ma non in que-
[sto momento.
E poi, Iago, forse non verrò più a casa.
OTELLO
(*Gettandosi sul letto*) Oh, oh, oh!
EMILIA
Sì, accovacciati e ruggisci!
Hai ucciso un'innocente, la più dolce creatura che ab-
alzato gli occhi al cielo.   [bia mai
OTELLO   Era una sgualdrina!
Scusate, zio, se non vi avevo riconosciuto prima.
Là c'è vostra nipote: con queste mie mani,
proprio ora, ho soffocato il suo respiro.

I know this act shows horrible and grim.

GRATIANO
Poor Desdemona! I am glad thy father 's dead.
Thy match was mortal to him, and pure grief
Shore his old thread in twain: did he live now,
This sight would make him do a desperate turn,
Yea, curse his better angel from his side,
And fall to reprobation.

OTHELLO
'Tis pitiful; but yet Iago knows
That she with Cassio hath the act of shame
A thousand times committed; Cassio confess'd it:
And she did gratify his amorous works
With that recognizance and pledge of love
Which I first gave her. I saw it in his hand:
It was a handkerchief, an antique token
My father gave my mother.

EMILIA
O God! O heavenly powers!

IAGO   Come, hold your peace.

EMILIA
'Twill out, 'twill out; I ⟨hold my⟩ peace, ⟨sir? no;⟩
No, I will speak as liberal as the north;
Let heaven and men and devils, let them all,
All, all, cry shame against me, yet I 'll speak.

IAGO
Be wise, and get you home.

EMILIA   I will not. [IAGO *draws*]

GRATIANO   Fie!
Your sword upon a woman!

EMILIA
O thou dull Moor! that handkerchief thou speak'st of

---

203. *horrible*: lez. F; in Q1 *terrible*.
218. Q1 legge *O God, o heavenly God!* e F *Oh Heaven! Oh heavenly powers!* In Q1 poi Iago invece di *Come* esclama *Zounds* (« perdìo »).
220. *the north*: lez. F; in Q1 *the air* (« l'aria »).

Capisco che quello che ho fatto possa sembrare
orribile e spaventoso.
GRAZIANO
Povera Desdemona! È meglio che tuo padre sia mor-
Il tuo matrimonio gli è stato fatale. Il dolore   [to.
ha stroncato la sua vecchiaia. Se fosse ancora vivo,
davanti a questo spettacolo avrebbe compiuto
un atto disperato. Sì, avrebbe maledetto
il suo angelo custode, dannando la sua anima.
OTELLO
Sì, è uno spettacolo pietoso, ma Iago sa, e puo dire
che mille volte essa ha compiuto quell'atto infame
con Cassio. Anche Cassio lo ha ammesso.
Ed essa ricompenso le sue fatiche amorose
regalandogli il mio primo pegno d'amore, un fazzo-
che mio padre aveva dato a mia madre.   [letto
Lo vidi io stesso nelle mani di Cassio.
EMILIA
O Dio! O potenze celesti!
IAGO   Ma tacete!
EMILIA
No, deve venir fuori tutto! Deve venir fuori tutto!
Altro che tacere! Parlerò libera come il vento
del Nord. Anche se il cielo, gli uomini, i demoni
dovessero tutti, tutti, tutti, gridare vergogna
contro di me, io parlerò.
IAGO
Su, un po' di prudenza e andatevene a casa.
EMILIA
No, non voglio.   [IAGO *sfodera la spada*]
GRAZIANO
Vergogna! Alzare la spada contro una donna!
EMILIA
E tu, Moro, sei stato veramente un imbecille!
Il fazzoletto di cui tu parli, l'ho trovato io per caso

I found by fortune and did give my husband;
For often, with a solemn earnestness,
More than, indeed, belong'd to such a trifle,
He begg'd of me to steal it.

IAGO   Villanous whore!

EMILIA
She give it Cassio! no, alas! I found it,
And I did give 't my husband.

IAGO   Filth, thou liest!

EMILIA
By heaven, I do not, I do not, gentlemen.
O murderous coxcomb! what should such a fool
Do with so good a wife?

OTHELLO   Are there no stones in heaven
But what serve for the thunder? Precious villain!

He runs at IAGO. IAGO *stabs* EMILIA

GRATIANO
The woman falls: sure, he has kill'd his wife.

Exit IAGO

EMILIA
Ay, ay; O! lay me by my mistress' side.

GRATIANO
He 's gone; but his wife 's kill'd.

MONTANO
'Tis a notorious villain. Take you this weapon,
Which I have ⟨here⟩ recover'd from the Moor.
Come, guard the door without; let him not pass,
But kill him rather. I 'll after that same villain,
For 'tis a damned slave.

Exeunt MONTANO *and* GRATIANO

OTHELLO   I am not valiant neither,

L'omuncolo più insignificante può strapparmi di ma-
[no la spada.
E perché poi l'onore dovrebbe sopravvivere alla vir-
Vada tutto al diavolo! [tù?

EMILIA
Non era un presagio, mia signora, la tua canzone?
Ascolta! Puoi ancora udirmi? Morirò cantando
come il cigno. [*Canta*] "Il salice, il salice, il salice."
Moro, essa era pura; essa ti amava, Moro senza cuore!
Come è vero che sono sincera, così la mia anima
vada fra i beati. E dicendo la verità muoio! Muoio!...
Muore

OTELLO
Ho un'altra spada in questa camera;
è una lama di Toledo temprata nell'acqua gelata...
Ah, eccola qui! Lasciami uscire, zio, è meglio.
GRAZIANO (*dall'interno*)
Non tentare nemmeno: ti costerebbe caro.
Tu non hai un'altra spada; e devi per forza obbedirmi.
OTELLO
Allora vieni tu qui dentro e vedrai; e così parleremo.
In caso contrario, disarmato come sono, ti attaccherò.

Entra GRAZIANO

GRAZIANO
Che cosa vuoi?
OTELLO   Lo vedi che ho una spada?
Mai soldato ne portò una al suo fianco,
migliore di questa. Un giorno,
col mio solo braccio e con questa magnifica spada,
mi sono aperto un varco attraverso ostacoli
venti volte superiori a quello che tu ora
mi vorresti opporre. O inutile vanagloria!
Chi può piegare il proprio destino? Non io certo,
e in un momento come questo. Dunque,
non aver paura, anche se mi vedi armato.

Here is my journey's end, here is my butt,
And very sea-mark of my utmost sail.
Do you go back dismay'd? 'tis a lost fear;
Man but a rush against Othello's breast, 27
And he retires. Where should Othello go?
Now how dost thou look now? O ill-starr'd wench!
Pale as thy smock! when we shall meet at compt,
This look of thine will hurl my soul from heaven,
And fiends will snatch at it. Cold, cold, my girl!
Even like thy chastity.
O! cursèd, cursèd slave. Whip me, ye devils,
From the possession of this heavenly sight!
Blow me about in winds! roast me in sulphur!
Wash me in steep-down gulfs of liquid fire! 28
O Desdemona! Desdemona! dead!
Oh! Oh! Oh!

Enter LODOVICO, MONTANO, CASSIO *carried in a chair, and officers with* IAGO, *prisoner*

LODOVICO
Where is this rash and most unfortunate man?
OTHELLO
That 's he that was Othello; here I am.
LODOVICO
Where is that viper? bring the villain forth.
OTHELLO
I look down towards his feet; but that 's a fable.
If that thou be'st a devil, I cannot kill thee.
[*Wounds* IAGO]

Sono alla fine del mio viaggio, vicino alla meta,
al faro del mio ultimo porto. Perché indietreggi?
Hai paura? Una paura inutile! Anche un semplice
                                            [giunco
puntato contro il petto di Otello, basta ormai
a farlo indietreggiare. E dove potrebbe più andare
                                            [Otello?
Com'è ora il tuo volto? Sei nata sotto una cattiva
Sei bianca come la tua veste notturna!   [stella!
Quando ci troveremo davanti al Giudizio di Dio,
questo tuo volto così bianco basterà a far precipitare
dal cielo la mia anima. E i demoni l'afferreranno.
Come sei fredda, piccola mia, come sei fredda!
Fredda come la tua castità. – O schiavo
maledetto, maledetto! E voi frustatemi, demoni;
cacciatemi via da questo luogo di bellezze celesti.
Disperdetemi al soffio dei venti, bruciatemi nello
                                            [zolfo!
Immergetemi giù, nei più profondi vortici del fuoco
                                            [liquido.
O Desdemona! Desdemona! Sei morta! Oh, oh...

Entrano LODOVICO, MONTANO, CASSIO *portato su una sedia; e alcuni ufficiali con* IAGO, *prigioniero*

LODOVICO
Dov'è quel pazzo, quello sventurato?
OTELLO
Ecco chi fu un giorno Otello. Sono qui.
LODOVICO
E dov'è quell'altra vipera? Portatemelo qui, quel de-
OTELLO   [linquente!
Guardo se hai i piedi di demonio. Ma già, quella è
                                            [una favola!
E se tu fossi un demonio, non potrei ucciderti.
                                   [*Ferisce* IAGO]

LODOVICO
Wrench his sword from him.
IAGO   I bleed, sir; but not kill'd.
OTHELLO
I am not sorry neither; I 'd have thee live;
For, in my sense, 'tis happiness to die.
LODOVICO
O thou Othello! that wert once so good,
Fall'n in the practice of a damnèd slave,
What shall be said to thee?
OTHELLO   Why, any thing:
An honourable murderer, if you will;
For nought did I in hate, but all in honour.
LODOVICO
This wretch hath part confess'd his villainy:
Did you and he consent in Cassio's death?
OTHELLO
Ay.
CASSIO
Dear general, I never gave you cause.
OTHELLO
I do believe it, and I ask your pardon.
Will you, I pray, demand that demi-devil
Why he hath thus ensnar'd my soul and body?
IAGO
Demand me nothing: what you know, you know:
From this time forth I never will speak word.
LODOVICO
What! not to pray?
GRATIANO   Torments will ope your lips.
OTHELLO
Well, thou dost best.
LODOVICO
Sir, you shall understand what hath befall'n,

LODOVICO
Levategli quella spada!
IAGO
Mi ha soltanto ferito; non mi ha ucciso.
OTELLO
Meglio così. Voglio che tu viva.
Per me la morte è la felicità.
LODOVICO
E che cosa dobbiamo fare di te, Otello, un tempo
così virtuoso, caduto nella rete
d'uno schiavo maledetto?
OTELLO   Quello che volete.
Dite pure che sono un assassino,
ma che ho ucciso per difendere il mio onore.
Non mi ha mai spinto l'odio ad agire, ma l'onore.
LODOVICO
Questo miserabile ha, in parte, confessato
il suo delitto. Voi e Iago vi eravate messi d'accordo
per uccidere Cassio?
OTELLO   Sì.
CASSIO
Mio caro generale, mi pare di non aver mai fatto
OTELLO   [niente per meritarlo.
Lo credo, e vi chiedo perdono. Volete piuttosto
domandare, vi prego, a questo demonio
perché mi abbia preso al laccio anima e corpo?
IAGO
Non chiedetemi nulla. Quello che sapete, sapete!
Da questo momento non dirò più una parola.
LODOVICO
Nemmeno per pregare?
GRAZIANO
Le torture vi faranno aprire la bocca.
OTELLO
Bene, fai tu come sarà meglio.
LODOVICO
Signore, ora vi dirò ciò che è accaduto

Which, as I think, you know not. Here is a letter
Found in the pocket of the slain Roderigo,
And here another; the one of them imports
The death of Cassio to be undertook
By Roderigo.
OTHELLO
O villain!
CASSIO   Most heathenish and most gross!
LODOVICO
Now here 's another discontented paper,
Found in his pocket too; and this, it seems,
Roderigo meant to have sent this damnèd villain,
But that, belike, Iago in the interim
Came in and satisfied him.
OTHELLO   O the pernicious caitiff!
How came you, Cassio, by that handkerchief
That was my wife's?
CASSIO   I found it in my chamber;
And he himself confess'd but even now
That there he dropp'd it for a special purpose
Which wrought to his desire.
OTHELLO   O fool! fool! fool!
CASSIO
There is besides in Roderigo's letter
How he upbraids Iago that he made him
Brave me upon the watch; whereon it came
That I was cast: and even but now he spake,
After long seeming dead, Iago hurt him,
Iago set him on.
LODOVICO
You must forsake this room and go with us;
Your power and your command is taken off,

---

317. *in the interim* (« nel frattempo »): lez. F; in Q1 *in the nick* (« all'ultimo momento »).

e che certo ancora non sapete. Qui ci sono due lettere
trovate nelle tasche di Roderigo. Da una di queste,
sappiamo che Roderigo aveva l'incarico di uccidere
Cassio.

OTELLO   Farabutto!

CASSIO   Degenerato! Vigliacco!

LODOVICO
L'altra è una lettera piena di risentimento,
che Roderigo, insoddisfatto di Iago, intendeva forse
mandare a quella canaglia. Se non che Iago
arrivò prima della lettera a dargli...
soddisfazione.

OTELLO   Miserabile carogna!
E voi, Cassio, come avete avuto il fazzoletto
che apparteneva a mia moglie?

CASSIO
Lo trovai nella mia camera.
Lo stesso Iago ha confessato
di averlo lasciato cadere là per un motivo preciso,
con pieno successo.

OTELLO
Sono stato una bestia. Proprio una bestia! Una bestia!

CASSIO
Nella stessa lettera, inoltre, Roderigo rimprovera
a Iago di averlo spinto a provocarmi
durante il servizio di guardia. In seguito a quella rissa,
come sapete, fui destituito dal mio posto.
Del resto, Roderigo, prima di morire,
ha confessato di essere stato istigato da Iago
e che lo stesso Iago l'aveva ferito.

LODOVICO
Voi, Otello, siete stato privato dei poteri
militari e civili. Dovete lasciare subito
questa residenza e seguirci. Il governo di Cipro,

And Cassio rules in Cyprus. For this slave,
If there be any cunning cruelty
That can torment him much and hold him long,
It shall be his. You shall close prisoner rest,
Till that the nature of your fault be known
To the Venetian state. Come, bring ⟨him⟩ away.

OTHELLO
Soft you; a word or two before you go.
I have done the state some service, and they know't;
No more of that. I pray you, in your letters, 340
When you shall these unlucky deeds relate,
Speak of me as I am; nothing extenuate,
Nor set down aught in malice: then, must you speak
Of one that lov'd not wisely but too well;
Of one not easily jealous, but, being wrought,
Perplex'd in the extreme; of one whose hand
Like the base Indian, threw a pearl away
Richer than all his tribe; of one whose subdu'd eyes
Albeit unusèd to the melting mood,
Drop tears as fast as the Arabian trees 350
Their med'cinable gum. Set you down this;
And say besides, that in Aleppo once,
Where a malignant and a turban'd Turk
Beat a Venetian and traduc'd the state,
I took by the throat the circumcised dog,
And smote him, thus   *Stabs himself*

LODOVICO
O bloody period!

GRATIANO   All that's spoke is marr'd.

OTHELLO
I kiss'd thee ere I killed thee; no way but this,

---

338. *before you go*: lez. F; manca in Q1.

fin da questo momento, viene affidato a Cassio.
A quell'assassino verrà inflitta una pena durissima
che lo tormenti per lunghi anni. Voi, Otello,
resterete invece nostro prigioniero, fino a quando
il governo di Venezia, da noi informato,
non avrà deciso sul vostro caso. Andiamo, portatelo
OTELLO [via.
Un momento, signori. Prima di allontanarvi,
vorrei dirvi una parola. È noto che ho reso
dei servigi alla Repubblica di Venezia.
Ma non è di questo che voglio parlarvi.
Vi prego, però, quando nella vostra relazione
racconterete questi avvenimenti dolorosi,
parlate di me come io sono, senza diminuire
né aggiungere nulla che alteri la verità. E direte
di un uomo che amò da forsennato,
non geloso per sua natura, che, istigato
continuamente da un malvagio, arrivò all'estrema fol-
[lia;
d'un uomo che gettò via la perla più rara fra i suoi
come può fare un barbaro pellerossa.   [tesori,
Dite che i miei occhi,
vinti dal dolore, non abituati a commuoversi tanto
[facilmente,
lasciano cadere lacrime fitte come le gocce di resina
dagli alberi d'Arabia. Scrivete questo; e dite,
inoltre, che, avendo io una volta, ad Aleppo,
incontrato un turco prepotente,
tutto inturbantato, che bastonava un veneziano
offendendo la Repubblica, presi per la gola
quel cane circonciso, e lo trafissi
così...   *Si ferisce mortalmente*
LODOVICO
Che fine atroce!
GRAZIANO   Ormai ogni parola è inutile.
OTELLO
Prima di ucciderti ti ho baciata. Ora non mi restava

Killing myself to die upon a kiss. *Dies*

CASSIO
This did I fear, but thought he had no weapon; 360
For he was great of heart.

LODOVICO [*to* IAGO] O Spartan dog!
More fell than anguish, hunger, or the sea.
Look on the tragic loading of this bed;
This is thy work; the object poisons sight;
Let it be hid. Gratiano, keep the house,
And seize upon the fortunes of the Moor,
For they succeed on you. To you, lord governor,
Remains the censure of this hellish villain,
The time, the place, the torture; O! enforce it.
Myself will straight aboard, and to the state 370
This heavy act with heavy heart relate. *Exeunt*

che uccidermi e morire con un ultimo bacio.
                    [*Cade sul corpo di* DESDEMONA *e*] *muore*
CASSIO
  Lo prevedevo, perché Otello era un uomo di grande
  Ma credevo che fosse disarmato.   [cuore.
LODOVICO
  [*A* IAGO] Tu, cane spartano
  più crudele del dolore, della fame, del mare,
  guarda il tragico carico di questo letto!
  È opera tua. È uno spettacolo
  che avvelena lo sguardo! Copritelo!
  Graziano, voi occupatevi di questa casa, e prendete
  di tutto ciò che apparteneva al Moro,   [possesso
  perché vi spetta in eredità. A voi, signor Governatore,
  il diritto di giudicare questo diabolico assassino.
  Scegliete il giorno, il luogo, la tortura. E che sia
  la più crudele. Io partirò subito.
  Torno molto addolorato a Venezia, a riferire
  al Consiglio della Repubblica su questa dolorosa vi-
                              [cenda. *Escono*

NOTE

p. 19
[1] Non è chiaro se con *Sagittary* si alluda a una locanda, a una istallazione militare o ad una località, ma è più che probabile che Shakespeare avesse sentito parlare della Frezzeria di Venezia.

p. 113
[1] In inglese c'è un gioco (piuttosto logoro) sull'omofonia fra le parole *tail* («coda») e *tale* («storia»).

p. 159
[1] Si gioca sui due sensi del verbo *to lie*, «giacere», «abitare» e «mentire».

p. 179
[1] Anche in questo caso si gioca sui verbi *to lie* «giacere») e *belie* («smentire»).

p. 253
[1] Il traduttore accetta la versione del 1623. Se si adotta invece quella del 1622, *the noise was here* («il suono veniva di qui»), la frase si riferirebbe a Desdemona e non alla voce di Emilia. In tal caso anche l'inizio della battuta precedente di Otello, *What noise is this?*, significherebbe «Che suono è questo?», con riferimento alle esclamazioni soffocate di Desdemona (*O Lord, Lord, Lord!*) omesse nell'ed. 1623.

POSTFAZIONE
di Boris Pasternak

STILE E RITMO DI SHAKESPEARE [1]

Tre peculiarità distinguono lo stile di Shakespeare. Vi è lo spirito dei suoi drammi, con la loro naturale stesura discorsiva dei brani in prosa o di quando i brani di dialogo in versi sono legati all'azione o al movimento. Ma altrove i torrenti dei suoi versi sciolti sono intensamente metaforici, a volte persino a sproposito, e quindi a scapito della verisimiglianza.

Il parlar figurato di Shakespeare è eterogeneo. Talora si tratta di altissima poesia, talora di aperta retorica, che affastella decine di vuote perifrasi invece di quell'unica parola che l'autore aveva sulla punta della lingua, senza riuscire ad afferrarla di colpo. Comunque, il linguaggio metaforico di Shakespeare, nei suoi bagliori e nella sua retorica, nei suoi vertici e nelle sue frane, è fedele all'essenza primaria di ogni autentica allegoria.

Il metaforismo è la naturale conseguenza del contrasto fra la fugacità dell'uomo e l'immensità dei suoi compiti, concepiti come per un lunghissimo periodo di tempo. L'uomo è costretto a guardare le cose con l'acume di un'aquila e a spiegarsi con illuminazioni repentine, comprensibili a volo. La poesia è tutta qui. Il metaforismo è la stenografia d'una grande personalità, la scrittura abbreviata del suo spirito.

La burrascosa vivezza del pennello di Rembrandt, di Michelangelo e di Tiziano non è frutto d'una scelta premeditata. Pervasi dell'insaziabile brama di abbracciare nei loro dipinti l'intero universo, non ebbero tempo di dipingere in altra maniera.

[1] Tratto da *Il teatro di William Shakespeare* nella traduzione di Cesare Vico Lodovici, preceduto dalle note su Shakespeare di Boris Pasternak, I millenni Einaudi, Torino 1960 (trad. it. di Angelo Maria Ripellino).

Shakespeare unì in sé lontani estremi stilistici. Ne addensò tanti, che in lui sembrano vivere parecchi autori. La sua prosa è compiuta e rifinita. È scritta da un geniale comico attento alle minuzie, il quale possiede il segreto della concisione ed il dono di contraffare tutto ciò che v'è di curioso e di bislacco nel mondo. Ma in pieno contrasto con la prosa è in Shakespeare il campo del verso sciolto. La sua caoticità interiore ed esteriore irritò Voltaire e Tolstòj.

Molto spesso in Shakespeare pare d'attraversare diversi stadi di affinamento. Un personaggio discorre nelle scene in versi e poi d'improvviso si sfrena in quelle in prosa. In tali casi le scene in versi fanno l'impressione di stadi preparatori, e quelle in prosa di fasi compiute, conclusive.

Per Shakespeare i versi furono la più veloce e immediata forma di espressione. Egli vi ricorreva come ad un mezzo di rapida registrazione dei pensieri. A tal punto che in molti suoi episodi in versi sembra di scorgere schizzi di scene in prosa.

La forza della poesia shakespeariana consiste nel suo carattere di abbozzo che non conosce misura e si sparge in disordine.

Il ritmo è il fondamento della poesia shakespeariana. È la forza motrice del ritmo che determina l'ordine delle domande e delle risposte nei suoi dialoghi, la rapidità del loro alternarsi, la lunghezza e la brevità dei periodi nei monologhi.

Questo ritmo riflette l'invidiabile laconicità della lingua inglese, la quale permette di abbracciare in un unico giambo un'intera sentenza composta di due o di parecchie proposizioni contrapposte. È il ritmo d'una libera personalità storica, che non si crea idoli ed è, grazie a questo, sincera e concisa.

Otello

Non fu Shakespeare a dividere le proprie opere teatrali in atti e scene. La partizione fu fatta dagli editori, più tardi. Né può dirsi un arbitrio, le commedie stesse si prestano ad esser divise per la loro interiore articolazione.

Sebbene i testi originali dei drammi shakespeariani venissero stampati tutti di seguito, senza intervalli, la mancanza di suddivisioni non impediva che si presentassero degli stacchi ben chiari, basati sul rigore – insolito ai giorni nostri – dell'impianto e dello svolgimento.

Ciò si riferisce specialmente alle parti di mezzo che contengono l'elaborazione del tema. Di solito abbracciano il terzo atto ed alcuni brani del secondo e del quarto. Nelle opere di Shakespeare esse corrispondono alla scatola che in un congegno meccanico contiene la molla.

Nelle parti iniziali e conclusive dei propri drammi, Shakespeare liberamente compone i dettagli dell'intreccio, e allo stesso modo, alla fine, si sbarazza, come per gioco, degli ultimi fili del bandolo. Le sue introduzioni e i finali sono ispirati dalla vita e dipinti dal vero come quadri che rapidamente si alternano con la più grande libertà e con una sbalorditiva ricchezza di fantasia.

Ma nelle parti di mezzo, quando l'intreccio si annoda e comincia il suo scioglimento, Shakespeare non si concede l'abituale libertà e nella sua falsa diligenza si manifesta schiavo e creatura del proprio secolo. I suoi terzi atti sono assoggettati al meccanismo dell'intreccio in un grado sconosciuto alla drammaturgia successiva, che d'altronde lui stesso educò all'audacia e alla verità. Vi regna una troppo cieca fiducia nella possanza della logica e nell'esistenza reale delle astrazioni morali. La raffigurazione dei personaggi a chiaroscuri distribuiti in modo verisimile si muta in generiche immagini di virtù e di vizi. Compare l'artificio nella disposizione delle imprese e delle vicende, che cominciano a susseguirsi nel dubbio assetto di razionali deduzioni, come sillogismi in un ragionamento.

Nei giorni dell'infanzia di Shakespeare nella provincia inglese si rappresentavano ancora edificanti allegorie medievali. Esse spiravano il formalismo dell'esaurita scolastica. Da bambino, Shakespeare poté vedere codesti spettacoli. La coscienziosità antiquata delle sue elaborazioni è un vestigio di quel tempo antico che lo aveva incantato nell'infanzia.

Preludi e finali costituiscono i quattro quinti di Shakespeare. Ecco che cosa induceva la gente a ridere e a piangere. Furono essi appunto a creare la gloria di Shakespeare e a far parlare della sua verità vitale in contrapposizione alla morta freddezza dello pseudo-classicismo.

Ma non di rado alle giuste osservazioni si dànno interpretamenti errati. Si possono spesso sentire degli entusiasmi a proposito della "trappola del sorcio"[2] nell'*Amleto* o del modo in cui, con gelida necessità, si dilatano in Shakespeare le passioni o le conseguenze di qualche delitto. Si suole andare in solluchero per false ragioni. Bisognerebbe invece estasiarsi, non della "trappola", ma del fatto che Shakespeare è immortale anche nei punti artificiosi. Estasiarsi del fatto che quel quinto di Shakespeare che è costituito dai terzi atti, a volte schematici e scialbi, non sminuisce la sua grandezza. Egli vive, non grazie, bensì malgrado ad essi.

Nonostante la forza di passione e di genio concentrata nell'*Otello*, nonostante la sua popolarità teatrale, ciò che s'è detto si riferisce in particolar modo a questa tragedia.

Ecco, l'una dopo l'altra, le abbaglianti fondamenta veneziane, la casa di Brabanzio, l'arsenale. Ecco la notturna seduta straordinaria del Senato e il disinvolto racconto di Otello sugli inizi graduali della corrispondenza di affetti tra lui e Desdemona. Ecco il quadro della tempesta marina presso le sponde di Cipro e l'ubriaca baruffa nella fortezza, di notte. Ecco la celebre scena della toletta notturna di Desdemona, col canto dell'ancor più famosa "Canzone del salice", culmine di naturalezza tragica prima delle orride tinte del finale.

---

[2] Col nome di "trappola del sorcio" (*Myšelovka*) viene indicata nella shakespearologia russa la seconda scena del terzo atto dell'*Amleto*, quella cioè in cui gli attori recitano dinanzi alla corte il frammento d'un dramma che si intitola appunto, come Amleto spiega al re, "la trappola del sorcio". (*NdT*)

Ma ecco, nella parte di mezzo, con alcuni giri di chiave, Iago carica come una sveglia la credulità della sua vittima, e il fenomeno della gelosia, con rantoli e con sussulti, come un meccanismo invecchiato, comincia a sgrovigliarsi dinanzi a noi con superflua semplicità e un'eccessiva determinatezza. Dicono che sia tale la natura di questa passione e che sia questo un tributo alle convenzioni del palcoscenico, che esige una piatta chiarezza. Può darsi. Ma il danno di questo tributo non sarebbe così grande, se l'avesse pagato un artista meno coerente e geniale. Nei nostri giorni acquista invece un particolare interesse un altro dettaglio.

È forse fortuito che l'eroe principale della tragedia sia un moro e che sia una bianca ciò che egli ha di più caro nella sua vita? Che vuol dire questa scelta di colori? Vuol dire soltanto che sono identici i diritti di ogni razza alla dignità umana? No, i pensieri di Shakespeare, movendosi in questa direzione, si spinsero molto più lontano.

In lui non era l'idea della parità fra le stirpi. Pulsava invece il pensiero più universale di un altro genere di uguaglianza. Interessava codesto pensiero il sapere, non di che condizione l'uomo fosse nato, ma a che cosa fosse giunto nella sua vita, chi fosse diventato, in che cosa si fosse mutato. Per Shakespeare il moro Otello è un uomo storico e un cristiano, e ciò tanto più che, accanto a lui, il bianco Iago è un non dirozzato animale preistorico.

Boris Pasternak

INDICE

- V   *Saggio introduttivo*
  di Anna Luisa Zazo
- L   *Cronologia della vita e delle opere di Shakespeare*
- LVI   *Bibliografia*

OTELLO

- 5   Personaggi
- 7   Atto I
- 59   Atto II
- 113   Atto III
- 177   Atto IV
- 231   Atto V
- 281   *Note*

- 283   *Postfazione*
  di Boris Pasternak